教学的技术

王永福 著

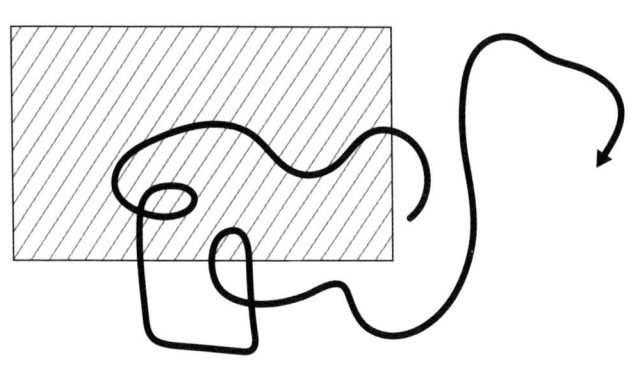

中国友谊出版公司

图书在版编目（CIP）数据

教学的技术 / 王永福著. -- 北京：中国友谊出版公司, 2023.12
ISBN 978-7-5057-5641-0

Ⅰ.①教… Ⅱ.①王… Ⅲ.①教学技术 Ⅳ.① G424

中国国家版本馆 CIP 数据核字 (2023) 第 108068 号

著作权合同登记号　图字：01—2023—5197

《教学的技术》
王永福　著
本书经城邦文化事业股份有限公司【商周出版】授权出版中文简体字版本。非经书面同意，不得以任何形式任意重制、转载。
中文简体字版 ©2023 年由银杏树下（北京）图书有限责任公司出版

书名	教学的技术
作者	王永福
出版	中国友谊出版公司
发行	中国友谊出版公司
经销	新华书店
印刷	天津中印联印务有限公司
规格	889 毫米 ×1194 毫米　32 开 12 印张　286 千字
版次	2023 年 12 月第 1 版
印次	2023 年 12 月第 1 次印刷
书号	ISBN 978-7-5057-5641-0
定价	58.00 元
地址	北京市朝阳区西坝河南里 17 号楼
邮编	100028
电话	（010）64678009

目 录
CONTENTS

前 言
教学，一门可以教也可以学的技术　　　　　　　　　　01

Part 1：建立观念

第 1 章　关于教学这件事　　　　　　　　　　　003
　　为什么教学需要技术　　　　　　　　　　　　004
　　老师的价值：让学生知道、得到、做到　　　　010
　　关于教学的三个基本问题　　　　　　　　　　014
　　什么是"正常"的学员　　　　　　　　　　　　019
　　学习动机与教学方法　　　　　　　　　　　　023
　　应用心得分享　　　　　　　　　　　　　　027

Part 2：课前准备

第 2 章　课程的分析、设计与开发　　　　　　039
　　系统化课程规划五步骤——ADDIE　　　　　　040
　　你的教学目标可以被评估吗　　　　　　　　　044
　　ADDIE 之 Analysis：课程分析　　　　　　　　048

ADDIE 之 Design：课程设计 051
ADDIE 之 Development：PPT 开发设计 056
应用心得分享 061

Part 3：课中执行

第 3 章　掌握开场技巧，让课程更顺畅 071
上课该不该准时 072
调整环境，立于不败之地 076
为什么不应该上课前就强制分组 079
开场技巧之一：自我介绍 082
开场技巧之二 / 之三：简单破冰 / 课程简介 087
开场技巧之四（1）：团队动力与分组技术 090
开场技巧之四（2）：别忘了选组长 095
开场技巧之五：要求承诺 100
应用心得分享 104

第 4 章　一定要会用的各种教学法 115
我只想单纯讲述，不行吗 116
问答法的互动 119
问答法的运用技巧 122
小组讨论法 126
演练法的五个步骤 131

演练法教学的三个提醒 134
反馈技巧：三明治反馈法 138
影片教学法 144
个案讨论与情境模拟 149
应用心得分享 156

第 5 章　游戏化翻转课堂 165
如何激发参与动机 166
游戏化核心元素之一：积分（P） 172
游戏化核心元素之二：奖励（B） 175
游戏化核心元素之三：排行榜（L） 179
应用心得分享 184

第 6 章　大场演讲的教学 191
与台下互动的技巧 192
混合运用各种方法 196
提高知识转化率 200
应用心得分享 205

第 7 章　更上层楼的实战技巧 213
在不确定中寻求确定性 214
教室管理：手机与电脑 218
如何准时上课？从第二堂课开始 223
音乐的重要性 226

抓紧时间，才会忘记时间	230
翻转企业教学——不用教也能学	234
"教学的技术"能在学校应用吗	238
常见问题	244
应用心得分享	248

Part 4：课后修炼

第 8 章　如何评估、检讨与进化教学　259

ADDIE 之 Evaluation & Evolution：评估与进化	260
ADDIE 之 Evaluation：教师评估	263
ADDIE 之 Evolution：教学进化	268
应用心得分享	273

第 9 章　三大学习理论与教学应用　281

行为主义学习理论：巴甫洛夫的狗	282
行为主义学习理论的教学应用	287
认知主义学习理论：从顿悟到信息处理	291
认知主义学习理论的教学应用	294
建构主义学习理论：参与、体验、思考	298
建构主义学习理论的教学应用	303
学习理论黄金三角	307
应用心得分享	312

第10章　迈向职业讲师之路　　321

大师实战篇之一：从创意到创新　　322

大师实战篇之二：超级数字力　　327

大师实战篇之三：故事王　　331

大师实战篇之四：用生命热情教学　　334

大师实战篇之五：发挥影响力　　338

我的教学修炼之路　　344

找到有灵魂的课程，才能教出课程的灵魂　　351

成为专业讲师之前，要思考的五个问题　　356

应用心得分享　　363

结　语

重要的事情说三遍——记得总结你的重点　　367

前 言
教学，一门可以教也可以学的技术

每一天，在国内外的上市上柜公司[1]，都有一些不同的内部培训课程正在进行。这些课程有专业类的技术培训，如仪器设备操作培训、生产流程相关培训；也有管理类的增能培训，如 PPT[2] 演讲技巧、沟通技巧、创意创新、财务解析等。有的课程会由企业内部甄选优秀的主管担任内部讲师，而有些重要的课程为了确保培训成效，就会从外部聘请专业的讲师来企业内部进行教学。这些专业讲师，过去被称为企管顾问、外部讲师、企业讲师，因为他们的核心工作就是在企业内部教课，所以也有人称呼他们为职业讲师。而我，就是其中的一位，也是许多企业讲师们背后的老师。

我是福哥——王永福，平常的工作，就是应各大上市公司的邀请，帮他们做专业领域的内部培训。客户包含中国台湾积体电路制造股份有限公司（简称台积电）、鸿海科技集团、联发科技股份有限公司（简称联发科）、前五大金融控股公司、台大医院

---

1 这种说法最早源于美国，是指在柜台市场交易的公司。如果一家公司向证券交易所申请股票上市成功的话，那么它就是上市公司；如果向柜台买卖中心申请上柜成功的话，它就是上柜公司。

2 Microsoft PowerPoint 演示文稿，以下简称 PPT。
若非专门标示，本书注释均为编者注。

及世界前四大药厂；外商公司则包含谷歌、耐克、古驰、宜家等。过去合作的客户，总市值大概占台湾地区百大上市公司70%以上。我担任过TEDx[1]讲者的PPT演讲教练，也是上百位职业讲师的教学教练。因为这样的经历，接受过《商业周刊》《经理人》《EMBA杂志》等媒体的专访与报道。更曾经因为对教学工作的执着与追求，被城邦媒体集团何飞鹏社长写成专栏故事，标题为"我是职业选手，追求完全比赛"。从此之后，就被很多朋友称为"讲师界的职业选手"。

"啊……职业讲师教学就更厉害吗？"

也许我们可以换一个角度来说，不是职业讲师更厉害，而是不厉害的职业讲师大部分都被市场淘汰了！

如同前面所说，知名的上市企业在面对重要的课程时，才会从外部找老师来上课。过程中，企业不只要付出高额的培训费用，受训学员也必须放下工作来上课，所以整个内部培训所耗费的时间与薪资成本，以及无形中的机会成本，远比账面上的费用高出许多。因此企业在找老师时，不仅会精挑细选、仔细评估，每一次培训结束，也会马上验收成效，请学员对讲师进行满意度评估。在满分5分的量表中，及格的标准通常是4.5分以上，要达到4.5分以上，未来才有可能继续合作，这绝对是一个有一定挑战的标准。

至于拿不到4.5分的讲师，不只未来没有合作的机会，而且由

---

[1] 基于传播有价值想法的初衷，TED创办了其旗下的组织TEDx。TEDx是非官方、自发性的活动项目——在全球任何地方，只要当地团队申请得到TED批准，便可以TEDx的名义组织分享活动。

于企业人力资源（Human Resources，以下简称HR）或培训人员圈子很小，彼此间经常互通有无、交换信息，更直白地说：老师教得好，不一定会得到推荐，但老师教得不好，一定会被宣传！这也是为什么"没有教得不好的职业讲师"，因为教得不好的老师很快就出局了！职业讲师的每一堂课，都像是一场淘汰赛。好的职业讲师就像特种部队一样，通过一次又一次的教学挑战，长期在企业内训市场存活下来，并且拥有一定的知名度。这些讲师绝对有两把刷子，专业知识只是基础，重要的是每个人都掌握独特的教学Know-How（秘诀），才能达到这样的水平。

然而，这些教学的核心Know-How，也就是每个人的竞争利器，在过去是绝不公开的秘密，外人很少能得知。因为大部分职业讲师都在企业内部教学，而企业内训涉及很多商业机密，不会对外公开，所以外人很少看到企业讲师是如何上课的。也没有讲师会想告诉你，毕竟多一个人知道，就多一个竞争对手。如果你想知道，就只能靠自己摸索。相信我，想了解很多职业讲师的秘密，单纯靠摸索，真的要花很久的时间。

几年前，我曾经跟合伙人宪哥（讲师谢文宪）合开过"宪福讲私塾"的课程，我们把企业培训及教学技巧的核心Know-How，传授给有意成为职业讲师的伙伴。许多人第一次接触"职业级的教学技术"都深感震惊：原来课程可以这样教！原来只要用了这些方法，就可以大幅度改变学习气氛、增强学习动机！原来要让学生学会课程内容是有套路的！在这些惊讶之外，更重要的是我们看到了老师们的吸收、改进、应用，从而让更多的课程变得越来越灵活了，这些老师也开始在各自不同的领域发光发热，开创出一番新天地！很多人甚至在几年之内成为某个领域的知名讲师，也开始在顶尖上市公司教课了。

但是目前为止，这些核心 Know-How 我们还是保留着，没有让太多的人知道，只有来到我们职业讲师培训教室的少数人才有机会学习到。

直到有一天，我的好兄弟——"顶尖数字力"名师林明樟（MJ）跟我说了一句话："你最强的地方是你的优势，但也可能是困住你的劣势。"这句话让我想了很久。没错，也许教学技术是我的强项，但也可能是绑住我的地方。任谁都不大可能在讲台上教一辈子，如果我一直守着，反而限制了其他的可能性。

若把眼光再放宽广一点，内部培训不只是企业的需求，更是整个社会一直需要的。从义务教育到大学、研究所，到企业内部，甚至工作之外的成人教育，都需要运用教学的技术。也许当我们把这些教学的 Know-How 公开，不仅可以帮助教与学的人，更可以大幅改善学习的效果。如果我们可以让上市企业高阶主管、经营者，在教室里连刷手机的时间都没有，全心投入地集中精神在教室里学习，相信也一定可以通过这些技术，帮助更多的老师、同学们，改变整个教育学习的环境与氛围。

所以，是时候做点不一样的事了。

这本《教学的技术》，就是我想送给老师们的一份礼物！

如果你仔细阅读了接下来这一系列的文章，就会知道，什么叫作"职业级的教学技术"，我是用职业讲师的态度，仔仔细细地看待教学的每一个环节。从学员心态的认知、教学环境、人数的差异、教学目标的设定、教学互动的设计，到课程开场的操作、分组及团队动力的经营，各种不同教学法的运用，以及教学反馈或教练的技巧，甚至是教室的桌型、音乐、温度，还包括我领带的颜色（这是真的！我实验过）……每一个细节与影响变量，我都会仔细地比较分析，希望能够做到更好，并进行最佳化操作。

这样做的目的很简单：我想把一门课教好，而且比好还要更好，虽然完美不可得，但至少每一次都朝向完美再前进一点点！对于各种教学环节及细节的追求，是职业讲师迎向每一场教学挑战时的态度，正因为这种态度，长期以来我在企业教学领域一直获得非常高的满意度评分。

这些文章有许多都已公开在我的博客及社交账号中，很多老师仅仅看了文章，并应用了其中的一些技巧，就大幅改善了自己课堂上的氛围，他们惊讶于学生的反应："这真的有用！""想不到一个小细节的改变威力这么大！"

这本书涵盖了我所有放在网络上以"教学的技术"为主题的文章，还有更多过去没有公开并且现在讲得更精确的细节。我花了很多时间打磨这本书，毫无保留地分享了我教学技术的核心Know-How。这些都是我过去在各大上市企业，经过十年以上长期实战考验磨炼出来的，也许不是特别花哨，也许你甚至会与我有不一样的想法，但我只想诚挚地告诉大家：这些技术，保证有用。

这些教学的技术，过去也通过网络文章以及公开课程"宪福讲私塾"与"教学的技术"指导了很多老师。我们在本书中也特别邀请了超过三十位不同领域的老师，包含大学教授、高中老师、初中教师、小学教师、医生、企业主管、创业家、职业讲师，以及我的讲师好朋友们，分享他们各自在教学上如何应用这些技术获得更好的教学效果。通过一线老师们实际应用的心得体会,你可以看到这些技术如何适当地转化,进入不同的教学现场,面对不同的学生们——但它们都一样有效!

我把书名定为"教学的技术",因为技术是可拆解、可复制、可学习的!我们当然可以把教学当作一门艺术,一种形而上、无法言喻、保持朦胧美感的学问;但我宁愿把教学看作一种技术,可以仔细拆解,把每个动作环节切分得清清楚楚,是可以传授、学习、复制的技巧。当你把技术练到炉火纯青,加上对于教学的热情以及不断的自我修炼,也许这样的教学,就会成为一门真正的艺术!

老师们,你准备好了吗?我们开始上课吧!《教学的技术》,学习开始!

Part 1

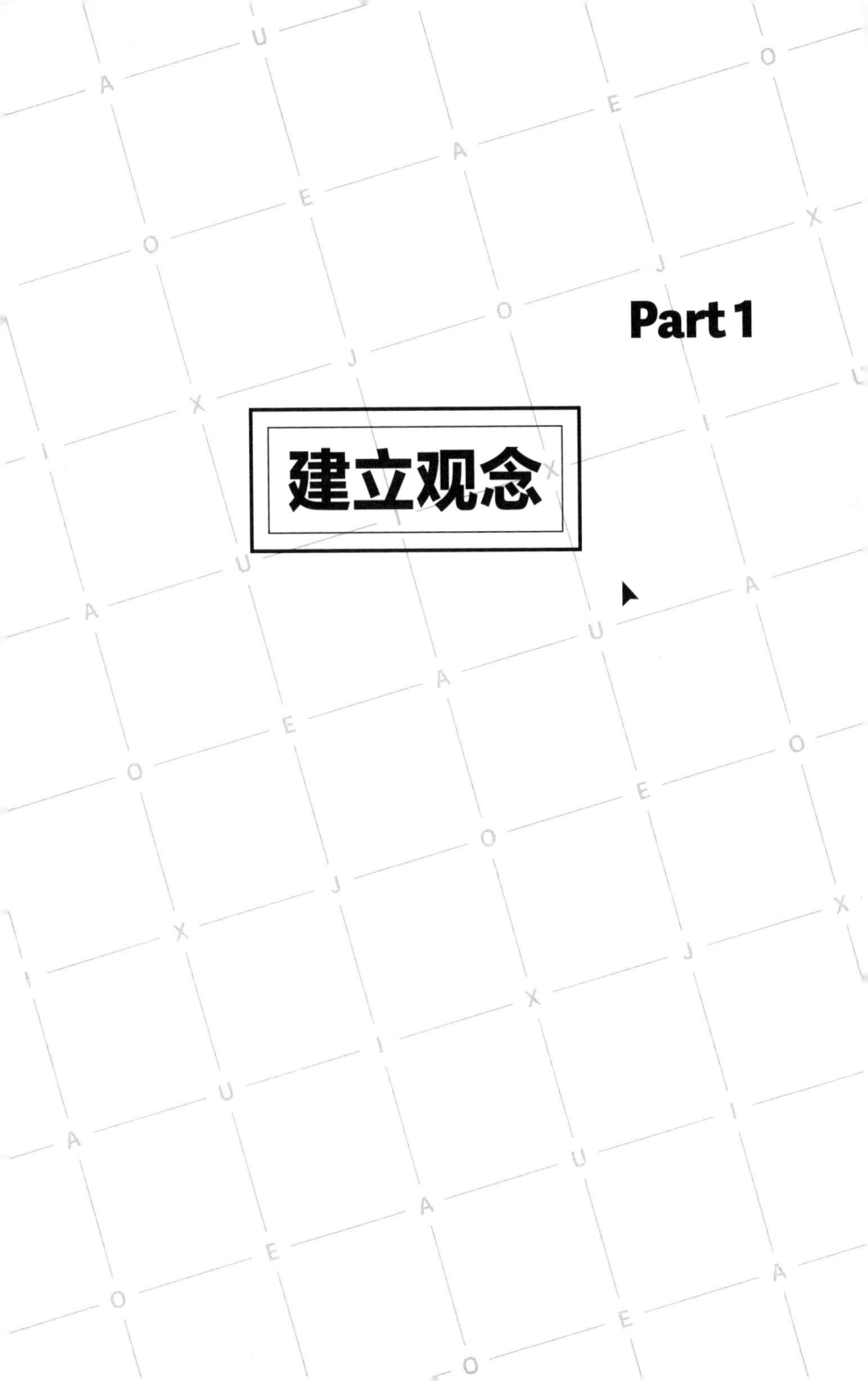

建立观念

第 1 章　关于教学这件事

为什么教学需要技术

老师的价值：让学生知道、得到、做到

关于教学的三个基本问题

什么是"正常"的学员

学习动机与教学方法

应用心得分享

为什么教学需要技术

你曾到过企业内训的教室吗？让我带你进入在某领域排名世界第一的知名高科技制造大厂，某批高阶主管内部培训的现场。

企业内训大考验

早上九点开始的课程，讲师八点半抵达，没有过多的寒暄，开始在讲桌旁设置电脑与设备。这时今天的学员一个一个走进教室，大部分的学员头发斑白，脸上有岁月历练的痕迹。参加这次内部培训的都是处长级的学员，每人掌管的部门里，少则数十人，多则数百人，负担公司几十亿甚至上百亿的营收。看得出来大家都很忙：很多人带着笔记本电脑，一坐到座位上就开始回邮件；有些人打着电话，交代今天部门的待办事项。大家虽然人在教室，但看得出来都还心系公事。

上课前有几位主管交谈着："最近忙得不得了，公司还安排这个培训课程，要不是老板强烈要求，我才不想来。"另外一个头发较白、像是位阶更高的领导说："不要抱怨，培训是公司给的福利，我进公司二十几年了，上过的课也够多了，还不是来了。"另外一个主管回应："副总说得是！您都来了，也不知道今天的老师是何方神圣？怎么敢来给副总上课，应该是副总上台教吧！"副总笑着说："没关系，如果待会儿老师上得好，我可以学习；上得不好，我可以休息！"负责培训的HR赶紧上前说："报告副总，今天的讲师是我们特别做了许多课前调查，经过推荐找来的！一定不会让副总及各位主管失望。"承办的HR边说边擦汗，表情担忧地望着讲台边持续测试设备的讲师……

没多久，副总突然站起来，走向门口，原来是总经理带着秘书来到教室。总经理非常重视今天的课程，不仅来勉励同仁，也打算加入一整天的学习。讲师特别上前跟总经理握了手，前几天才在电视新闻中看到总经理，没想到这一天他排开忙碌的行程，进入教室当学员。HR特别帮总经理设了一个桌子，请他在旁督课。算一下教室里的成员：年营收三千亿元的公司，一位总经理、两位副总、二十三个协理，所有的核心主管都坐在这间教室里。

九点整，讲师站上台，面对二十五个陌生的主管、一位总经理、一个准备回电话的秘书。讲师也注意到，不少人手抱胸前，面露怀疑，焦虑不安也写在HR的脸上。就在这种气氛中，讲师准备开始接下来七个小时的课程……

这是一个很标准的企业内训现场，如果你是台上准备授课的老师，你打算怎么完成一整天的教学呢？

校园教学大观园

再换一个场景，来看看学校教学的现场。

晚上六点二十五分，私校某科大进修部第一节课，虽然上课钟已响，但教室里只来了不到十个同学，又过了十五分钟，很多同学才陆续进入教室。工作了一整天，下班后还到学校进修，确实是件很辛苦的事。有些同学来不及吃晚餐，边听老师上课边吃着便当。有些同学累了一天，上课时当然要抓紧时间休息一下。当然，也有学习很认真的同学，努力听着老师专业的讲解，但是很奇怪，不知不觉中眼皮却变得沉重……不行，还是要努力打起精神听讲，进修才能够真正有收获。转头一看，隔壁小李的精神怎么这么好，开着电脑好像在做笔记？仔细一看，原来是在上社交网站！还是前面的小娟聪明，用手机刷动态更方便一点……

这是否也是你熟悉的画面呢？校园里的学生会更好教吗？

回到教学这件事，其实单纯从外在来看，教学并不难，只要敢站在台上说话，应该就能够担任老师或讲师。万一不敢面对众人，那么对着镜头讲话、录制成影片也是另一种形式的教学。只要你敢讲、能讲、好好讲，教学其实并不是一件太困难的事情。

虽然不难，但是要把一门课教得好，就真的有点难度了。回想一下，我们从小到大上过许多不同的课程，包括求学时期在学校读书，进入社会工作后的在职培训，或是自己有兴趣报名的进修课程，其中有哪些是你觉得老师教得很好，能让你全身心投入，并且印象深刻的？是精彩的课程多，还是枯燥的多？再评估一下，上得很好的课程，大约占了多少比例呢？

教学等于讲述？

如果仔细回想，你会发现，我们对"教学"的既定印象，其实就是所谓的"讲述"，也就是老师把说话作为知识的传递方式，站在台上把相关知识讲一遍，或是传达特定的概念、想法、哲理、做法、新知……通过讲述的方式让学生理解。一堂课可能长达五十分钟、两三个小时，甚至一整天，大多数人所熟知的教学，大概就是这么回事。

然而，如果教学只是一种知识的转述，老师讲、学生听，在网络时代的今天，不是有很多替代方案了吗？我们可以在网络搜寻，从视频网站找影片，甚至上各式各样符合需求的在线课程。如果教学只是知识的单向转述，学生自己去找、去看就好了，为什么还要坐在教室听老师讲课呢？

从职场的情况来看，知名企业提供高额的课时费，聘请外部顾问或职业讲师来授课，目的当然不只是听讲师转述知识，更重要的是希望员工能真的有收获：学习新知，提升能力，甚至一离开课堂就能将知识与技术派上用场。但是受邀授课的职业讲师，大多只有半天到一天的时间，要在这么短的时间内取得这么大的教学成效，职业讲师是怎么做的？可以确定的是，如果讲师只是站在台上单向转述知识或技巧，企业一定无法接受。企业的要求是更快、更多、更实用，身为教学主角的职业讲师如何完成任务呢？

这就是本书的内容——职业讲师专用的"教学的技术"。

谁需要教学的技术

也许你会这么想："我又不在学校当老师，为什么需要教学的技术？"根据我的经验，有三种人会非常需要"教学的技术"。

第一种：公司主管、资深员工或专业技术人员

如果你是公司主管，或是比较有经验的工作者，或在某个领域学有专精，或迟或早都会有教学的需求。因为公司老板可能会对你说："我觉得你做得很不错，经验也很丰富，可不可以跟同仁分享一下，或是带一下培训课程？"

面对这样的要求，你很难向老板说不吧？所以，也许你下星期、下个月就得开始在公司内部授业解惑，例如教"业务开发技巧""销售技巧"，或是"行政管理技巧""公司产品简介"等，更专业一点的如"项目管理""生产流程""质量管理"等。由于每家公司随时都会有新员工或是员工培训，公司除了聘请外部顾问，更常邀请内部同仁分享或教学；身为单位主管或资深员工的你，通常就是这项任务的执行者。除了在企业内部教学，不少专业人士或主管还会受邀到学校为学生授课，或与学校老师协同教学，称为"业师"。

不管是哪一种情况，一旦成了别人的老师，你就需要教学的技术。

第二种：学校老师

当然，学校老师的工作主要就是教学，不管大学或初中、高中，教学都是老师核心的能力。不过，随着时代的改变，学校面临的挑战不同于过去，学生的学习态度和动机也与往日大不相同，老师的教学因此面临更多考验。如何高效教学？如何应用一些技巧吸引学生的注意力，让他们投入学习？这是许多一线老师每一天，甚至每一堂课都要面对的问题。

第三种：职业讲师或业余讲师

现今的社会中，已有一群专业人士的工作是到各大企业授课，以四处教学为职业，时薪从数千元到数万元不等（知名讲师一小时的课时费，可能是某些上班族一天、一周，甚至一个月的薪水）。这类讲师过去被称为"企管顾问"，但更精准地说则是"职业讲师"。大部分的职业讲师是从企业主管或专业人士转任，也有些讲师平日仍有主业，只在业余时间另接一些课程或演讲，不妨称之为"业余讲师"。

一旦身为业余或职业讲师，专业知识就是基本的必备条件了。如何通过教学的技术，将自己的专业转化成企业学员好吸收、能应用的精华，并在课堂上牢牢抓住学员们的注意力，帮助他们有效学习，这就是顶尖职业讲师很少公开的 Know-How，也是业余讲师与职业讲师之间的微妙差别。

值得不断开发的宝藏

教学也可以不需要技术，只要有好的老师、好的学生、好的环境，在相互搭配的状况下，"怎么教"好像没那么重要。但是，如果你真的想把一门课教好，就必须思考有哪些方法了。如果只是单纯的讲述，跟网络上的影片、手机上的听书，或上网就搜寻得到的知识，到底有什么不同呢？

身为教学者，不论是在企业授课、学校教书，还是有志成为职业讲师，都有义务发挥教学更大的作用，让实体课程的效果可以远远超越单纯的听书或讲述，让学生真的学得懂、学得会、学得精，"教学的技术"这个宝藏，永远值得我们去开发！

老师的价值：让学生知道、得到、做到

网络时代改变了很多事情，特别是这几年在线学习、碎片化学习、有声书学习都非常盛行，我自己就订阅了不少"得到"的专栏，包括万维钢的"精英日课"、北大经济学课，还有梁宁的"产品思维 30 讲"。国外的课程我也看过"如何学习"（Learning How to Learn），或是付费的大师写作课。当然，如果不想付费，只要有时间在网上搜索一下，无数的知识全都在你的眼前。

学习的三个层次

懒得搜索的话，当然你也可以去买一本书，作者的知识结晶都整理好了，写在书上。像是《上台的技术》，囊括了我过去多年在 PPT 演讲上的教学重点及心得；而知名讲师谢文宪在《说出影响力》《教出好帮手》等多本书中，也都倾囊相授自己知道的一切；数字力名师林明樟的看懂财报系列书籍，更是清楚整理了他上课的重点。

换个角度想：如果老师教的东西，书中都已全部收录，或是网络上也找得到，那么老师上课的价值究竟是什么？

对此，我自己有个想法：企业讲师的价值不只是让你"知道"，还要让你"得到"，并且能"做到"！

第一层：知道

如果老师教学的核心只是让学生"知道"，也就是传授知识、技巧，这样的教学其实价值不高，因为有很多替代方案都可以让学生"知道"，譬如看书、网络搜寻、在线课程，甚至其他更好的实体课程。由于目标只是从未知到已知，如果学习者主动搜寻或主动求知，说不定效果还会更好。

例如教"医疗与法律"的老师，如果只是在课堂上跟学员分享法律条文、医疗法规，还不如布置作业让学员在家自己研究，或是上网找医疗相关的法律知识，成果说不定和在课堂上学习大同小异。

第二层：得到

知道的东西不见得懂，也不见得会用。因此任何的知识、技巧，都要从知道到理解才算是真的"得到"！想让学生真的得到，老师可能要根据自己的经验，依对象适当转化知识，才能让学生真正理解所学知识的意义，并且能够在不同的情况下应用。

我认识一位教授"医疗与法律"的优秀讲师杨坤仁医生，人称"大仁哥"。他不仅是一位取得法律硕士学位的急诊医生，并且，在医疗与法律的教学课堂上，会举出许多实际的医疗个案，说明"民事"与"刑事"在这些个案中适用的状况，即使在上完课很久之后，我仍清楚地记得他特别强调的"有无损害"和"有罪无罪"的重点。他运用了个人经验转化相对枯燥的法律条文，让学员不仅"知道"，而且真的"得到"——内化了知识内容，同时吸收了讲师的宝贵经验。

第三层：做到

一般而言，老师的教学若能从"知道"提升至"得到"的层次，就已经很厉害了。然而，职业讲师有更高的自我要求：身为老师，不仅要让学生"知道""得到"，还要帮助学生现场"做到"！这就真的需要一些功力了。

若想让学生"做到"，老师必须设计出一套教学方法，帮助学生立马展现刚刚才学到的知识、技巧，然后再由老师当场修正。你可能会想："这很简单，我之前听过演练法，安排学生演练就好了。"问题在于，设计一个切合主题的演练并不简单，必须考虑学生的学习动机（想不想演练）、演练的主题（是否实时出题）、练习的难度（能不能演练出来）、时间规划（有没有充裕的时间演练），甚至老师是不是有能力现场提供准确的指导与修正建议，这些都是问题。因此要让学生当场"做到"，对企业讲师而言绝对是一项高难度的挑战，也正是优秀企业讲师的价值所在。

同样以先前提到的医疗与法律的课程为例，讲师大仁哥在讲述了病历书写与法律的相关案例之后，会采用案例研究的方式模拟情境：有一个病人走进诊所，表示自己冒冷汗、不舒服，胸口有点闷。接下来，讲师请现场学员写下诊断及病历，然后在收回写好的病历后，开始逐项检查诊断和病历书写的细节。在这个阶段，学员会豁然开朗，真正理解怎样才是正确且符合法规的病历写法。大仁哥将这套教学流程操作得非常精彩，充分帮助学员应用刚学到的技巧，将学习提升至"做到"的层次。

"知道""得到""做到",三者之间有很大的差别。好的老师或教练,不仅能让学生"知道""得到",更重要的是帮助学生在自己面前"做到"。也许一开始学生做得不够好,但是老师可以允许学生犯错,并且逐步修正改善。我认为这才是教学的终极目标。

关于教学的三个基本问题

假设你是公司主管或资深员工,有一天老板交给你一个任务:"下个月的新人培训,公司想请你去教一堂九十分钟的时间管理课程,让新人都能像你一样,建立良好的工作态度,可以吗?"请问,你会如何回答?你能胜任这项教学任务吗?

其实,不论你是企业主管、学校老师还是职业讲师,都有可能遇到有关教学的三个基本问题:教学经验、学生态度,以及环境干扰。

教学经验:老师的问题

别怀疑,从"你自己会"到"教别人会"绝对是距离很遥远的两件事情!很多人以为,只要一五一十地讲出自己会的东西,就算是"教学"了;但是,从学生的角度来看,他们是否听老师讲了就能够学会?在上课的过程中,学生的注意力足够集中吗?如何在学习之后,实际应用到生活与工作中?老师自己熟悉的知识或技巧,可不是用嘴讲出来就够了,还得转化成可以教也可以学的内容,老师更必须思考许多关于教学设计与技巧的事情。

你必须思考:学生是谁?他们的需求是什么?问题是什么?要如何构思教学的流程?要使用哪些教学法?要用什么样的媒介或素材呈现课程内容?需要分段或区隔结构吗?隔多久下课休息

十分钟最好？如何一直吸引学习者的注意力？讲述与其他的教学手法怎么平衡安排？

要考虑的事情这么多，教学者却不一定有经验，因为你可能是第一次授课，或者一年只教几次（职业讲师一星期有三至四天的课程）。由于教学经验不足，上台后不大可能谈笑风生、口若悬河。就算你已有些经验，还是非常有可能遇到另一个问题，也就是大量采取讲述法，一路在台上陈述你的知识或经验。对老师而言，这也许是最容易执行的教学方法，但对学生而言并不那么有效，甚至是效果最不好的。为什么呢？

学习态度：学生的问题

如果你在台上教过课，一定可以想象，学生的学习态度是另一个难题。

以我个人的经验为例，有很长一段时间，我在一个极为知名的、领域内排名世界第一的上市公司固定每个月开课，一年大约教十至十五批学生。开始时间定在早上九点，但到了时间，通常只有一到二成的人落座，晚来的学生会陆陆续续地走进教室，有些人甚至手上还拿着早餐。

等到九点一刻我们准备正式上课时，放眼台下，通常会看到这些情形：有人以肘撑头，有人双手交叉抱胸，有人在吃早餐，有人在敲电脑，虽然也有人开始翻阅讲义，却也有人目光朝着门外或窗外，连正眼都不看讲师一眼。若用一句话来传达现场学生的心声，应该就是："我很不情愿来，你就赶快上课吧！"不夸张，这就是企业内部培训时，一般上班族上课时的情况。

因此，才一开始上课，我就必须运用一些教学技术，调整学员的学习态度。第一堂课下课时，我问了几位学员："为什么一开始上课时，感觉你们很不开心啊？"学员会有点无奈地说："我从昨天晚上值班到今天早上七点，才刚下班就来上课了。""我们最近一个月都很忙碌，手边有好多工作要处理，上课其实就是让我少了一整天的工作时间。""下课回去，我还要加班才能把工作处理完。""过去上过许多内部培训课，但不是每一种课程都对我有帮助。""我是被主管指派来的，因为公司规定。""一开始的时候，我不认识讲师，不知道讲师教的东西是不是真的有用。"

不管你觉得有没有道理，这些都是学员们的真心话；而且，可以预见还有更多没有说出口的潜在问题。总之，刚开始上课的时候，和你素昧平生的学员是不大可能完全投入的。

在企业是如此，如果场景换到校园，情况会更好吗？

前一阵子，我到一所顶尖大学教了一堂三小时的课；上课一开始我看了看台下，不少学生同样流露出抗拒或没什么兴趣的表情。其实这是一堂非常热门的选修课，需要竞争才能修到，尽管如此，仍然会有学生态度消极的情况，不难预见一般的教学现场了。相信许多在学校任教的老师们，对此一定心有戚戚焉。

环境干扰：手机的问题

除了老师的教学经验与学生的学习动机，在教学时还会出现一个"头号敌人"，时时刻刻都在跟老师抢夺学生的注意力，就是手机！

现在是智能手机的时代，这也带来了一个巨大的教学挑战：学生很容易转移注意力。当老师在台上讲课时，只要内容稍微有些无趣，或是单向讲述得久一点，学生可能就会马上打开手机开始刷了！一旦传染开来，要把学生的目光从手机屏幕上拉回来，让他们对课程保持专注，就成了不可能的任务。

没错，有些课程或内部培训现场规定不能带手机。但这并非常态，也会衍生出其他的问题，例如手机保管、重要信息无法实时回复、学生的抗拒等。如果情况已演变到老师必须与手机、平板或笔记本电脑争夺学生的注意力，失败的一方经常是老师。也许学生不见得会一直盯着手机，但只要边听课边看屏幕，看一下社交媒体，传个信息，教学效果一定会大打折扣。随着时代的变化，这绝对是今日教学现场中最严峻的挑战之一。

企业内部培训时还会有电脑、工作业务、信件回复、电话回复等不同的干扰，全都会打断教学节奏，抢夺学生的注意力。在这么高频率的外部干扰下，想要如愿教好任何一门课都绝对不能没有应对的策略。

解决问题的独门秘诀

虽然教学会遇到教学经验、学习态度、环境干扰三大挑战，也就是来自老师自己、学员、手机或电脑等三个方面的问题，但这些都有办法解决！

在前述高科技公司的教学案例中，虽然上课前学员的学习兴致不高，但是在课程开始之后，我总能迅速抓住学员们的注意力，并且吸引大家投入。最终在课程结束后,得到学员们满分或接近满分的评价(五等量表分数为 4.9 分~5.0 分,该公司历年最高)。至于在大学授课,面对原本有些无精打采的大学生,我也能够快速调整,让他们马上换个心情,投入学习,最后收到学生们极为满意的评价及学习成效显著的课后心得。

这么说好了:职业讲师必须拥有一些独门秘诀,专门用来应对教学现场会出现的问题。这些独门秘诀,当然就是本书要分享的"教学的技术"!

什么是"正常"的学员

身为企业内训讲师,我常会遇到一个很现实的问题:如果学员没有学习动机怎么办?更直白地说,如果面对的是并不想来上课的学员,讲师可以做什么?

关于这个情况,牵涉到一个很有趣,也很重要的核心观念:什么是"正常的企业学员"?

换位思考,理解你的学员

在提出你的想法时,不妨先思考以下几个问题:

问题一:正常情况下,企业内训开始时学员处于哪一种状态?
A:九点不到,就已经全部坐在教室里。
B:已经九点了,学员却只到了大概一半。

你认为是 A 或是 B 呢?正确答案是 B。

因为对企业讲师而言,上课是任务,当然要提早抵达现场。但是对企业学员而言,上课却是义务,只要到了就行。虽然公司认为内部培训是员工的福利,但学员未必会这么想。很多学员都在上课前就告诉过我,他们已经很忙了,工作都快做不完了,上课一整天只会加重之后的工作负担。

问题二：课程开始前，教室内学员的态度如何？

Ａ：大家都往前坐，以便待会儿上课时听得清楚也看得清楚。

Ｂ：大家都往后坐，找一个隐蔽性高的座位，待会儿上课时顺便休息一下。

关于课程开始前教室内的真实画面，这些年来我搜集了不少照片。

正常的状态，先到的学员会选后面的位子，往往还不是正后方，而是两侧的角落，后来的人才逐渐往前坐。入座之前，也会寻找熟悉的面孔，与认识的人坐在一起。如果 HR 强制分组（一般会打散分组），学员只好坐在自己的座位上，但也会开始吃早餐、刷手机，或者打开笔记本电脑处理事情。

问题三：课程开始了，假设站在台上的是知名讲师宪哥，你觉得台下学员会有什么反应？

Ａ：这位讲师很有名，课程很难报名！我们要好好珍惜！

Ｂ：宪哥？好像听过，是主持股市或谈话性节目的吗？跟今天的课程有什么关系啊？

特别以宪哥为例子，是因为宪哥的企业内训资历很深，十年超过一万小时，非常有名，还出版了十本书，主持电台节目，推出了许多网络视频课程。即使如此，大部分企业学员想的还是"这跟我有什么关系？"不管讲师有没有名，学员在乎的还是"这个课程能带给我什么？"

就以我自己的经验来说，有一次我在某大科技厂教课，尽管过去几年已经在那里连续上了十轮以上的课程，也得到该企业极高的评价，然而当天 PPT 演讲课程一开始，我就感觉有一股低气压笼罩着。大部分的学员只是漠然地看着我，还有几个学员连头都没有抬。我的感觉是："嗯，正常。"然后按照我原本的规划与节奏进行预定的课程。过程中，虽然感觉有点难带动，但到了下午，学员的表现与投入就如往常一般优秀。

一直到课程结束后，HR 主管才问我："老师有没有感觉今天学员有些奇怪？"我说一开始有，但随着课程进行，这种感觉慢慢地就没有了。HR 主管说："我们公司规定，晋升主管必须做 PPT 演讲，PPT 演讲表现不佳就无法顺利晋升。而今天来上课的伙伴，就是 PPT 演讲技巧关卡没通过，才被要求来上您的课。"我听了恍然大悟。"所以，大家一开始心情很差，因为是不得不来上课的。"HR 主管解释说。

还好我是下课后才知道这件事，如果一开始就被告知，我就可能很难保持平常心，授课的态度也许太用心或太小心，气氛反而会更僵。事实上，对一个企业讲师而言，面对有对抗性的学员就是每次教课的常态。

认清现实，改变现况！

不管教室的气氛原本如何，把学员的态度从抗拒学习转为投入学习，教好难教的内容，技巧方面化复杂为简单，才符合企业与学员对讲师的期望。

当然，有时候也会遇到水平高、态度好的学员。不过，可千万不要以为这样就简单了——学员水平越高，表示学员的要求越高。我曾遇到过全班都是处长与副总等级、平均资历二十年以上的学员，这种特殊情况，更考验讲师的能力。

总之，面对有对抗性的学员是讲师教课的日常。只有先认清这个事实，才能正确思考。如何让这些有点不得已，或是根本就不想来上课的学员，能够在一开始就被老师吸引，视线离开手机、离开电脑，甚至连心思都能不再挂念繁忙的工作，全然投入一整天的课程，最后大有收获——这就是企业讲师必须不断通过磨炼教学技术，努力去实现的目标啊！

学习动机与教学方法

不少朋友通过个人经验及观察，得到一个结论："大师都用讲述法！"然后推论出下一句话："所以讲述法是大师的技巧！"

前面一句话与我的两次体验接近。第一次，我在多年前听过《第五项修炼》（The Fifth Discipline）作者彼得·圣吉（Peter Senge）九十分钟的演讲，全程都采用讲述法，而且只出现两张 PPT 不说，上面还全是密密麻麻的文字。我带着朝圣的心情前往，最后很荣幸能与大师合照。第二次，几年前我有机会聆听日本经营之圣稻盛和夫的演讲，两小时全程以日文读稿，搭配中文翻译的字幕。演讲结束后，我对讲者远道而来，在台上坐了两小时的精神深感敬佩！

有关讲述法的设想

既然连世界级的大师都用讲述法，所以在企业内训或一般教学时，讲师也可以这么做吗？

回答这个问题之前，我们先来设想一下可能的状况。第一个设想是：如果上述两场演讲不是大师亲自前来，而是请台下任何一个人上台，依照大师的话讲一遍，特别是稻盛和夫那一场，稿子已事先写好了，你觉得效果会不会一样？台下的你，还会不会在讲述结束后，跑去跟读稿的人合照？觉得他稿子读得很精彩，你心中万分感佩？

第二个设想是：如果大师本人一模一样地讲述，只是场景搬到企业内训教室，台下坐了二十至三十个企业学员；再假设学员都不认得大师，只知道是一场企业内训（这情况其实也很普遍，我在授课现场问过很多次，学员只知道主管派他来参加培训，对于课程内容及讲师大多一无所知），你觉得纯粹讲述课程，在经过一个小时后，学员的反应会是如何呢？

在第一个设想中，如果你抵达演讲大厅后，发现大师不在现场，而是由其他人照稿子念，效果应该会有很大的差别吧？说不定你当下就一走了之了！

关于第二个设想，将纯粹的讲述法运用于企业内训，我就曾在现实中见证过。不久前，我在带一个演练课程时，隔壁教室刚好也有课，由于教室之间是活动隔板，因此隔音效果不太好，我能隐约听到隔壁传来的声音，而且可以确定，那位讲师一整天都在用讲述法上课。中间下课时，我路过隔壁教室往里面看了一眼，一半的学员趴在桌上，还有些坐着闭目养神，整间教室陷入一种缺氧的状态，只是我无法确定讲师是不是位大师。

跟着大师依样画葫芦？

回到前面的问题："大师都用讲述法，所以在企业内训或一般教学时，讲师也可以这么做吗？"经过上述设想，我有三个感想：

一、大师之所以是大师，因为他有洞见、有想法、有经验、有实绩，所以大师怎么教、怎么说、怎么做，已经不能以一般的标准来衡量。套用一句宪哥常说的话："你是谁，比你说什么更重要！"

二、进一步推论，大师的名声能吸引到对其有兴趣的人，明显强化学习动机，并带来良好的效果。现场无论用什么教学法，即使是单纯的讲述，有强烈动机的学习者也会写满笔记，融入个人见解，深入思考，自然会有很大的收获。

三、从企业内训现场的真实状况可知，激发学习动机是一项挑战。对公司而言，内部培训是福利；对员工而言，上课多少会影响工作进度，尤其在被主管指派的情况下，并非自发性的学习，难免心不甘情不愿。即使是有心学习的员工，动机也绝对比不上追星般自掏腰包抢购大师演讲门票的人，因此很难抵挡单一讲述法的催眠，毕竟人类都喜欢有点变化。

你真的尽力了吗

我的想法很简单：不管采用什么教学方法或技巧，有效就是好的！

由于教学现场不同、学习动机不同、参与程度不同，学生的反应自然不同。教学时，如果学生都非常专注、投入，老师并不需要改变原本的方法，因为有可能你就是那个对的老师（大师），或是上课的都是对的学生，并有对的动机与态度。只要学习效果好，一切都是好的。

但是如果上课的学生反应冷淡，两眼无神，甚至开始梦周公（你真的相信睡眠学习法吗？），这时请不要认为"一定是这个课程不好教""一定是这些学生没天分""一定是我不够有名"，也千万别自我安慰"只要有一个人有收获就好了"，或是相信所谓的"佛系教学法"——"佛渡有缘人""我尽力了""无论学生们有没有认真学,反正我对得起自己就好"……这些都不是正确的教学态度。真正想成为职业讲师的人会这么告诉自己:"不管什么课,一定有更好的教学方法,只是我现在还不知道,或者还没发现而已。"

更正面的想法是:只要身为老师,所有跟你在同一间教室的都是"有缘人",要想办法提高教学的水平,吸引所有学生的目光,让他们投入你精心规划的课程中。目标当然不能是只让一个人有收获,而是要想办法让课堂上的每个人都有收获,在课程结束时确实能带走一些好东西!你需要的不仅是"尽力",而是要好好思考,如何提升自己的"教学能力";要改进课程规划及教学方法,除了讲述法之外,还要融入许多其他教学手法。最后的目标是:"老师讲得越少,学生学得越好!"

我不会一厢情愿地认为"教学的技术"能解决所有问题,因为我知道学习动机是个非常不容易撬动的开关。我也了解挑选适合的学习者的重要性。但是,一旦身为职业讲师,就没有挑选战场的权利。只要站在讲台上,就必须完成有效果的教学,倾全力搞定一切!

所以,先改变你对教学的想法,再改变你的教学方法,这样就有机会改变学生的学习动机。"教学的技术"要让老师教得无往不利,学生学得有效果,而且充满乐趣。

应用心得分享

没上到会觉得很可惜的一门课！

台中荣总家庭医学部主治医师／TED×Taipei 讲者　朱为民

推开门，走进教室。

距离上课时间还有十分钟。午后时分，教室里稀稀落落地坐着十多个同学，有的在看手机，有的打着电脑，有一个趴在桌子上睡觉，有一个在吃便当，有一个在吃泡面。我打开背包，熟练地拿出电脑，接上转接头和投影笔，测试话筒和灯光，大约花了不到十分钟。上课铃响，一抬头，所有的同学几乎还是原来的状态，看手机的看手机，打电脑的打电脑，吃便当的吃便当，睡觉的睡觉。

这是某大学二年级"安宁疗护概论"的教室现场，也是我第二次来这所学校授课。

去年是我第一次来上课，也是第一次到大学授课。因为自己也算是距离大学毕业不太久，我心里多半对大学生的表现有个底。没想到，上完课对于内心的冲击和自信心的打击，可以说是远远超过我课前的想象。正如同上述的教室画面，我使尽全力上了两个小时，但是许多同学依旧在做着自己的事。

"明年，还要继续接这门课吗？"是我下课后脑中第一个念头。第二个念头是："佛渡有缘人，反正我尽力了，他们想听就听吧。"

但是，真的是这样吗？

几个月之后，我报名了"宪福讲私塾"的课程，这是一门由知名企业讲师宪哥和福哥所开设的教学技巧课程。课程一开场，福哥就用一句话震撼了我：

"绝对没有'佛渡有缘人'这回事，老师要为自己的教学负起全责！"

是呀，难道学生不想听、不愿意听，都是学生的问题吗？其实老师应该要想办法让学生想听、愿意听，这才是真正的师者本色啊！

而如何做学生才想听、愿意听呢？接下来的课程，宪哥和福哥把所有老师应该知道的技巧教给我们：如何开场、分组、自我介绍，还有奖励机制、举手问答、小组讨论、游戏教学、影片运用……几乎可以说是教学技术的大全餐一次吃到饱，而我也在课程当中设法一个技术又一个技术地吸收。

你说，这样的技术，实战中到底有没有用？老实说，我一开始也不确定。但过了不久，当大学里的助教写信问我说，愿不愿意明年继续到学校上课的时候，我犹豫了一下，跟他说："我愿意。"

拿起话筒，我清一清喉咙，开始使出我这一年来学到的教学的技术。从开场、自我介绍到分组、选组长、小组讨论、影片教学……我按照之前上课所教的一一操作。神奇的事发生了，那些吃便当、泡面的都停下筷子，开始参与分组的讨论；更不用说那些打电脑、刷手机的同学了！最令我开心的是，课程进行到一半，因为大家讨论得太热烈，连那个睡觉的同学都醒来了！他有点不好意思，连忙加入其他同学参与讨论。我看着热切进入状态的同学们，脸上浮起了一个大大的笑容。

过了半年，学校寄给我一张奖状，我虽然只上了这一门课，但还是获选为该年度的绩优教师!同学给我的评语写着:"没上到会觉得很可惜的一门课。"

我想,这就是"教学的技术"的威力!

推开门,走进教室。如果你也想成为一个好老师,这本书可以助你一臂之力,实现你的理想。

应用心得分享

教学技术,一切从"心"开始

台中科技大学应用英语系教授 严嘉琪

我从 1995 年开始就在大专院校教书,在美国进修博士时也担任中文助教,回国后在私校及公立大学任教至今,教书已二十三年。近年来"佛渡有缘人"是我的教学心态:有缘的学生,就多教一些;无缘的,就少说一些。我知道这和企业讲师的教学态度截然不同,但总觉得,这是两个不同的世界,无法相提并论。后来,"缘分"到了,开始看福哥有关"教学的技术"博客文章时,每每思考:"这适合用在学校吗?""这可以用于大学生吗?"一而再,再而三地自我回答:"不行。""不一样。""行不通。"到多次以后,赫然发现,为什么自己一直重复这些答案?明知是有效的教学法,却一再以"状况不一样"为由拒绝学习,顿时发现，原来教学心态才是我教学事业上最大的阻碍。

上完"教学的技术"工作坊，重新看我原有的教学课程设计时，宛如看到一个新生命即将诞生。例如，对"时间"概念认知的转换：原本一学期十八周课程，也就是有十八次上课机会，很多课程内容可以慢慢学，这次不会，还有下一次，甚至这学期挂科，没关系，还可以重来一次。殊不知，这样一来，没有针对当下的教与学做成效评估。反观企业的专业讲师课程，往往一次定胜负，因为要让学员立即学到带得走的技能，当下的学习成效很重要。所以，基于"时间"概念的转换，我开始修正课程细节，把原本一学期课程的概念，转换为同一核心主题的十八次不同课程，让整个节奏变得更紧凑，教学法也更加多元，加入多种问答方式、小组讨论、加分游戏等。

举例来说，"破冰"活动，以往我只花不到三十秒就完成简单自我介绍："我是严嘉琪，这门课程是×××，好，我们进入教学大纲说明。"没多说是因为很多资料学生自己上网查就好了，不用我在这里多做说明，而且学生也不会有兴趣知道老师个人的丰功伟业。不过经过"教学的技术"课程洗礼后，我转换了教学心态："我希望把每一个教学动作都做到位，连自我介绍也是。"于是我自问，如果要做"自我介绍"，其目的是什么呢？我想应该是希望在教学互动上，增加人与人之间的温度，减少学生心理层面的学习阻力，增加自我突破的可能性。

根据这些想法，我做了一个大概三分钟的PPT自我介绍（但准备上花了不少时间），通过自动播放，再搭配音乐，让学生对我有初步了解；同时也邀请学生回家后，简单写下个人故事，下周交上来进行分享。

这样的初步个人互动，在教学上，无形中引起了奇妙变化。其中一个案例就是，通过学生提供的自我介绍，我知道某学生很不喜欢英文，但热爱田径运动，虽然在课堂上，他不时表现出有英文学习障碍，但我不定时会用运动员精神作为隐喻，希望可以无意间激发他的学习动机。期末时，这个同学跟我说："老师，谢谢你，以前我不知道可以这么学习，谢谢你教我方法。"

　　从转变教学心态，到修正课程细节，一次又一次测试后我发现，之前上完课，就是解散下课，人去楼空；现在下课时，居然会听到学生鼓掌！连原本是逃学大王的某男学生，看我下课后独自收东西，还会问我需不需要帮忙，诸多学生长期以来不曾有过的单次课程小反应，都让我内心感动不已。

　　老师的教学心态，应通过不断自我要求，进化再进化、修正再修正。老师态度是如此，学生一定会不断跟随以及学习。不管怎样，所谓言教不如身教，千真万确。上完福哥"教学的技术"课程，让我二十三年的教学有了转变，一切从"心"开始！

应用心得分享

登上教学的美好高原

台北医学大学医学系教授　林佑穗

从在政大兼课教生理学开始,我在大学的课堂讲课超过二十二年了。为了让学生学得更好,我致力于把课程架构得很清楚,让内容包含比喻与案例,让课堂充满互动与风趣。这么卖力地教,每一年的教学评鉴,虽然都被选为优良教师,但是我总隐约感觉到有片天花板限制着教学。我观察到即使学生当场听懂了,其实知识并没有留在他身上,过一阵子就归还给我了。也曾跟很多人讨论,得到的反馈多半是"你已经教得很好啦""学生就是这样啊"(以下省略抱怨学生的话数百句)。慢慢地我也相信,这应该是学生的问题。

突破教学的天花板

直到六年前福哥来敝校教 PPT 演讲,PPT 演讲功力非常强,毋庸置疑,但更让我震惊的是怎么有人这么会教学。后来福哥慷慨传授了教学的秘诀,我用了其中几招,那片困住我教学很久的天花板,它烟消云散了。

在教呼吸生理学时,有个复杂的鼠肺连接装置。以往,我都是图文并茂地讲解,再当面示范操作。从课堂当场的问答看,学生大多懂了。但是期末考试时,考选择题还好,若是以简答题形式要求学生画图说明该装置,居然只有不到 40% 的学生能答对。我想我能做的都做了,这么低的正确率,果然是学生的问题吧!

但脑海中忽然出现福哥说过的一句话："老师讲得越少，学生学得越好！"对啊，我做了太多，把教学弄成一场脱口秀了。我决定把学生拉进教学场域，他们应该是主角，而非旁观者。但是下一个问题是，学生进来了，该做些什么呢？使用小组讨论与分组报告法吗？效果好像只好了一点点。回想福哥是怎么教学的，原来并不是简单地让学生讨论与做报告，课程内容是要经过精细的设计与拆解的。

学生比老师忙碌

我开始不急着讲解，而是让学生先分组，再公布今天课堂的规则与奖励。学生要挑战的目标是鼠肺装置的组装。在展示组装前零乱的物件后，为了刺激学生动脑，我还混杂了些不会用到的零件。考虑到学生的水平，将学习目标拆解，分阶段让学生讨论与演练。再压缩每段讨论的时间，以提高讨论强度。去旁听学生群的讨论，若有小错误，我袖手旁观；若有大偏差，则适时拉他们一把。看着学生或皱眉苦思，或兴奋讨论，我心想，学生终于加入学习场域，终于比我忙碌了。期末的考核结果让我跟助教都惊呆了，取得前所未有的学习成效：超过 95% 的同学答对。我隔年再如法炮制，仍一样有效。

如果您在教学时发现自己使尽浑身解数，成果却不如预期，福哥的教学法，让我窥见教学的美好高原，在此极力推荐给您。

应用心得分享

找最强的导师，有机会成为最强的公司

新加坡商钛坦科技总经理　李境展

荣获亚洲知名人力资源刊物《亚洲人力资源》(*HR Asia*)"2018亚洲最佳企业雇主奖"的新加坡商钛坦科技，有什么不外传的企业经营心得吗？有的，除了成功的"敏捷组织"[1]转型外，其中一点是在邀请外部讲师讲课时，我们只找"世界级一流的专家"。

在2012年，为了提升内部培训的质量，同时建构学习型组织的基石，特别邀请了福哥为伙伴们上课指导。两天的课程，从教学内容主题的选定、教学的方法、实践演练与反馈，整个课程让所有第一次参加"企业内部讲师培训课程"的伙伴们，对于教学这件事，有了全新的体验与视野。这堂"教学的技术"课，从此也成为钛坦科技内部讲师训练的必修课程，一直持续到现在。

高感受度的设计与规划

以我的个人学习经验为例，第一次上福哥的课是在2012年，除了完整的课程学习，印象最深刻的是学到了"如何使用便利贴"制作PPT演讲企划。从草拟主题开始，接着做发散式的脑

---

[1] 敏捷组织（agile organization），指针对市场的环境变化，能够迅速整合资源，做出迅速而灵活的反应的企业组织。

力激荡,把每个创意点子分别写在不同的便利贴上;收集后开始进行归纳与聚焦,并重新调整章节的排列顺序。运用视觉化的便利贴,以及其易于调整排序的便利性,在短短数分钟内,便能完成 PPT 演讲企划的第一版架构。这和"敏捷"开发工具选用时所遵循的"低技术,高感受度"(Low-Tech, High-Touch)原则不谋而合。

看到教练福哥在受训讲师群组里的帖文写着:"老师们好!已经给了五组反馈,有一组很棒!然后,其他四组……嗯,请加油!要从课程分析开始,仔细地想清楚:你要教什么?你的教学目标是什么?接下来好好思考如何运用不同的教学手法,强化教学效果。而不是前面讲一堆,最后才放一个大演练,这样是不行的啊!重做的小组,请加油!"除了感受到福哥的教练风格,以及对学员作业质量的要求外,我看到了在组织内又有一批新的种子正在发芽成长,并且有一位充满热忱的教练在旁贴身指导。

不断进步

福哥在过去六年间的指导,为钛坦科技培训出了一批批散播知识的种子,他们是企业不断茁壮成长及自我挑战的动力来源。我们深信找最强的导师,培育内部最强的师资,才有机会成为最强的公司,达到超越自我、不断进步的目标。

应用心得分享

不只是技巧

台北艺术大学副教授／心理咨询师　许皓宜

认识福哥是因为宪哥,崇拜福哥却是因为"教学的技术"。

教学十多年,我觉得自己是个教学内容还不错的老师,但只要提到教学活动,我就头痛。"互动"不是我擅长与喜欢的,但在教学与演讲的场域里,却是必备。

某次,我有机会在一场讲座中,亲眼见到福哥亲自示范"教学的技术"。对我这个不擅长使用互动技巧的人而言,我实在无法用文字形容当时的震撼,那场坐满下班后满是疲累的上班族的数百人讲座,在福哥巧妙催化下,居然变成一场活生生的讲座派对。从此以后,我就知道福哥是我在教学生涯中,必然请教的一位老师。

见到福哥将他的教学法宝通过文字公布于世,身为欲拜师的后进,一定要站出来大力推荐,相信你也会和我们一样,从中收获许多。

教学、讲话、沟通,福哥谈的不只是技巧而已,也是激励我们表达自己的勇气。

Part 2

课前准备

第 2 章
课程的分析、设计与开发

系统化课程规划五步骤——ADDIE

你的教学目标可以被评估吗

ADDIE 之 Analysis：课程分析

ADDIE 之 Design：课程设计

ADDIE 之 Development：PPT 开发设计

应用心得分享

系统化课程规划五步骤 —— ADDIE

请先想象一个场景：刚升任公司主管的你，某一天接到总经理的指示，要你帮新员工上一门"时间管理"的课程。原来是老板觉得大家平时太常加班，希望新员工学习如何有效运用时间完成工作。因为他认为你工作效率极佳，时间管理技巧一定很好，所以请你担任讲师，负起这门课的教学任务。你心想："会做跟会教，可是两回事啊！"正在为了准备课程而伤脑筋的你，接下来要怎么样设计一个课程，顺利地完成这个教学任务呢？

大部分教学者遇到这种状况，第一件事就是做 PPT。这其实是一个错误的开始！因为一个好的课程，要考虑到学员需求、课程设计、教材教具、教学方法，以及课后验收，不是只有漂亮的 PPT 而已！这些不同阶段的思考重点，就是接下来要分享的：ADDIE 系统化课程设计。

一个好的课程，是可以经过系统化的方式规划出来的。广为人知的一个系统化教学设计（Instructional System Design，简称 ISD）的方法是：ADDIE，分别代表课程规划的五个步骤——分析（Analysis）、设计（Design）、开发（Development）、执行（Implementation）、评估（Evaluation）。

这个课程规划方法早在 1975 年就发表了，是由佛罗里达州立大学布兰森（Branson）等人为美军训练所做的研究，甚至在早上十年的 1965 年，美国空军也有过五步骤的课程发展模型。但一直到美国培训与发展协会（ASTD）在20世纪90年代发布了一篇文章后，ADDIE这五个步骤才开始在教学界流传、风行。

别担心，理论的介绍到此为止。

如何实际应用ADDIE五步骤

举一个实际的应用例子，你就能很快掌握ADDIE的窍门。

就用前面提到要准备的那一门课来举例，也就是"时间管理"，那么，我们应该怎么应用ADDIE模型来设计这门课程呢？

分析（Analysis）

一门课要开始之前，当然要先了解学员是谁，课程目标是什么，时间有多久，教室在哪。还有很多比如学员人数、教学环境、教室摆设、教学工具等必须考量的因素，但最重要的还是学员、时间、教学目标这三件事。

譬如说，如果学员是高科技行业的工程师，教学目标可能就是如何应用时间管理的技巧或工具，让他们能工作得更有效率，早一点完成任务。上课时间譬如说是三小时，这时要考量的可能就是除了讲述之外，还必须加入哪些实践或讨论，让大家可以在实务上结合时间管理的工具及方法。

"分析"这个阶段很重要，最常见的问题是搞错课程目标，设定得太宽泛或太模糊，或是无法贴近学员的需求！

更详尽的解说，请见下一节。

设计（Design）

我是个不大喜欢动笔的人，不想写一大堆文件，因此，在这个阶段我就会请出我的万用工具——便利贴！和PPT演讲的做法一样，我会在这个阶段开始用便利贴发散思维，逐步设计课程的内容（详见《上台的技术》之"便利贴法"）。当然了，要是面对的是全新的课程，我也会在这个阶段搜集大量资料，刺激思考，并汇整出更好的规划和想法。

单以"时间管理"这个主题来说，像是时间管理矩阵、番茄钟、每日待办五件事、黄金时间等方法，以及不同的时间管理工具如计时器、时间记录等，我都会在这个阶段全盘整理，写在便利贴后一一贴起来，再区隔成教学的段落和流程。

开发（Development）

这个过程有两大重点：一个是教学素材，也就是PPT的设计；另一个则是教学方法，也就是教学技术应用。

教学的PPT与工作简报的要求不同，教学PPT反而不用花哨，而是但求有效！PPT的三大技巧：大号字、半图半文字、全图像。这些大概就足以应付教学PPT的需求。千万别把PPT当成讲义，放上密密麻麻的文字，那只会有催眠的效果！

当PPT设计得差不多后，就要思考如何插入教学技术，也就是要想清楚不同的教学方法，比如问答、小组讨论、演练、影片、个案……考虑这些技术应该如何与教学结合。像是"时间管理"这门课，也许就可以请大家写下平常的工作，再一一放入时间管理矩阵之中，或是分组讨论"平常有哪些让你用掉最多时间的'时间杀手'？"当然，也可以用影片来展示标准的一天……

执行（Implementation）

所谓"课中执行"，指的当然就是上课的过程。

如何教好一门课？老师除了要设计好课程、了解学生学习状况、掌握教学技术外，最核心的是"怎么样才能做到老师讲得越少，学生学得越好？"。

譬如，在时间管理的上课现场，学员不仅应该学习时间管理的方法及技巧，更应该学习把这些技巧应用在自身或工作上的个案，现学现用，甚至找出未来在时间管理上，哪些部分可以变得更好，又有哪些部分需要调整。如果只靠老师一直讲述，学生们听得很多，但是学得很少！如何把教学的过程调整得更好，是老师们应该思考的问题之一。

评估（Evaluation）

记得，评估的重点不在于打分数，而是如何切实反映学生的想法，以及老师对教学的自评最终如何反映到未来的课程设计中，从而不断优化课程。

"课程评估"非常重要，所以接下来我们还会不断提到，并在第 8 章来个大总结。

一步一脚印，学会 ADDIE

本小节的目的，只是希望先让大家对 ADDIE 的课程规划五步骤有个概况性的了解，并且以"时间管理"的课程为例，让大家知道这五步骤如何应用。

接下来，我们会针对每一个步骤，一步一步再仔细解析。

你的教学目标可以被评估吗

在思考一门课程时,第一步就是要从"分析"课程开始。整个分析的过程有三个核心:对象是谁?教学目标是什么?教学现场是什么样的?这三件事情环环相扣,缺一不可。不先想清楚这三件事,你就设计不出一个好的课程。

一开始,你应该先聚焦在一个核心:教学目标。因为这是最多人出现问题的地方。弄清楚教学目标后,其他的两个环节就不难处理。

所谓教学目标,也就是"你想通过这门课程完成什么事情",更进一步说,"学生在上完你这门课后能够得到些什么"。我时常看到,许多课程往往一开始就设错了教学目标!

无效的教学目标

我们还是拿"时间管理"这个常见的课程来当例子,看看你我可能会设定出哪种正确或错误的教学目标。

先看看第一种教学目标,你觉得如何呢?

"通过时间管理课程,提升个人工作效率,让工作顺利运行,公司整体更有生产力,让学员在课程结束后,能拥有更好的人生!"

这段话写得很漂亮吧?却是无效的教学目标!

"无效?每一句话看起来都很有用呀!哪里无效了?"我知

道，你一定急着想这样问。

别急，请你仔细重读每一句话后，再看看我认为"无效"的理由：目标都很远大，也很正确，但却完全没办法在课程结束后立即被评估！

没错！"提升工作效率、工作运行顺利、更有生产力"，甚至是"更好的人生"，这些都是看似漂亮，但却无法评估的目标。在一堂课教完后，怎么才能评估工作效率是否提高，工作有没有更顺利，学员有没有生产力了呢？而像"更好的人生""提升组织竞争力""增进核心能力"……这些听起来像口号的说法，都是不好的学习目标！

一旦目标无法被评估，最明显的结果就是：一门课教下来，到底有没有达到目标也不会有人知道。也就是说，任何人以这个教学目标来教这门课，他都可以说，上完之后已经帮助大家"提升工作效率"了——反正有无实质提升也没有任何标准可以评估，教学现场也看不出来，因此谁来教都一样！

这正是很多课程从一开始就出现的问题：教学目标不明！

行家一出手，就知有没有

要有明确又正确的教学目标，也就是符合学员需求，并且在教学现场就能立即加以评估的目标。同样以"时间管理"这门课程为例，好一点的教学目标应该是这样的：

"通过时间管理课程，我们希望让学员学到三个重点：工作次序安排、时间管理手法、不同工具应用。第一项工作次序安排，重点包含重要紧急矩阵[1]，找出高核心工作及浪费时间的杀手；第二项时间管理手法，我们会介绍如番茄钟、黄金时间、时间记录、工作时段效率分析、每日待办五件事、尽管去做（Getting Things Done，GTD）等工作法；第三项不同工具应用，则是给大家介绍一些数字时间管理工具，像是时间管理App、计时器及Timer Timer[2]、广告牌管理工具……"

看完上面这段话后，你有没有发现：这门课要教些什么已经有一个雏形了！

重点是，规划课程时我们也应该同步思考：如何规划才能在课程结束时，验证一下学员是不是达到了我们预期的教学目标？以上述这个"时间管理"的课程为例，我们也许可以规划一个案例实践，让学员做一下自己一周行程的分析，找出自己的核心工作及黄金时间；或是用一个演示案例，请大家应用小程序填入"每日待办五件事"；或是请学员规划一下，如何整合今天的学习，应用在未来的工作上。

目标要明确，更要不断评估

管理大师彼得·德鲁克（Peter Drucker）曾经在《卓有成效的管理者》（*The Effective Executive*）里提到，设定好你的目标后，

---

[1] 将每日面对的事情以"重要"程度为纵轴，以"紧急"程度为横轴归类在四个象限矩阵内的时间管理方式。
[2] 一款可视化时间管理应用工具。

都要在一段时间之后检视一下,看看你的预期和实际达到的效果有多少差距,这么做,你才能继续修正及调整,往更高绩效的方向前进。

虽然德鲁克谈的核心是经理人如何做好时间目标管理,但我觉得,在教学目标的设定上也是一样:要先有一个明确的教学目标,而且在教学结束后要能马上评估,看看你原本的预期与实际达到的效果有多接近(或偏离),并借此不断修正,这样才有机会朝更好的课程迈进!

ADDIE 之 Analysis：课程分析

  一门好的课程，都是授课者用心设计出来的：教课之前，老师心里早就应该想好要教些什么，怎么教学，设置什么样的教学目标，运用哪些教学法，这些都要事先规划及设计，并且要预先制作教材；教学的过程，只不过是最后成果的逐步展现。整个系统化教学的设计，其实是从课程的分析开始，然后再一步一步往前推进。

  因此，整个过程中最重要的，其实就是"教学目标"，也就是你想要在课程结束后，让学生学会什么、带走什么，拥有什么他过去不具备的能力。还记得吧，上一节"你的教学目标可以被评估吗"讲的就是这件事。

超级课程的精华分析

  不久前，我有幸再度旁听超级大课——林明樟老师的"超级数字力"，两天版完整课程。我们就试着用之前 ADDIE 的分析（Analysis）结构，来解析一下课程分析的重点。顺便让大家知道，一个超级课程考量的内容可以包含多少精华。

教学目标

  一、学习三大报表：损益表、资产负债表、现金流量表的立体解读（两天之内学完！神了吧？）。

二、学习公司财务及个人理财的实务应用（有许多案例讨论）。

三、如何从财务报表的数字，预测公司未来的运营状况。（单单从财报，就可以判断哪些是好公司，哪些是坏公司。这绝对有职业级的实力！）

上面这三个教学目标，每个都很不简单！甚至在一般的学校教学中，都要好几个学年才能教完（还不见得能教会！）。而MJ在两天内就让学生学会，还能马上应用！譬如在一堆财报中，让大家挑出好/坏公司的财报，练到最后，大家只要三分钟就可以准确做出预测！而第一天晚上的模拟游戏，更是刺激好玩又有趣！（这个我就不剧透了，想深入了解的，请报名"超级数字力"！）

学习动机

经营事业需要财报，投资股票需要财报，个人理财虽然不用财报，但需要有很棒的数字力。想要有钱、更有钱，数字力及财报是每个人都不能逃避、必须有的能力。

学员的问题点，主要是以下三项。

一、财报像天书，90%以上的人看了就想睡觉，看完的也看不懂。即使有10%的人看得懂，也不知道如何从中获取重要信息。

二、想要快速入门，提升数字力，却不知道从何着手。学校或正式教育要花太长的时间，缓不济急！

三、不知道如何应用财报及数字力知识，总是盲目投资、盲目经营。花了大钱，却永远学不到教训。

丝丝入扣，环环相连

如果你仔细看了上面的分析，那就不难发现，学员的学习动机和问题点基本上可以与教学目标相结合！特别是问题点，几乎完全对应教学目标！像是大家没时间又想快速入门，MJ 就设法让学员在两天内快速学会；学员看不懂财报也不会应用，MJ 不只让大家可以立体解读，而且用真实的案例及财报，让大家马上应用！看到这些分析的联结点了吗？

当然，除了课程目标、学习动机、问题点之外，其他像学员水平（公开班与内训班就不同，而如果是财务人员专班或经营者专班，还会有更严峻的挑战）、教材和教具、教学法设计，还有上课的细节，像是场地、桌位摆设、现场设备、道具等也都要在分析阶段充分考虑。

从学员的需求及问题出发

一个好的课程，从来不是偶然诞生的。必须用心花时间规划，才会有好的课程产生！而依照 ADDIE 模式，从分析阶段开始就应该仔仔细细，从学员的需求及问题出发，然后结合老师的专业，规划出能让学员有实际收获和可以评估验证的教学目标，之后再通过其他细节的准备，顾及每一个可能性，然后逐步改善，这样才能打造出一个非常叫好又叫座的课程。

ADDIE 之 Design：课程设计

在分析完课程目标、学习动机及问题，以及其他与课程相关的细节条件后，接下来就要进入第二阶段：课程设计（Design）。

课程设计阶段有三大重点：设想及资料搜集、流程安排、教学法规划。再一次，我们以先前举过的"时间管理"课程为例，一个一个来谈一下这几个重点：

设想及资料搜集

刚开始规划课程时，我会先自由设想一下：关于这个课程，我知道些什么？当然，如果只是单纯的设想，想到的东西很快就会忘记了，因此我会搭配心智图或是便利贴法，把想到的灵感记录下来。

在这个过程中，找一些资料来刺激设想是很重要的手法。资料来源包含网络、PPT 和相关书籍。以"时间管理"这个主题为例，只要在搜索栏打上"时间管理"，就可以看到一大堆网络资料，包含时间管理的五大诀窍、六大观念、十个魔法……甚至定义、推荐书籍、重要紧急矩阵、GTD 的概念等等，都可以在前五十项搜寻结果中看到。

另外，别人做过的 PPT 也是非常好的参考资料。你只要在搜寻时加上"filetype:ppt"，例如在搜索栏输入"时间管理

filetype:ppt",就会看到很多之前别人做好的PPT,几乎都是别人的演讲或课程。这些PPT,也是另一个重要的参考来源。

书籍则是更系统化也更完整的参考资料,任何一本书,都是经过作者精心整理,并融合自己的观点才有的产出。从书上可以读到比网络或别人的PPT更深入且更完整的看法;但请记得,同一个主题要多看几本书。以"时间管理"为例,只要在网络书店输入关键词,就可以看到《搞定!》(*Getting Things Done*,中文复刻版收录了我写的推荐序)和《吃掉那只青蛙》(*Eat That Frog!*),还有管理大师彼得·德鲁克写的《卓有成效的管理者》,以及很多很多其他的书。记得多看几本,才会获得更具综合性与更完整的观点。当然,这个时候,快速阅读的能力就变得非常重要了。

请记得,这并不是要你东抄西抄,而是希望通过别人的资料刺激思考,让你不必从零开始,而是可以在别人已有的基础上,建一个更高的大楼。所以建议你不要复制资料或PPT,要把这些想法转化记录在心智图或便利贴上。这样做,你借用的灵感就真的只是灵感,未来可以与你自己的想法进一步整合。

流程安排

等到设想和资料搜集做得差不多后,接下来就可以开始安排上课流程了。

以"时间管理"为例,流程可能会区隔成"基础观念""方法""工具""实务练习"等。要特别小心的是:不要谈太多基本观念和理论,职业讲师都是直球对决,直接切入重点!宁可一开始就提供一个时间管理的错误个案，请台下讨论个案主角犯了哪些错误，而不要只谈"时间管理为什么很重要？""时间管理有哪些理论？"等一听就让人想睡觉的内容，白白浪费课程一开始时学员宝贵的注意力。

当然，从这个阶段开始，考验的就是讲师个人的功力了。你是不是真的熟悉这门课程的内容，有没有足够的经验来教这门课，或只是比别人多看了几本书，就想来教这门课……在这个阶段这些问题就会无所遁形！

我常说"有灵魂的课程"，指的就是这件事！如果你分享的知识或教学内容在网络或书上都查得到，那你最多也只是一个"知识分享者"。要成为一个能为学生带来洞见、带来启发的老师，真的需要很多知识的贯通和累积啊！

过去我真的见过有人在某讲师身边当助理，不到一年后，就认为自己也可以开课讲授那门专业课程。很大的问题是：这个人除了当讲师助理外，没有其他的工作经验，这在企业内部培训现场，很快会被看破啊！

教学法规划

从这个阶段起，高手与一般老师的差别就会非常明显地呈现出来。你当然可以全程讲述，如果时间不长，或是你真的热情如我的伙伴宪哥，那么，单纯讲述还是可以抓住台下学员的注意力。可是，如果课程时间较长，或是你在意学习成效时，教学设计的重点就不能只是教学内容及流程，更要把教学法安插进去。

以"时间管理"这个主题来说，你可以先让大家设想"平常工作时都做哪些事"，然后写在便利贴上，再请大家利用时间管理矩阵，区隔成重要、不重要和紧急、不紧急这四大矩阵，这样就可以通过实践，准确区隔出事情的轻重缓急；或是通过个案讨论，发现个案主角有哪些时间管理的问题及不良习惯，之后帮他规划完美的一天；也可以请学员做好课前作业，进行为时一至两周的时间运用记录，到时拿到课堂上讨论。这些不同的教学法都可以活化学习内容，并且让学生更能吸收知识、实际运用。

也许有人会说："课程里面安插太多教学法，会拖慢学习的进度吧？"让我们换个方式想：你是想"把课教完"，还是"把学生教会"？只想把课教完的话，只要念完讲稿（讲述）就好；要是真想把学生教会，从你的知识变成他的知识，那么，学生的注意力、吸收能力和实际练习缺一不可，有很长的一段路要走啊！（请参考第 9 章的认知及建构学习理论。）

好老师不怕花时间

在课程设计的过程中，大量搜集资料及设想是关键。

我经常在开车、走路及洗澡时不断思考，模拟课程运作的样子。我会想得很细，包括：我该怎么说？用哪些教学法？学员可能会有什么反应？我又该怎么见招拆招？这一切的流程细节，我都会反复考虑，想得差不多清楚之后，我才会开始制作 PPT 及教材教具，也就是下一个阶段：课程开发（Development）。

不知道大家会不会有个疑问：这样开发一门课，也太花时间了吧？我的答案是：没错！开发一门好课程，本来就需要时间的累积！我也绝不建议不断开发新课程，因为这样不只没有时间累积，更没有经验累积。顶尖的讲师绝对不是什么都会，而是专精一两门课程，教到最好！不断累积经验，持续修正，经过时间的淬炼，才会有更甜美的果实啊！

ADDIE 之 Development：PPT 开发设计

在 ADDIE 的系统化课程开发流程中，我们先是分析课程需求，接下来是设计课程内容，第三阶段是开发，也就是开发教材教具，一般都集中在 PPT 的开发设计，少部分课程可能会额外再制作教材教具。这一节要谈的，就是大家最关心的 PPT。

教学用的 PPT 与公司汇报 PPT 的要求不大一样，重点不在于美不美观，而是 PPT 是否能辅助教学。

市面上谈 PPT 设计的书很多，这里就不再一一细讲。之前我在《上台的技术》这本书中，也介绍了制作精彩 PPT 的三大手法——大号字、半图半文字、全图像，光用这三个手法就足以做好大部分的教学 PPT。但更有意思的问题是：PPT 如何与教学结合？过去聚焦在这个主题的讨论并不多，以下我们一边说明，一边举专业类课程"品管七大手法"（Seven Basic Tools of Quality）为实例，来说明 PPT 如何与不同的教学技术更好地整合。

整合教学技术，善用三大 PPT 手法

一如前述，制作精彩 PPT 的三大手法就是大号字、半图半文字、全图像。利用这三个手法，再结合教学法的运用，就能做出很有教学效果的 PPT，譬如在运用问答法、小组讨论法或演练法时，可以把题目直接展示在 PPT 上。在做质量管理的教学时，老师可以用大

号字呈现"品管有哪七大手法?"(问答法),"小组请讨论:如何运用品管七大手法改善生产合格率?"(小组讨论法),"请小组依手边个案资料画出品管直方图"(演练法)。类似这样出题目或强调重点时,都可以善用大号字的聚焦特色,做出很好的引导型PPT。

而全图像PPT可以用来呈现证据或出题目,像是谈到产品质量不良时,可以直接呈现质量不良的成品照片,让大家看到质量好和质量不好有什么差别;也可以直接呈现作业现场的照片,让学员们在教室里也可以看到现场的真实样貌,对讨论的聚焦更有帮助;或是拍一张现场照片,请大家指出这个照片中有哪些不良的作业习惯……凡此种种,都是把全图像PPT当作教学辅助的好手法。记得图要调亮一点、大一点,然后最好把要观察的重点标记出来,台下学员才能看得更清楚。

另外,半图半文字的PPT则适合用来归纳整理,或作为演练指示。例如:讲师可以在问答或小组讨论结束后,用半图半文字的方法,左边放产品生产的照片,右边解释产品品质不良可能的原因,把所有的原因做一个归纳;或者是准备请大家演练时,左侧放照片,右侧放小组讨论或演练的题目。半图半文字,由于资料量会比较多,图片可以当作证据呈现或用来软化PPT,而文字可以用来突显重点,这是教学PPT常用的手法之一。

一页一重点,讲到才出现

PPT不是讲义!(虽然确实有很多老师把PPT当成讲义用。)所以,千万不要把一大堆信息都塞在一张PPT上。记住,一张

PPT只呈现一个教学重点，讲下一个重点就切换到下一张PPT。当你想清楚"PPT不是讲义"，而是你的教学辅助工具，你就不会想在一张PPT上塞满信息。你可能会问："那讲义怎么办？"讲义？就再做一份啊！费事一点的做法是把讲义变成文字档或重新编排，还要把重要的关键字留白，让学生可以边听边填空，保持专注，在学习过程中留心关键信息。

更简单的做法是：复制一份教学PPT，然后筛选必要的PPT作为讲义！同样地，关键信息还是可以移除，让学员来填写，等于在听课时手边还有任务要做。

另外，"讲到才出现"也是教学PPT的使用要点。PPT的内容一次全部出现时，学生的注意力其实很难集中，不但都会先看完所有的信息，而且接下来容易失去专心听讲的动力。另一种极端的情况就是单张PPT上的信息过多，学生们看一眼，然后就放弃了，教学效果肯定不佳。所以，解决的方法是：讲到什么地方，相关PPT重点才跟着出现，通过"讲到才出现"的方式，控制PPT的重点呈现。

像是半图半文字的PPT，就是讲一段再出现一段（因此，用遥控器来切换是必要的），甚至是全文字的一整篇条文或规范，也应该逐条呈现，或是讲解到时再让重点条文变色。切记，做这些事并不是为了花哨的视觉效果，而是为了持续吸引学生的目光与注意力，让学习更有成效。

PPT 不是一切，只是教学辅助工具

在学校教课时，经常会有书商帮老师整理好教学 PPT 和重点，所以老师只要用这些 PPT 就可以上台授课。在企业中，我也经常会看到有人把作业文件直接转化成 PPT，整张 PPT 塞满密密麻麻的文字；而讲师到了现场，只是一条接一条地念出 PPT 上的资料，翻到下一页后，再继续念。好一点的讲师也许会先消化一下内容，但基本还是以 PPT 为主，讲述为辅。

如果学生来到教室只是听老师念一遍 PPT 内容，那为什么不把 PPT 发给大家，让大家自己回去看？

老师的价值，一定能比单向的讲述或读 PPT 更大。我们如何设计课程？如何引导学习？如何创造一个更好的教学环境？PPT，也不过就是教学环境的辅助工具罢了！在教学开发阶段，讲师们一定要仔细想好：怎么样利用 PPT 帮教学加分？如果现有的 PPT 就是与你的教学风格无法搭配，你一定要果断一点，想一想怎么利用前面提到的三大 PPT 手法，搭配后面章节介绍的教学法，改变现有的 PPT，让 PPT 真正为你所用，成为教学时的最佳辅助工具。PPT 真正的功能，是让你的教学发挥更大的效用！

让 PPT 真正为你所用

相较于"上台的技术"及"专业简报力"课程中所需要的 PPT，我认为教学 PPT 的要求其实没那么高；因为教学的时间通常比较长，对视觉冲击的需求并没有公司汇报 PPT 那么大。如果

把公司汇报 PPT 的方法直接套用于教学，反而信息负载可能会过大，或是节奏太快，一段时间后学生仍然不知道重点。因此要仔细思考教学的目标，用 PPT 来辅助讲师的教学。

记住，使用三大 PPT 手法，遵循"讲到才出现"原则，在教学前先消化 PPT，让它为你所用，而不是反被 PPT 控制。当你应用这几个简单的手法改变教学 PPT 后，未来你也会惊讶地发现，你的教学现场果然逐渐改变了！

应用心得分享

不限领域，教什么都能应用的技术

新竹云飞语言文化中心创办人 / 西班牙语、汉语教师培训讲师　游皓云

如果没有遇到福哥，我手上的几门重点课程，可能都还是前几年那种架构散乱，还自以为很有水平的版本。

我的主业是语言教学，教学领域包括新手语言教师培训、对外汉语（针对外国人的中文课），以及西班牙语（针对中国人的西班牙语课）。

语言教师与福哥在培训的企业讲师看似有点远，听说也是因为教学领域差异大，第一次报名"宪福讲私塾"时，我差点被排除在外。其实从我的经验看，福哥所传授的教学的技术，根本不限领域，教什么都可以应用。

经过两次"宪福讲私塾"魔鬼训练，有幸担任一次"教学的技术"课程助教，我把自己的几门课程内容做了删减。教学上改变最多的，包括以下三点：

架构设计

我有一门专门培训新手语言教师从零基础开始教外语的课程。在上了福哥的课之后，我把原本的课程内容删减了一大半，增加了互动和演练，表面上内容少了，但学员的学习效果和课后评价都大为提升。

怎么会这样？因为以前常常是一股脑儿把想教的和必须教的塞、塞、塞，以为把时间塞满，学员就会觉得赚到了。其实，缺少架构的课程，就像一堆乱搭乱凑的食材，只会让人无法消化而已。

从福哥的课程中，我有很多机会观察到：他如何安排每一个环节；为什么要先教 A 再教 B；为什么教完某概念，马上要做演练；又该做足哪些准备，才能让演练有意义又顺畅。这里面全部都是学问。

以前我只要接到六小时以上时长的课，就会觉得备课难度好高，好像塞一堆内容都塞不满。有了架构的概念之后，就算一连三天教六小时，我也有能力很笃定地去设计课程。

现场检验

有一次我在一堂新手老师培训的课程中，让学员上台试教，学员教完后，我上台给予反馈，并且马上示范了一个改良版本给他看。

台下老师都问我："为什么你可以马上想到新版本？我们练了半天都想不到！"其实，这都是跟福哥学的。

福哥常常强调，每一堂课程教完，都一定要现场检验学员的学习成果。请注意，所谓的"现场"，是指学员走出教室之前。不是布置作业让学员带回家做，下次再来验收，也不是隔周再考个试，而是"当天课程结束之前"。

讲师常常以为反正教了，学员就应该会，其实只要现场让学员上台展示一下成果，就知道学员只要能从 20% 进步到 60%，就已经很不错了。如果没有现场练，回家后顶多是从 20% 到 21%。

现场让学员上台展示，还考验着讲师现场给予反馈的功力。我观察过福哥每次给予学员反馈的过程，他如何看穿某个教学步骤的破绽，并且立即给出优化的教学版本，让我更懂得如何在自己的课程中，给予学员有效反馈。

讲述比例

福哥有一句话，是整个教学精神的核心："老师讲得越少，学生学得越好。"

之前我教外语时，都会很有意识地想办法让学员开口，因为学外语本来就是要边学边练习，这很自然。但是到了教师培训课程，我就自动转换模式，自顾自地讲个不停，反正我也算懂得跟学员互动，偶尔抛出几个问题让学员讨论，气氛挺热烈的，就自以为还可以。

"老师讲得越少，学生学得越好"这句话完全打醒了我，现在我准备教学 PPT 时，总会自问："这里一定要我自己讲，学员才能学会吗？有没有别的方法？"光是多这样一个思考步骤，就可以让课程设计大大改观。把舞台让给学员，把学员教得比自己更强，才是我们身为讲师要追求的教学成就。

《上台的技术》是我教学生涯改变的起点，希望《教学的技术》也能为您的教学带来新的风貌。

应用心得分享

改变思维，改变做法，改变行动！

E-Ad 数字营销总监　蔡峻哲（Adan）

学生普遍有消极、不投入课程的情况，但你能想象，在受到"教学的技术"影响的课堂中，老师尚未询问谁要上台发言，底下的学员就带着海报冲上讲台包围老师、抢话筒的情况吗？这不是魔法，也不是因为上台的奖品是最新的手机！

我是一位数字公司的营销总监，因为工作上的需求，常要在台湾岛北中南三地举办关于社群与网络营销的课程与讲座，之前也曾经在语文中心与空服员培训中心担任讲师，累积起来也已有十二年的教学经验。

每年参加课程的学员超过两千人次，在原本的教学领域中，我只要打开话筒，就能够滔滔不绝地讲完七小时的课程，对自己的教学能力，也有一定程度的信心与把握。

也因为如此，我开始思考一个问题："难道教学只能这样吗？把准备好的课程内容讲完，就算是教完了吗？"

我开始对于教学技术有更上一层楼的要求与需求，也很好奇有没有更有效的教学方式，所以看了相关书籍，也尝试在课程中做一些调整与改变。

但是事情并没有想象中容易，台下的学员依旧不为所动，正当我觉得迷惘，找不到解决问题的方法时，一次机缘巧合，我在网络上看到"宪福讲私塾"这个课程，从此开启了我和福哥在讲师路上的缘分。

这门课给我的讲师路带来极大的改变，它是将我教学的经历归零，让我重新开始的重要里程碑。

在教学思维上的改变

根据原本教学设计的习惯，我会把我觉得重要、学生该学会的知识和技能放在 PPT 上。每个知识最核心的内容就是理论的部分。因此一开始讲社群营销的理论时，就会让台下学员昏昏欲睡，仿佛开启了失眠之人的治疗过程……

虽然是玩笑话，但也是不少老师心中的痛处。理论固然重要，但来报名上课的学员，通常都是带着问题来的，他们想要解决自己工作上碰到的"疑难杂症"。

经过福哥教学的洗礼，现在每次制作课件之前，我就认真思考："学员为什么会来听这门课呢？他们想要解决的问题是什么？我有没有方法在解决他们的问题之余，又能够激发学员更多的学习动机？能不能让他们在有限的时间内，学到更多呢？"

"一个好的课程，在课程分析与设计时，就已决定了大部分的评价！"

这种教学思维上的改变，不只对课程成效有相当大的助益，甚至在为邀课单位写提案，或是撰写招生文案时，也能够获得很好的效果。

在教学手法上的改变

"教学的技术"对我在教学手法上的影响，就是从站在台上不断地对着台下讲述的单向教学方式，转变为讲师与学员有来有往的双向交互式教学。

由于我与学员大都是第一次见面,开场十分钟若没有表现好,很可能就会有学员一边装作打电话,一边步出教室,再也不回来!

所以一开始破冰就要让学员卸下心防,取得他们的信任,让他们了解为什么来学习,并预告可以学会哪些知识与技能,最重要的就是让学员敞开心胸学习,激发出他们想要变更好的学习野心。

接下来课程的主要内容,会用简单问答和各种互动的方式进行,慢慢通过小组的讨论和发言,让学员有机会在课堂中实际操作。

举个例子:如果单纯讲述在社交媒体发文的四大要素,大家可能听起来觉得头头是道,但回家之后残留在脑中的记忆会逐渐化为零。

通过实践与演练,我先将四大要素讲解一遍,接下来我会示范一到两个案例,再请台下的学员根据小组共同推出的一个主题分享他们的帖文,学员发言之后,我再给予反馈,让大家共同评分,选出最好的做法。

这样的竞赛方式,让学员在课堂中有机会操作一遍,加上讲师提供改善的建议,更加激发了学员的学习动机与意愿!

我认为,除了让学员提升学习热忱度,更要能够让他们"改变思维,改变做法,改变行动",这才是学习的本质。

"教学的技术"是我人生学习过程中最重要的里程碑,相信它能够帮助更多人,带来更大的改变!

应用心得分享

语言老师的修炼

台湾师范大学汉语中心汉语老师　陈慧沄（Irene）

面对连中文都说不流利、话也听不太懂的外籍学生，教学的技术要怎么运用在语言课里？

几个月前，我接到一个特别的班。简单地说，就是给外籍学生上通识课。无论学生的中文好不好，只要他想，就可以到这个班来上课。

也就是说，我得面对一群来自全世界几十个国家，可能是连"你好吗？"都听不懂说不好，也可能是中文说得很流利的外国学生，给他们上两个小时的课。

更可怕的是，他们可能连自己为什么要来上这堂课都不知道。

重新设定教学目标

经过一开始的几次挫败后，我上了福哥的"教学的技术"课。课后我重新检视自己的课程设计，发现在教学目标的设定上就已经出了问题。

作为老师，谁不希望学生学得又多又好？但相较于学好学满的语言课，通识课的主要目的在于引发兴趣、加深印象，以便学生在日后有机会时做出行动或反应。

调整了教学目标之后，接下来，我在上课时运用了差异化分组及大量的影片、图片与声音材料，作为缩小学生差距的策略。而在小组讨论时，除了更明白地写出讨论问题以外，我也运用了选择、配对等问题形式，借以让不同水平的学生都能更清楚地知道现阶段要完成的任务。

通过先让学生观察、感受，再进行有目的的讨论，合力完成任务的设计，最后达到课堂中举手发言此起彼落、积极分享看法的效果。通过运用教学的技术，不但实现了我原本设定的教学目标，更在无形间激发了学生以中文互相交流的动机。

从确立本心开始

我一直觉得，语言课是最能快速检验老师教学成效的课堂：老师教得好，学生就说得出话；老师讲太多，学生就支支吾吾。在有限的课堂时间里，如何在传递语言知识及让学生应用语言能力之间拿捏得宜，始终是语言老师的修炼。

而教学的技术之强大，不在于使用的技巧有多高明，而在于老师有没有用心运用。数字化时代里，所有的知识一键可得，唯一不会被机器取代的，是人与人之间的交流。

老师在课堂里看见的是课本还是学生？老师对课堂的期待是赶快下课还是让学生学到有用的技能？一旦确立了本心，熟练教学的技术也就指日可待了。

Part 3

课中执行

第 3 章
掌握开场技巧，让课程更顺畅

上课该不该准时

调整环境，立于不败之地

为什么不应该上课前就强制分组

开场技巧之一：自我介绍

开场技巧之二／之三：简单破冰／课程简介

开场技巧之四（1）：团队动力与分组技术

开场技巧之四（2）：别忘了选组长

开场技巧之五：要求承诺

应用心得分享

上课该不该准时

当职业讲师的这十年，遇到的问题很多。我真的认为：教学过程里的一切技巧，都是可以事先安排、刻意练习的。当然，我也同意教学可以仰赖一些天赋，但是好的教学更讲究技术。这里想先用一两个在开场时很常见的问题考验一下大家，看看你会怎么应对，借此思考一些更好的可能性。

第一个问题就是，上课该不该准时？

预定九点开始的课程，准备上课时学生却来了不到三成。这种情况应该准时开始吗？

就"准时开始"而言，你有两个考量的角度——老师的角度与教学的角度。

老师的角度

教学要准时开始，代表在开课前二十分钟老师就要抵达现场。提早到达现场，是职业讲师必须做到的，因为有时场地或设备不见得设置得完善，需要提早抵达现场，才有机会调整得更好。除了要花时间连接投影仪与电脑，其他像讲义、教具、现场的一些条件，甚至提早与HR沟通当天的上课要求，各方面都需要老师提早到现场。

九点开始的课，表示九点就能够开始上课，而不是九点进入教室。这是从老师的角度来看的"准时"开始。

回顾过去当讲师十年的近千场课程,我迟到的次数是:一场!那天在新竹教课,我准时搭上高铁,没想到眼见快到新竹站时,高铁竟然没有减速停站!原来我坐的是开往台北的直达车,新竹是不停的(惨!)。到板桥后,南下的高铁在我眼前开走,下一班要等半小时(更惨!),因此迟到了半小时。然后最惨的是:这是我跟台积电第一次的合作!还好最后我用精彩的课程与破纪录的满意度,让台积电与我开启了一段长期的合作。但是,现在想起来还是非常惊险啊!

一千场迟到一场,这个比率虽不够好(最好是绝不迟到),但还可以接受。

但这并不表示,教学的时候一定要准时开始。因为从教学的角度而言,我们期望的目标是"成效"。

教学的角度

你可以想象,如果现场学员才报到了一半,但你还是坚持九点准时开始,然后有些学生在你开始上课后,才一个一个陆续走进教室,那会是什么样的场景。

你一边进行一整天课程中最重要的开场,学员却有的已经落座,有的正在找位子,有的还在门外……你的开场不仅一再被打断,有时还要暂停下来安排学员的座位。更重要的是,企业内训课程的开场是建立信任度,甚至是说明课程进行方式及规则的重要时间段,要是现场超过一半的学员都没听到,可以预期的是:你接下来的课程,一定充满艰难挑战了!

所以，我总是提醒职业讲师们，一定要准时（提早）到现场，但不一定要准时开场！

我的建议是：学员到场超过 80% 以后才能正式开始上课。我知道，HR 一定会说："时间到了，老师，我们就不再等其他人，可以先开始了。"这时，请你温柔而坚定地跟 HR 说："因为待会儿开始会有很重要的说明，我建议人数达到 80% 再开始，这样效果会更好，也不会因为人来人往而打断课程的进行。"

依据过去的经验，大约在十到十五分钟内，已进教室的人数就会达到 80%。也就是说，开始的时间一般介于九点十分至九点十五分。除非极少数的例外（这个后面谈），否则大部分的课只需要稍等一下，学生大多都能进入教室。这个时候再开始上课，效果绝对比准时开始好！

但是，还是有几个小秘诀要告诉大家：

秘诀 1：请 HR 预告开始时间

要让教室里的其他人知道，这个课程预计什么时候开始。他们可以利用这个时间，站起来走一走，甚至去倒杯茶，不会枯坐在那里。

秘诀 2：不要惩罚准时到的人

老师不要絮絮叨叨，比如问"为什么大家都还没到？"也不要拿还没到的人当成议题或开玩笑，因为在现场听到的人，都是准时到的学员！只要设定一个开始时间，一上台就跟准时开场一样，不要谈起迟到这个议题。

秘诀 3：在大家还没到的时候，老师要站在什么地方？

是讲台？是教室后面？是门口？还是外面？这就留给大家思

考一下，后面的章节我会告诉大家我的看法。

前面提到，80%以上的学员都会在十到十五分钟内进入教室，那有没有例外呢？当然凡事必有例外，我遇到过台风天，预定十点开始的课，十点三十五分才总算开始正式上课不说，到场率还只有50%。重点是：开始教课半小时后，就听到广播说下午停班停课。这个是概率极低的例外，但总还是可能发生在你我身上。

调整环境，立于不败之地

每次进入一个新教室时，我总是会先观察一下整个教室的教学环境，然后依照我的教学习惯调整一下。这个做法，会让一整天的课程运作得更顺畅。以下就是我在进入一个新教室时，会动手调整的一些小细节。

教学桌往旁边移

一般的企业培训教室，都会在前方放置一个教学桌，方便老师放电脑或一些设备，教学桌边也都会放好椅子，方便老师累了休息或打电脑。问题是，许多企业内训教学都是以"投影仪加投影幕"辅助教学，教学桌的位置却又都太靠中间、太靠前面了，有时不仅阻挡学员看PPT的视线，还会阻挡老师在讲台端移动时的动线，原本用来辅助教学的桌子，变成了教学时的一个干扰！

所以我经常把教学桌往旁边或角落推，反正只是用来放电脑，大家看的是投影幕，不是直接看电脑。而切换PPT也是用遥控器来切，正常情况下不大需要直接操作电脑。所以把教学桌推到旁边，是我会做的第一个调整——当然，如果是固定型的（例如多媒体教学桌），那就没办法移动了。

把分组桌往后移

企业内训的特点之一，就是老师每天都得去不同的主场教学——大部分的培训教室都在企业内部，只有少数会利用饭店或专业教室。企业讲师到达现场时，桌子经常都已排好了（按照课前讨论时的方式排好）。可是我从实践经验发现：大部分的前排桌子都与投影幕靠得太近，这样不仅学员在看投影幕的时候有压迫感，老师也会被学员与投影幕夹在中间，没有空间可以走动，甚至很难进行其他的互动或演练。

因此，一旦我发现了这个问题，就会马上请HR协助，一起把靠前面太近的桌子往后移一点（譬如一到两米），这样可以在台前拉开一些空间，一整天的教学也会更顺畅！

空调调冷

培训教室的温度，应该维持在有点凉，甚至让有些人觉得有点冷的状态。原因是，凉爽的温度更能提振学习精神。

如果现场有点闷甚至热，那么学生容易昏昏欲睡，很快就开始打哈欠，甚至打瞌睡了！

特别是下午，一定要记得让教室保持凉爽。不然你就会发现：老师教得很辛苦，学生撑得也很辛苦！

时钟调准

必须承认，这是我个人的习惯！因为身为职业讲师，我认为准时开始与准时结束是对学生的一种承诺。我不敢说我每次都能够准时，但是心里对时间一定非常重视，包括每堂课的上课与下课时间，也绝对都是精准到以分钟计算。

而准时的前提就是：时钟要准！这个可不是废话，毕竟许多教室里的时钟，很少有人去调整它——明明已经慢了五分钟，但反正不是工作现场，基本上没有人会去管。遇到这种情况，你就会看到我站上椅子，把时钟拿下来，对着手机上的时间校准一下，然后再放回去。校准之后，教学时我就有一个正确的时间参考，也才能精准地把握时间。

你可能会问："可以用手表啊？"没错，但上课时动不动就看手上的表总是不大好（感觉老师很想下课）。如果现场没有时钟，我还会从包里拿出自备的小时钟来用（好啦，你说得对，是我太斤斤计较）。

善战者，立于不败之地

除了移开教学桌，把分组桌往后挪，调低空调温度以及校准时间外，还有像是把水杯从电脑边移开（水杯很危险，不小心打翻就完了），测试话筒及音效播放（现场的音源线有时会有问题，所以我会自备一个小型扩音喇叭），测一下投影仪（如果不正常，也没救了，但至少你会有心理准备），然后摆好教具，检查一下小组讨论、演练的流程及待会儿上课要用的东西。最后，还要记得把笔记本电脑电源插上去（我经常忘记，然后上到一半电脑提示快没电了）。这些小细节，都是让课程更顺畅、更精彩的要点。

《孙子兵法》说："善战者，立于不败之地。"好的教学者，也要记得先把环境调整好，先立于不败之地，教学效果才会更好啊！

为什么不应该上课前就强制分组

在企业内训现场,每当我走进培训教室时,除了HR的招呼及笑容外,有八成的机会我会看到一张分组表——培训单位刻意把参与的学员打散分组。

这是因为,大部分的企业内训都是跨部门参与,每个部门组成的人数不一样,HR总是希望不同部门有相互交流的机会,也不希望熟人在上课时还聚在同一个小组,这样不仅又变成一个小圈子,而且太熟的学员一起上课可能忍不住就聊起来了,会对课程的效果有不良的影响。因此有经验的HR都会非常贴心,把人员随机打散,在签到表上指定每个人的座位,或请大家按照桌牌上的组别就座。

别让学员一进教室就不开心

每次看到这种情形时,我总是拿起签到表就涂掉组别,然后看着HR惊讶的表情说:"今天先不强制分组,请大家自由入座。"如果名牌上已经有组别表,我也会要大家当作没有。要是进教室时已经有人报到了,我也会请他/她选择自己喜欢的座位,学员通常也会有点惊讶:"真的吗?可以自己挑位置吗?"我会刻意强调"我是今天的老师,我说了算"。然后学员就会找一个好位置(一般都是相对靠后的隐秘区,我懂!)开心地坐下。

HR总会急急忙忙跟我说:"可是老师,我们希望大家不要自己人聚在一起,所以才随机打散的。"我则会笑着说:"我知道您的目的,也会让您达到预期,只是用的方法不一样!"

先讲一下强制分组的缺点:

学员还没上课就不开心:我总是强调,在老师或培训承办人员看来,学习是一种福利;但是对学员来讲,学习有可能是一种压力,是一种不得不完成的任务。已经是不得不来了,还一进到教室就看到强制分组表,被安排坐在最前面的人也许会想:"今天真倒霉,被分到这么烂的位置。"座位在最后面的,却也不见得开心:"怎么这么靠后,我会看不清楚小字啊!"不管怎么细心安排,都不可能皆大欢喜,因为那不是自己选的,所以,从一开始就不开心了!

每个人的报到时间不同:大家进教室的时间不一定相同,有时会造成某一个小组坐的人多,而另外一个小组人很少的局面。这时尴尬的是:如果有一组只有一个人报到,孤单地坐在那里,超级沉闷啊!如果课程这时准备开始了,各组人数大不同,也可能必须再次调整。

不一定能达到交流效果:培训承办人员的想法,是让不同部门的人认识一下,彼此交流。但真实的状况是,就因为不相识,大部分人不会有什么真正的交流。你会发现,多数人都静静地翻着讲义,或是盯着最熟识的手机!其实,课程才刚开始时,学员之间本来就不大会交流。

刻意的随意

因此，我总是请大家自由入座，而且刻意强调请大家"选择自己喜欢的座位"，只要规定一个小组的上限人数就可以了（椅子和座位可以控制）。这时你会发现，大部分的学员都会尽量往后坐（比较安全），想办法坐在最熟的人旁边（比较熟悉）。老师可以利用这个时间放点轻松的音乐，然后不要管大家怎么坐，也不要强制是否往前坐，总之一开始就是"无为而治"。

你会发现，这样一来现场的气氛会变得比较轻松，大家自在地闲谈，交流一下"为什么你也来了？"（只有 HR 会有点着急："怎么大家都往后坐？"我总是带着笑容安抚 HR："不要紧张，我会处理的。"）

有些警觉性比较高的学员，这时会试探性地问我："老师，不会等一下就要让我们换座位吧？"我仍然带着笑容回应："您说呢？"

然后，九点课程一开始，十分钟之内，通过用数字随机分组的方式，大家就会离最熟的朋友（刚才坐在一起的，一定会被分为不同组）最远了！

至于如何顺利分组，为什么要这么做，后面谈到的开场技巧会有详细的说明与讨论。

开场技巧之一：自我介绍

一天七小时的课程即将开始，上午九点整你登上讲台，然后呢？你会怎么开场？以下有三个选项：

一、直接开始。例如："大家好，今天教的是讲师技巧，因为时间非常紧张，我们先来看一下第一段：成人学习理论……"

二、先拉近关系，展现亲和力，然后才开始。例如："大家好，我是今天的老师Jeff。这门课我在贵公司已经开了三年，跟主管和总经理都很熟，许多同仁都上过我这门课……今天课程的重点是：如何成为好讲师……"

三、自我介绍与课程简介。例如："大家好，我是Jeff。我是一位职业讲师，讲课是我的工作，我当讲师超过十年的时间了。除了贵公司，之前我曾经在A、B、C公司都教过课。今天的课程包含以下四个重点……"

不知道你会选哪一个？哪一个又是你经常运用的？

好的开场，对企业内训极为重要，不只是因为"好的开始是成功的一半"，还因为职业讲师与企业培训课程的特殊性。

学员心中的三个问题

大部分的企业内训课程都只有一天，也就是说，讲师没有多少跟学员建立关系的时间，必须很快就抓住学员的注意力（想想看,开始上课前,很多学员还在处理公事、回邮件,或吞下最后一口早餐)。而且接下来,不管学员是自愿还是被指派来的,有没有上课的动机,讲师都得要求学员积极投入与配合。

有时候,台下尽是刷着手机、看着电脑的低头族,甚至有学员很抗拒地双手抱胸,坐在那里对台上的老师看都不看一眼。在这种情况下,台上的你要如何破冰?怎么快速建立信任并与学员产生联结,顺利启动课程?别忘了,你只有十到二十分钟的时间可以做这件事,因此要极有效率又不露痕迹。

在学习开场的技巧之前,身为讲师的你不妨先站在学员的立场想象一下:当企业内训课程开始之前,学员的心里会想什么呢?想想看,这应该是学员们第一次看到这位讲师,也可能是第一次上这门课(一般来说,企业不会重复排训)。如果你是学员,心中想的可能是:

"这个讲师是谁啊?"

"今天的课要教些什么?"

"学这些东西对我有用吗?"

当这些问题没有解决时,学员在一开始时会表现得比较冰冷,现场也会沉闷而缺少活力。如果老师什么都不做,只是自顾自地开始上课,那么就会浪费这段宝贵的开场时间!通过开场时的一些细节动作,就能看出职业高手与一般老师的差别!如何在一开始就与学员建立信任关系,并为接下来的课做好准备,对整个教学效果会有很大的影响,绝对值得有意改善教学的你好好学习!相信我,接下来的技术非常珍贵,是所谓"职业级的Know-How"!

职业讲师在开场时,通常会完成以下五件事:
◎自我介绍:建立信任,说明"Why me?"——为什么这门课是由我来上?
◎简单破冰:互动,举手,故事。
◎课程简介:课程架构,时间安排,预期效益。
◎团队动力:小组编组,团队建立,挑选组长,游戏规则。
◎要求承诺:课程规范,请学员承诺配合。

开场技巧之一:自我介绍

学员第一次看到讲师时,心里都难免会想:"这个讲师是谁啊?""为什么是由他来教?""他真的有料吗?"因此,一个简单并能快速建立信任的自我介绍,就是关键。一个最佳的自我介绍,并不是说明"我是谁(这对学员而言不重要)",而是要说明"我做过什么"。

先来举一个自我介绍的"错误"范例,就像这样:

"我是宪福育创的共同创办人,是一个讲师,家住台中,有十年以上的教学经验,学历是EMBA(高级管理人员工商管理硕士)与资管博士。"

上述这些"我是谁"的介绍,学员其实并不在乎,大家也不会因此而集中注意力或抬起头。如果调整一下,以"我做过什么"的形式开场,也许效果就会好一点:

"大家好,在开始上课前,我想请大家看一张照片。照片上是一群大学教授,他们平常的工作就是教学。大家注意到我站在台前,向他们分享教学及上台的技巧了吗?而下一张照片是在医院,我正在指导着台上的医生们。没错！教专业的人怎么把课教好，就是我的核心工作！我曾协助上市公司的主管，指导他们学习教学的技术，让他们可以带好新人，做好内部培训，也曾协助学校的教授跟医院的医生，帮助他们设计效果更好的课程。我是福哥，今天会是您的教学教练，将跟大家相处一整天……"

在上面这段案例中，我是如何与台下的学员建立信任、产生联结的，你注意到了吗？

一个简短有力、吸引人的自我介绍，可说是职业讲师的基本配置。

我的合伙人，宪福育创共同创办人宪哥，就有一段极为精彩、行云流水般的自我介绍，在课程一开始就让学生感到惊喜有趣，印象深刻。而在另外一位 TEDx 讲者火星爷爷（许荣宏）的课堂上，我看到他问了台下几个问题，高明地运用了举手法，在自身经历与学员之间建立起联结，非常有创意，效果也很好。

当然，在我看过的知名讲师里，也有人反其道而行，例如像台湾地区最知名的财务讲师——"超级数字力"课程创办人林明樟，他一开始的自我介绍就只有短短二十秒，也未多加着墨自己的经历。由于公开班的学员都已认识他，即使还不认识也没关系，因为他刻意保留了些许时间，要给学员一场大震撼，开场不久后，学员马上就会知道他的能耐了。

自我介绍 3.0

自我介绍还有一个重要目的，就是交代"Why me？"——为什么这门课由我来上？学员可以从接下来的课程中学到什么？这不是要讲师自我吹捧或是歌功颂德,而是要提升可信度,以获得学员的信任。

许多研究提到了信任与学习配合之间的关系,例如阿尔伯特·班杜拉(Albert Bandura)的社会学习理论、罗伯特·西奥迪尼(Robert Cialdini)的《影响力》(*Influence*)、斯科特·亚当斯(Scott Adams)研究"特朗普说服学"的《以大制胜》(*Win Bigly*),都对这个主题有深入的探讨。

但是"Why me?"绝不等于拉关系!前面曾提到的开场选项二——先拉近关系,像是表示自己跟该公司很熟,之前多次来上课,认识高阶主管等,在我亲身多次实验后,结果证明没有用!学员的反应冷淡,并不会因此就乐意配合。

有时我反而刻意不明说,或只用两三句话带过,例如"这个课程已经在贵公司开了八年,每次都得到很高的评价,各位今天可以亲自体验……",但不会把它当成开场的重点。

总而言之,听起来很简单的自我介绍,一定要琢磨许多次,才会找到适合自己的最佳呈现方式。

回顾我的自我介绍,最早是采用简历的形式,搭配几张教学授课的照片(现在看起来真是错误示范);后来,我开始加入网络可搜寻到的关于我的资料,以及报纸媒体的报道("我做过什么");持续又调整、修改了几年,才发展出现在的方式,运用财经杂志上的小故事,在三十秒内让学员产生信任,并发出"哇!"的惊呼声。

这真的是一个不断磨炼与修正的过程。

开场技巧之二／之三：简单破冰／课程简介

不要以为在你漂亮的自我介绍之后，台下就自动聚精会神了。（当然不做更糟！）正常的情况是：大家会抬起头，也许看了一下你，但表情还是很冰冷。因此在做完自我介绍，与学员建立初步的信任关系后，接下来要做的是：

开场技巧之二：简单破冰

在教学现场冰冷的状况下，讲师还是暂时不要急着开始。再为现场增加一点温度，让教学气氛温暖一些，用一个短故事或互动破冰，进一步抓住台下学员的注意力，自然散发出亲和力。我常用的几个做法是：

举手法："台下过去有教学经验的，请举一下手？""过去一年教学经验超过三次的，请举一下手？""那现场有没有站上台时，不会紧张的，请举一下手？"（两三个举手形式的问题，除了起到调查的作用之外，也通过举手的过程，让大家开始慢慢破冰。）

故事法：讲故事也是一个破冰的好方法。譬如我会在讲师培训的课程上，以一则小故事作为开场："之前搭高铁时，我曾经遇到一个过去我在大学夜间部教过的学生。他一看到我就主动跟我打招呼，说我教过的课是他大学四年印象最深刻的课！我才准备接话时，他却接着解释，虽然内容他都忘得差不多了！（笑！）我想,如果能让学生记住课程,而忘记教学内容,也算很不错的能力。(再笑)"

在通过自我介绍建立信任后,也可以再抓一下台下学员的注意力。虽然看起来很多,但实际操作时一般很快,大概一分钟就结束了,记得开场要快要准,不要长篇大论!接下来还有很多事要做!

另外,建议不要太贪心,不要在这个阶段就开始问答的操作。因为虽然已经有了一些信任基础,也逐步建立了联结,但讲师和学员的关系还不稳固,现场的冰其实有很多还没融化。不要在这里太快切入,那样有时会有反效果。

开场技巧之三:课程简介

在用互动或故事抓住注意力后,就得赶快利用这段时间,快速说明一下课程的架构及时间安排,让大家心里先有个底,接下来一整天的学习才会更容易聚焦。举个我之前教"系统化思考与心智图"的例子,做法大概像这样:

"今天一整天,我会跟大家谈到四大部分:第一个部分是'什么是系统化思考的基础';第二个部分是'心智图的基本技巧';第三个部分是'心智图的各种应用';最后是'心智图的电脑化操作'。"

课程架构说明完之后,我还会接着说明时间的安排,像是:

"我们在早上会先教前两大部分,也就是思考基础及基本技巧;下午则是后两大部分,也就是运用技术及电脑化操作。早上九点开始的课，大约会在十点半休息十五分钟，接下来上到十二点整，午餐一小时，然后从下午一点上到五点，每一个小时会休息一次。希望在下午五点结束今天的课程。"

注意到我仔细说明了时间安排，甚至下课时间吗？这样的做法，可以在学员心里先建立一个预期。这样一来，对于接下来一天大概会怎么运作，大家会有一个更清楚的想象。事实上，因为准确掌控时间会是一个挑战，所以并没有很多老师这么做。但是，如果你能控制好时间，一开始就说明时间上的安排，会对学习有正面的帮助——至少学员总能知道，接下来什么时候可以上洗手间吧。

开场的前三阶段就介绍到这里。到此为止，你已经通过自我介绍建立了信任，利用简单互动或故事吸引了学员的注意力，也说明了课程规划及时间安排。如果一切顺利，这就是一个很不错的开场，至少学员的注意力已经聚焦在老师身上了。不过，接下来的操作才是职业讲师不同于业余讲师的关键，也就是团队建立与要求承诺。这绝对是职业讲师才会用的秘技啊！

开场技巧之四（1）：团队动力与分组技术

在往下谈之前，必须说在前面的是：团队动力与分组技术，并不是必需的。事实上，超过六成，甚至更高比例的课程，其实是不会用到分组操作的。如果讲师个人经验丰富，或是魅力十足，或是学生学习动机强烈、学习环境塑造完美，分组的机制不但并不重要，甚至有点浪费时间。

想想，如果在教学的过程中，老师在台上讲述，台下的学生都能努力学习，那么，老师的任务，就只是把丰富的经验和知识传达给大家；学生听不懂就会举手提问，然后一整天保持强烈的学习动机，每个人都聚精会神！该讨论就讨论，该练习就练习，每一个人都极为主动，争先上台。教学结束后，大家收获满满，跟老师道谢回家……这不就是一个极为纯粹而美好的学习环境吗？有这样美好的课堂，为什么要让分组及团队动力这些外在干扰，影响了单纯、美好的学习呢？

所以，如果你的学生主动求知、热烈参与、学习动机极为强烈，还一整天都能保持专注无比的状态（真的有，譬如说：学生花大钱主动报名去上一门课！或是课后有一个认证决定学生的"生死"），这种条件下，身为老师的你甚至可以不用开场，不用管学习动机，不用激励也不用分组，甚至不用任何教学法，只要单纯讲述，学生们都会认真听、认真抄笔记、认真学习。甚至老师不用开口，学生也会热烈提问！

真的！

只是我想问你：**上次你遇到这么美好的课堂、美好的学生、美好的老师……是什么时候的事？**

回到现实中来吧！大部分的老师，遇到的都不是这样"美好而纯粹"的教学现场！（还是我运气比较差？）现实中的我，面对的总是一群专业，但学习动机"一般"的企业学员，即使我以自我介绍展示专业、以故事或互动吸引注意力，并且说明课程及学习目标后，大部分伙伴的脸还是毫无变化，只是被动地等待接下来一整天的课程。（好啦，有少部分人还是会开心，但也有少部分仍然很不开心。我每次都很想在这个时候，拿一台相机在前面拍照啊！）

没关系，接下来我会做三件事，马上打乱大家的沉静，让学员从默默的"植物"变成准备学习的"动物"。

第一件事：分组打散

"我们今天将采取小组的方式进行一整天的课程，大家今天是自由入座吧？现在我给你们一个号码。1、2、3、4、5随机分"（假设现场分五组，然后我开始点人头），"好，编号是1的，请坐第一组；编号是2的坐第二组，以此类推，用这个规则，请大家找到你新的小组！"

这么做之后，你会发现大家必须动起来，换到一个新的位置。本来在开始上课前入座时，人人都会找自己最熟悉的人坐在一起，编号分组之后，则会让大家和最熟的人分在不同组；这么做不只可以快速打散、混合，还可以让学员无法保持静止状态，必须离开原来挑好的舒适位置与空间。电脑当然也必须关掉，带到新的位置去。

第二件事：小组自我介绍

大家都在新的位置就座后，我会趁热打铁，紧接着说：

"大家接下来会跟你的组员相处七个小时，总得彼此认识一下。所以，请大家跟你的小组说明以下四个信息：名字、部门、星座、兴趣。我先示范一下：我是福哥，杰福国际与宪福育创的共同创办人，我的星座是巨蟹座，兴趣是有挑战的运动和 3C[1] 产品。接下来换大家，请每个人用二十秒的时间，站起来对着你的小组自我介绍。请开始！"

上面这段话有好几个关键 Know-How。先讲姓名与部门是最简单的开始，毕竟这是每个人的基本资料；然后透露星座，算有一点隐私，不过也是一般人很习惯说出口的信息，而通过成员间个人隐私的交换，会让大家更快建立信任；最后提到兴趣，提供了组员之后交流的机会。请大家站起来说，则是除了暖场，还可以让讲师知道每个小组介绍的进度。不知道你有没有看出来，隐藏在这每一个细节后面的用意呢？

第三件事：竞赛机制及游戏规则

为了一开始就提高学员一整天的学习动机，我总是会仔细设计好教学游戏化的机制，让学员的学习兴致一整天都保持在很高

---

[1] 3C，是计算机（Computer）、通讯（Communication）和消费电子产品（Consumer Electronics）三类电子产品的简称。

昂的状态（关于教学游戏化请参见第 5 章）。游戏的规则及奖品，我会在这个时候就先揭露，让大家建立心理预期。像是：

"今天一整天，我们会采取小组团队的方式来进行课程。各位的表现和参与都会拿到分数。每一堂课下课时，我们都会统计最新的成绩，公布在教室后面。分数第一名的小组，会拿到我帮大家准备的精美礼物，也就是这个（展示礼物）；第二名的小组也有奖品，礼物是这个（展示礼物，与第一名有区别）；第三名，全组只能拿到这个（更小的，甚至只有一个！大家会笑一下）；最后两名就负责掌声鼓励！当然，比赛不是为了奖品，而是为了面子！你说是吧？"

请注意，奖品可以是无形的（晋升、认证资格）或有形的（玩具、零食、书、奖牌奖状、地方特产），不一定贵的才有用，只要特别或特殊性高，就会击中竞争心理。譬如说：如果第一名的小组每个人会获得一部 iPhone XS，想必学生上课时一定超级认真，整天力求表现，老师说什么对学生都有用！但老师可能上一门课后就要穷很久。虽然我故意夸张举例，但是我的讲师好朋友们，可是真的都很用心地在准备课程奖品啊！

像是我的队友——MJ 老师，号称"任性哥"——准备的奖品都是外面买不到的非常高级的礼物，像是纯皮的笔记本、磁性吸力的教具、复习用的课程扑克牌，学员要带一个行李箱，才能把这些奖品拿回去！而创新思考名师 Adam 哥（周硕伦老师），去大陆教课前都会预先精心挑选奖品。"说出影响力"名师——我的好伙伴宪哥，则总是努力挑选好书，让学员们产生非常强的学习动机。

没有在现场看过的你可能不相信,为了一盒积木,上市公司的副总会跟小组的成员说:"今天大家要表现得好一点,我们一定要拿到第一名,把积木带回家。知道吗?"学员一听都快哭了(压力好大),我看了则在旁边笑。以副总的年薪,这个东西要多少有多少,他在乎的哪里是奖品,他在乎的是更深层的荣誉。奖品只是给大家一个名正言顺的理由啊!

开场技巧之四（2）：别忘了选组长

如果你也打算跟我一样，用小组运作的机制，活化整个班级的互动。那你一定别忘了在分组结束后，找出一个灵魂角色，也就是组长！

"选组长"是一个激发团队动力的关键，所以我特别抽出来好好谈谈。因为如果一整天的课程都采用小组运作，那么组长将是关键的角色，至少在老师下达指令时，每个小组都有一个清楚的接收窗口。但在培训开始时，如何把组长快速挑出来，也是有秘诀的。

先来看两个可能会失败的方法：

失败的方法

自愿："请问有没有人自愿当组长啊？"这样问，现场可能会马上变得冰冷，然后全场僵在那里！

讨论推选："请大家讨论一下，推选出最适合当组长的人好吗？"问题是培训刚开始，很多人彼此都不认识啊！（跨部门培训，或公开班）这种情况，是很难讨论出什么结果的。然后也会僵住很久！

你可能正在想："自愿也不行，讨论也不行，那应该怎么做才好？"先别急！我只是想让大家了解，细到连选组长这件事，职业讲师也有最佳的做法，在此要告诉你职业讲师常用的两个方法。（这可是不对外传播的 Know-How 哦！）

老师指派："麻烦请各组的伙伴交换一下意见，家离这边最远的／头发最长的／身高最高的就是今天的组长！请起立！"

这个方法很快，也可以让大家交换一些信息，让小组成员更熟悉。但是，组长由老师指派，学员不见得会开心，而且有一些信息比较敏感（例如年纪），因此在提出挑选方法时要小心。在大场演讲或人数比较多时，我才会使用这个方法。

成功的方法

我更常用的是下面这个做法：

比手指："组长是今天最重要的角色，待会儿要请大家伸出手指，当我说组长是谁的时候，请把你的手指指向你心目中的组长的'脸'。请记得指自己的小组，不要指到别组（笑）。好，请伸出你的手指，组长是谁？（大家比）麻烦组长请站起来！"

上面这个方法用熟之后，效果很好，"笑果"也很好。记得要请组长站起来，这时你一定会发现，有几个小组的组长可能会难产（大家手指指向分歧太大）。老师只要走过去，说"我不介入政治斗争，赶快有个共识……组长请站起来"。因为其他小组已经有人站起来了，老师只要过去给个压力，组长一定会很快产生，然后站起来。如果真的一直挑不出来，才由老师指派。

仪式化

挑完组长后，还要给组长一个仪式化的动作，让小组接受他是组长，这个仪式可以更确认组长的角色。如果只是"请给组长掌声鼓励",这样其实很老套!(我相信很多人都这么做。)

职业讲师的做法是:

"选完组长后,因为组长会服务各位一整天,所以我需要大家为你的组长加一下油。待会儿请跟你的组长双手击掌,对他讲'组长加油!'然后组长要说'收到!'来,我们找个人示范一下(这时组长都还站着,老师走向一个组长,做一次击掌加油示范)。好,请大家去给你的组长加一下油!"(背景音乐播放,老师下开始的指令)

接下来,大家都会离开座位,站起来跟组长击掌!现场变得很热闹,也很开心,开始出现融冰的现象,也就是讲师最乐意看到的样子!

意料外的组长任务

选完组长后,大家都会挺开心的,只有组长这时会有点压力,有点不开心,因为他不知道接下来要做什么。所以,紧接着要做的就是让组长安心。

"组长们辛苦了,在课程开始之前,我特别跟组长说一下:组长今天只有一个任务,就是负责指派别人上台!今天只要我说请组长派人上台,组长什么都不用说,就只要用手一指!然后那个人就请上台!"这时组长们都笑了,很多人也会跟着一起笑。到这个状态,就可以准备开始上课了!

好老师的好帮手

除了上面两个方法，选组长其实还有用扑克牌、用讲义编号或用贴纸的颜色区分，以及其他有创意的做法。不知道大家有没有注意到，连"选组长"都有很多精细的操作与细节的讲究。并不是我要故弄玄虚，或把事情讲得很复杂，而是职业讲师每天都在企业的教学现场，每一场课程都是挑战！每一次课程结束后，马上就会进行满意度评估，大部分以 4.5 分（满分 5 分）作为合格标准。如果满意度在 4.5 分以下，可能未来这个讲师就不用再来了！只有当满意度达标，或是超标，后续才有机会。我常说没有不好的职业讲师，因为所有不好的讲师，都已被市场淘汰！所以当职业讲师站在台上，每一个动作、每一件事情，都在追求课程与学习效果的最佳化。务必让接下来的课程呈现最好的教学成效，这才是开场有这么多细节要注意的原因啊！

一开始就先挑出组长，接下来，全天的课程里，小组讨论的时候就可以请组长带领大家讨论，演练或发言时请组长指派组员参与。而有些注意事项或需要配合的地方，也可以先跟组长沟通。我甚至还有好友讲师，会在课程中请组长担任抢答举手的角色（组长真命苦！）。无论如何，组长选好之后，你会发现身为组长的学员参与度自然而然提高了（霍桑效应）！

上面的动作经过仔细拆解，看起来虽然很复杂，但是熟悉之后，操作起来是可以很顺利、流畅的。动作虽然很多，但要一气呵成，不要拖到宝贵的开始时间！

分组的四个问题

一个好的老师，开场时，一定可以利用最短的时间建立信任、吸引注意、说明课程内容，到这一步其实就很棒了。而接下来所做的事，才是区别一般讲师与职业讲师的重大差异，也就是"分组与团队建立"。

分组看起来不难？反正学员都已经坐好了？举个我到知名上市公司上课的实例来说明好了，因为那天早上的时间有限（学员都已经在教室里了），我就出几个问题，让大家一起思考：

问题一：先前在公司的其他课程，现场的桌型只摆了四组，上课总人数三十人。HR说这是他们公司习惯的桌型，还有二十分钟就要开始上课了，如果你是老师，你会怎么做？

问题二：培训承办人员已经分好组，他解释是采取混合打散式，让大家坐得开一点，而且已经有两位学员报到，坐在座位上。如果你是老师，你会怎么做？

问题三：学员自我介绍要介绍哪些信息？除了名字、部门外，还有呢？重点是"为什么？"

问题四：小组团队需要取队名和喊队呼吗？你的看法是？

很多事情知其然，更应该知其所以然。

开场技巧之五：要求承诺

在开场的最后阶段，当老师完成自我介绍、建立信任、简单破冰、说明课程内容，并且完成分组、选好组长后，千万记得要做最后一件事：要求承诺！

什么是要求承诺？就是要请学员答应，在接下来的课程会全心投入、全力配合。在过往的大部分的课程里，我是这么说的：

"在正式开始课程前，我要请大家配合我三件事。第一件事，是请大家跟组长合作，组长是你选的，如果待会儿他请大家讨论，请组员上台发言，请小组配合他时，不要为难他。可以吗？"（等着大家轻声讲"可以"。）

"第二个要求是，请大家把手机调整成振动或静音，教室里面电话不要响，不要接电话。如果真的有重要急事，请大家去外面讲，讲完再回来。可以吗？"（看着台下，等着大家轻声回答。）

"第三个要求是，接下来的课程中，我需要大家的合作，该讨论就讨论，该练习就练习，我不会耍人，接下来上课所做的一切，都是为了让大家有更好的学习效果，所以，请大家配合我，拿出你最好的表现。可以吗？"（这个很重要，要等着大家大声一点说"可以"，必要的时候，多问一次！）

你可能会想：为什么一定要在一开始时就问大家这三个问题，要求大家做出承诺？这样轻的承诺，真的有用吗？

承诺与一致性原则

在全球销售过三百万本,曾被《财富》(Fortune)杂志列入"七十五本必读商业书",也得到巴菲特的合伙人查理·芒格(Charlie Munger)大力推荐的好书《影响力》,作者罗伯特·西奥迪尼曾经特别提到了"承诺与一致性原则",意思是人们虽然常在不经意间做出承诺,但心理上还是会尽量追求一致,让自己显得言行合一,用行动去证明先前的承诺是对的。所以承诺也许很轻,但却仍然有效。

实际操作时,有两件事想提醒大家:

从简单的承诺开始

注意到我第一个要求的承诺,是请大家"跟组长配合"了吗?因为这是一个相对简单的承诺,比起配合老师,跟组长合作应该是很简单的。也因为组长就坐在前面,大家应该会很乐意配合才是。所以从跟组长配合到手机静音,到跟老师合作全心投入,这个从简单到困难的承诺,才是正确的操作顺序。

等着台下回应,但不用大声喊叫

每次当我问完台下:"请大家配合我,可以吗?"我会点点头,然后等着大家的回应。其实前两个问题不一定要大家齐声回应,我只会提问,然后看着台下说"可以吗?"这时有人会轻声说可以,有人会点点头,这样都是回答。要一直到最后一个问题"请大家配合我全心投入,可以吗?"我才可能会问第二次"可以吗?"目的是取得多数人的承诺,然后才会往下进行。

但是，这并不表示在要求承诺时需要大声喊叫，或是把现场变得很团结友好！有人会在这个阶段大声问大家"可以吗？"目的是请大家也同样大声回应，但是这个方法用在一开始时，常常会有点突兀，有时甚至会让气氛变得更冷，或是让现场氛围变得奇怪……这就不是我们期望看到的结果了！

取得承诺只是开始

要求承诺，是应用了心理学中"承诺与一致性原则"，在一开始时，针对接下来的课程，先请学员们承诺会全心参与及全力投入。配合开场的每个动作，建立信任的自我介绍、简单破冰、说明课程内容、团队分组，每一件事情、每个动作，都是为了让接下来的课程可以运作得更顺利，有更好的学习成效。每个动作都有其背后的目的，也希望在我们仔细地拆解后，让老师们能更好地应用于未来。

当然，以我过去实践的成果，这个一开始的承诺，还是要配合上老师精彩的教学，甚至加入课程游戏化的元素，才会发挥整体的效用。千万不要以为学员一开始承诺后，就一定会完全投入。这只是一个开始！还是要把每件事都做对，这个承诺的效用才会完全发挥！

职业级的老师就要有职业级的开场

教学的技巧有千百种，没有绝对的好或坏，好的老师在乎的只是教学效果！也就是：在老师教了之后，学生学到了什么，记住什么，之后又能否学以致用。而身为一个职业讲师，我更在意的是：在课程的每段时间里，学生的状态好不好，动机如何，参与力如何，注意力如何；为了让大家进入更好的学习状态，应该在哪些时候做些什么，才能有效提高学员的学习热情。开场是一整天课程的开始，也是学员与老师的第一次接触，如何在开场时展现实力建立信任、简单互动吸引注意力、说明课程内容建立期待，以及利用分组竞赛机制激励参与，都是职业级的教学技巧，是必须在开场时就要做到的事。一般依课程时间长短，短则三到五分钟，长则十到二十分钟都有可能，要看每个讲师的不同风格。

"教学的技术"只是外在，"学习的本质"才是内功。而最好的教学，是内外兼具，技术与本质兼顾。

这样才有机会让学生乐于学习，甚至忘了时间，进入学习心流[1]的状态。

相信我，这真的做得到！这也是我写作《教学的技术》的目的，就是要让你学会职业级的教学法，让你在课堂中达到更好的教学成效。

当然，开场只是开始，一整天的课还长着呢！

---

[1] 在心理学中，"心流"（Flow）指人们在做某些事情时表现出的全神贯注、投入忘我的状态，在这种状态下甚至感觉不到时间的流逝。

应用心得分享

教学的能力，系统化的结构

戴德森医疗财团法人／嘉义基督教医院管理师　王诗雯

在 2018 年暑假，我接到一个课程的邀请，主题是备课与教学的方法。在职场中担任讲师其实已经好几年了，收到邀请时，我却突然不知道该怎么准备这堂课。于是，我翻遍了过去一年在教育研究所中读到的书本、学习到的知识与理论架构，却发现好像没有办法产出系统化、公式化的备课模式。虽然我很清楚在课前应该要写授课计划，授课时应该采取多元化的教学，课程后应该追踪学员的学习状况并做课程检讨。说起来真的简单，但要拟出系统化的结构时，却变得好难。接着当我翻出以往授课的 PPT，回想过去一次次的授课经验时，那一瞬间我觉得自己肯定不是一个好老师。

于是，我上网把福哥写的"教学的技术"系列文章一篇篇地重新阅读，把福哥的观点做出简略的分类，分成"教学基本功夫"和"教学技巧"，并从每一篇文章中整理出重点，运用重点开始设计我的课程"教案·从心备起"。

在我的分类中，教学基本功里，福哥提到"上课要准时吗？"这看起来是个很简单的问题，福哥从两个角度切入：作为讲师，你是不是应该准时抵达？当上课时间到了，大部分学员却尚未报到时，你该怎么破解困境，并专业且自在地度过等候学员的空白时光？

这时候，你是不是觉得哪有可能这么倒霉，会遇到这样的问题？但偏偏授课当天,甚至还没开场,我就遇到这样的危机,电脑设备故障、学员因公迟到,而当次的课程属于小堂分享,所以当学员有一两个没出现,我立即变得孤单又尴尬,仿佛在舞台上空等着唱戏。幸好我运用了福哥在文章中所传授的非常好的策略,让我顺利破解第一道难题。

我的第二个分类,教学技巧里,福哥提到"课程开场技巧""要不要分组、如何分组""众多的教学手法,如小组讨论法、影片法、演练法等等",这些教学技巧就像白米饭一样普通,却又十分重要。根据福哥的观点,我逐步构建与整理出自己的课程,贯穿应用多元化的教学手法,并列出每个操作的细节。这样做,普通的白米饭便煮成了有嚼劲的日本越光米,让我在"教案·从心备起"的课堂上,除了获得满分的满意度外,更从学员的反馈中,清楚认识到那是一堂内容扎实且分秒都精彩万分的课程,瞬间我相信自己可以成为一位好讲师。

对我而言,福哥的文章就像一本教学界的魔法全书,打开后,全书变成清单,可以用来逐一检视自己的课程,然后你的课程就能像拥有魔法般,让学生通过你真的"知道""得到",而且"做到",教学的道路从此成为一条康庄大道。

应用心得分享

调整教学环境，立于不败之地

LINE@ 官方认证讲师　刘沧硕（Andy）

我一直没有忘记多年前，第一次参与"专业简报力"课程的经历。由于我常常在讲课，长则一两天，短则至少三小时，很希望通过这个专业课程，优化自己的演讲 PPT 结构以及训练短时间演讲能力。课程的精彩程度超乎我的预期，更重要的是讲师福哥在中场休息时，不止一次提醒我，身为专业讲师，我应该多观察他在教室做的每一件事、每一个细节，而不只是参与课程！

当时的情景，现在都还历历在目，与福哥对话如醍醐灌顶，让我惊觉过往授课时，虽然会提醒邀课单位注意投影设备、音源线等问题，但是忽略了整体教室氛围，例如分组桌椅的排列方式、空调温度。乍听之下，这些相较于教学法根本微不足道，大部分讲师更在意开场热不热闹，教学法怎么运用等重要问题。但我觉得，这就是"专业、职业"讲师与一般讲师的差异！调个桌椅有什么困难吗？注意一下间距不就好了？但这个细微的调整，会影响到讲师的"走位"，如果没留意或是调整不当，分组讨论时，不仅会妨碍到讲师在各组之间的移动，甚至会因此中断学员的讨论，让整个教学的流畅度不足。

除此之外，桌椅的排列方式也会影响学生座位的舒适性，以及是否方便进行讨论。我发现，如果分组桌椅较长，学员讨论时需要专门站起来，以便走动或是伸手取物。遇到好的上课氛围、热情的学员，一切自然没有问题；但如果遇到学习意愿不强的学员，这些不必要的"干扰"，都会成为让他在座位上不想动、不想讨论的原因。在参与"专业简报力""宪福讲私塾""教学的技术"三个高张力的课程时，我便特别留意了福哥的每个动作与细节，尤其是他跟学员互动时的走位。

或许有人会说："这些好像需要足够的经验，才能真的做到，不像教学技巧有方式可以学习！"但我觉得不然，一开始可以先从"形式"上练习，例如福哥提到的几点，"调整教学桌与分组桌椅、调准时钟、设定空调温度"。从马上可以产生改善效果的具体事项着手，每次授课都提醒自己注意，内化成习惯，从"形式"转为自身的经验、心得。例如：通过桌椅的调整，更加留意学员的需求与学习状态；教学桌挪到侧边位置，可以提醒讲师"站出来"，离开讲桌，注意走位以及与学员的眼神接触。

经过福哥课程的洗礼，我先是懵懵懂懂地学着照做，也开始注意细节，包括台上的站位、走位、眼神。从"形式"着手，到现在越来越能够理解为何要这样做、这样做的背后目的。这都让我的教学更为顺畅、更加得心应手！

呼应福哥提到《孙子兵法》中的重要概念——"善战者，立于不败之地"，其实好的教学者，也要记得先把环境调整好，立于不败之地，教学效果才会更好啊！

应用心得分享

教学的成败，讲师要负起全部责任

高雄荣总急诊医生／法律硕士　杨坤仁

几年前的那天是"宪福讲私塾"课程的演练比赛，我是参加课程的其中一名学员。这天每位同学又兴奋又紧张，虽然已经准备了一个月，但没人有把握可以表现得很好，毕竟台下每个人都经过了专业的培训，哪个环节没做好，一眼就看得出来。

上场后怎么自我介绍，开场可以用什么方式，有没有加入其他素材，有没有实践与反馈……每人二十分钟的上台演练都必须细切成好几个部分，并把每段的细节做到百分之两百才行。这天教室的冷气很强，但我的手心却在冒汗；点心很丰盛，却没人有心情去动盘子。

刚才已经有两个同学演练完毕，休息十分钟缓和情绪后，接着第三个同学准备上场。

"我上课讲的你们都没有做到！"在第三位上场前，福哥忽然走上台说了这句话。突如其来的提醒，吓得我刚喝进嘴里的一口茶不知道该吞下还是吐出来。（已经都这么紧张了，又是哪里没做好？福哥怎么又有意见了？）

"各位有没有发现，讲师的讲台区空间很小，前两位都束手束脚的？是不是因为观众的座位太靠前面，让台上的空间太小？"福哥接着说。

"我们上课时不是谈过，桌椅的安排也是讲师的责任？开始前不是应该先把空间调整好吗？这是我故意排的，想看看有没有人发现,结果竟然没人主动调整!现在请各位一起把座位往后移,让出空间来!"

福哥就是这样的人,"教学的成败,讲师要负起全部责任"。灯光太亮,那就自己拆灯管;空间太挤,那就自己搬桌椅。我认识的很多老师在讲教学、讲技巧,但没有一位像福哥一样,连桌椅安排、灯光设备的细节都那么重视。

那次课程之后,我把福哥教的这些技巧运用在医疗与法律的教学中。医学与法学教育的环境都很传统,有人认为这种严肃的气氛不适合交互式教学,只能用传统的讲述方式,然而事实上,2018年我在台湾地区二十家医院的医疗法律交互式教学的过程中,成功地让在场的医生们都参与了分组讨论,而且其中参与度最高的是各医院的院长及院级主管。

交互式教学并不是花哨的形式,其意义在于借着活动设计提高学员的参与和理解程度,也借着实践让学员得到更多修正与反馈。很多讲师希望学员学到更多,课堂上总是讲述了很多内容,但如此的学习效果并不好。事实上,"老师讲得越少,学生学得越好",小组讨论、实践反馈等方式,才是真正有用的学习方式。

应用心得分享

你真的知道分组的好处吗？

两岸知名讲师　蔡湘铃

在还没有接触福哥前，我在企业内部担任讲师，上课的模式就是排排坐听讲。因为我会讲很多真实的案例，学员们都听得津津有味，但是听完后，学员实际运用的并不多，到底是什么问题？接触了福哥"教学的技术"，我知道问题出在哪里了。

多少人的课堂适合分组呢？又怎么分组？

我的课堂最少的人数是五人，也有五百人的，都可以分组。

每组多少人最合适呢？这取决于场地和总人数。最佳的场地是教室，座位可以排成岛屿型。我的课程最佳状态是每组六人，分为四组。但有时学员人数过多或过少，就要调整分组模式。

例如：我的最小班级有五名学员，就在一间小会议室上课，那么就分为二人、三人一组，经常做的练习是两人演练。

例如：我曾上过一百二十人的课程，在一个大型的会议场地，分为十二组，每组十人。人数多一定要安排工作，避免有人在组内不做事、不学习，所以会有组长、财务长（计分的）、文化长（写海报的）、营销长（设计规划内容）……并且要求每位轮流上台发言。

例如：我曾给五百人做过演讲，座位是属于排排坐的，我就让邻近的三到四人自成一组，演讲时可以给几个题目，让小组进行讨论。

组内学员是同质性还是异质性？

　　这就要看学习目的或期望成效。什么情况会采用同质性分组？我曾经上过一个销售课程，学员按产品线分，例如一个大卖场，有些人销售家电类，有些人销售服饰类，有些人销售精品类，这些产品线派来上课的学员人数差不多，公司希望课程结束后，学员能总结出属于自己产品线的销售模式，这种情况我就会让同产品线的分在同一组。

　　大部分的时间我会采取异质性分组，例如不同分公司、不同工作内容、不同职级，甚至不同年资或年龄的人分在一组，好处是，他们能听听不同背景学员的想法或意见。我曾经为一家老字号的企业上课，内部遇到了年长资深（年资二十到三十年）与年轻资浅（年资二到三年）同事间的矛盾：资深的认为资浅的做事不踏实，不愿按部就班；资浅的认为资深的方式太老套，没有效率。我将学员按年资打散分组，通过题目的设计，让小组进行讨论，资深和资浅的学员交流后，更懂得对方的好。年长的觉得年轻同仁有很多有趣有效的想法，年轻的觉得年长同仁有很多有经验的做法，瞬间打破了年龄的隔阂。

　　还有一次课程，企业主管认为公司各个部门间的合作不够密切积极，容易产生误会，对彼此的印象不好，希望促进部门之间的和谐沟通。我把部门打散分组，让每一组都有人事部、总务部、财务部、系统部等等的员工。通过讨论交流，有机会让不同部门同事更了解彼此的工作内容，以及工作上会遇到什么困扰，期望其他部门同事如何配合。原来的对立消失了，学员一起思考要怎么做可以让工作更顺利。

　　分组的好处很多：可以掌控教学进度，让学员学习不孤单，也有讨论的对象，学员不只为自己学习，还要为团队争光，可以学习到其他学员的经验。

分组的目的很简单，就是要达到最好的学习效果。福哥传授的分组技巧会是你教学的利器。

应用心得分享

教学的技术于医学院课堂的实战运用

成大医院骨科主治医师暨临床助理教授　戴大为

在医学中心担任主治医师，除了临床服务以外，教学也是一个很重要的任务。教学又分为临床教学以及大堂课的教学。临床教学就是在诊室或者是手术室直接指导住院医师或医学生。而大堂课的教学，是我一开始比较头痛的部分。

在课堂上，学生的注意力很难集中。学生三三两两散坐在教室不同的地方，而且大多是离老师很远的位置，教学的效果一直都不理想。

我实在是没有办法忍受我在上面讲一整堂课，同学在台下使用笔记本电脑上网、玩手机，因此我下定决心要改善教学技巧，把原本的单向传授提升成双向的互动教学。

因缘际会之下，福哥和宪哥成为我教学法的教练，我把在

"宪福讲私塾"和"教学的技术"这两门课程所学到的技巧，拿到学校的课堂上应用，效果出奇地好。经过不断的测试与调整，现在的大堂课教学对我来说，已经是得心应手了。

我在医学院负责的课程从骨科概论、病态生理学，到医学工程概论等，每一门都是非常专业的课程，但是我发现用了教学技巧之后，也可以把专业的课程变得容易吸收与学习。

课程一开始，我会先用十分钟进行自我介绍、说明课程内容以及分组规则，由于这些互动的教学方式是学生比较不熟悉的，所以务必说明清楚。

在分组的时候，我也会趁机移动学生的座位，请同学们自己找到三个人组一组，然后坐到前六排的座位上。在换位置的同时，也会特别叮咛后面几排不可以坐人。我会依照讲堂座位的多寡以及上课的人数下指令，这样不到一分钟，所有的学生就会集中到最前面最中间的位置。由于上课地点都是演讲厅，所以在分组的人数上是以三个人为一组，方便讨论为佳（尽量不要超过四个人）。

我会先把课程的内容，依照难易不等的程度，分成举手问答、小组讨论等小单元，尽量在每节课五十分钟内有四个到五个不一样的单元，让学生一直保持大脑在运作的状态。

如果上课的人数在二十以内，我就有比较多的空间与时间跟学生互动，可以直接使用举手问答及小组讨论的方式。如果是比较大的班级，我会在每组发一张答卷，上面有填写答案以及加分注记的地方。这样在小组讨论的时候，我只要走一走、巡视教室，就可以知道每组是不是已经将答案写下来了，方便掌握学习的进度。我也会请每组的同学都将自己的名字写在答卷上面，这样同学会比较认真地参与（最后收回答卷也可以是一种变相点名的方式，虽然我从未这么做）。

　　刚转变教学方式的时候，许多人的疑问都是：这么困难的内容，真的有办法用互动的方式来教学吗？我认为，大部分的内容都有比单向讲课更好的传授方式，例如讲述骨骼是由哪些元素组成，我会先用复选题的方式，让每组选择答案后再公布正确答案，这样可以加深同学的印象。注射玻尿酸是否对于退化性关节炎有效果，我也会先请同学推测一个答案，再公布最新的研究结果。若是有一些问题的难度比较高，必须要有足够的背景知识才能回答，也可以考虑让学生使用手机搜索找出答案。但是，根据我的经验，这一招要在整个课程接近后段才使用，不然每一题学生都会拿出手机来查，造成课堂秩序相对不好控制的结果。

　　在课程结束后，如果这堂课的内容比较复杂，我会给学员一个下载讲义的链接，用于复习以及考前准备。

　　最后最高分的冠军组别，我都是送他们费列罗巧克力。我发现效果出奇地好，可以有效增强学习动机。我会请冠军组别上台接受颁奖，然后照相。学生非常喜欢这个活动，觉得这个老师很特别。已经有不少冠军组别的学生在下课后跑来跟我要照片。

　　经过这几年的实际教学考验，这套"教学的技术"可以应用在各种不同的场景，当然也包括面对学习动机弱的大学生。把激发学生的学习动机当成是老师自己的最大责任，就是对下一代教育最好的贡献。

第 4 章
一定要会用的各种教学法

我只想单纯讲述，不行吗

问答法的互动

问答法的运用技巧

小组讨论法

演练法的五个步骤

演练法教学的三个提醒

反馈技巧：三明治反馈法

影片教学法

个案讨论与情境模拟

应用心得分享

我只想单纯讲述，不行吗

从"建立观念""课前准备"一直读到"课中执行"，现在，你终于来到"实际上课"这个部分了。上一章介绍了职业讲师是如何操作开场的细节，并提升现场学习温度的。在这一章，我将会进一步传授，职业讲师在讲课时，会运用哪些不同的教学法，让学员不仅学得有效、学得开心，又会应用！这些都是职业讲师的看家本领，在不同顶尖上市公司的专业培训课程中，发挥了极大的作用，相信也可以帮助不同领域的老师们，设计出更好的课程。

但是在谈这些不同的教学技术前，不知道你心里会不会有一个疑问："如果我不想用任何教学技术，只想单纯讲述，难道不行吗？"我相信，这也是许多老师想问的问题。

讲述才是常态

在大部分的课程中，讲述才是教学的常态！

对任何一个老师来说，最自然单纯的方法本来就是上台讲述——老师讲，学生听，古今皆然，也是我们从小学读到大学的漫长岁月里，最常接触，也早就习以为常的学习方法。

在过去的学习经验中，我听过很多场单纯讲述的精彩讲座，像是严长寿、马云、史蒂夫·乔布斯（Steve Jobs），还有我在

EMBA 与博士班的少数几门课程……讲述，本来就是很单纯、很自然的教学与授课形式，无须特别教导，我相信每一个老师都会。

好的讲述要求更高

讲述虽然不难，但是要讲述得好，我个人觉得真的很不简单。单纯讲述要能成功（也就是实现听众的学习目标），必须有两个重要因素的配合：讲者本身的修炼以及听众的意愿。

先来谈一谈"讲者本身的修炼"：好的讲述，代表一定有很丰富的内容！不但讲者的基本功要很扎实，表达能力也要很出色——在内容之外，如何讲得生动、易懂、有料又有趣，擅长用大量的故事、例子搭配讲述的内容。若是能在相对长时间的讲述过程中，能持续抓住台下学习者的注意力，激发学习者的学习动机，才能算是一场精彩的讲述。

读到这里，可能你的心里又会冒出另一个声音："只要我讲述的内容扎实有料，也真的很重要，为什么还需要在乎那些表达技术的花拳绣腿呢？"

这么说也没错！但请别忘了刚刚我才提过，有效的讲述还要考虑的另一个要素：学生的学习动机。

学习动机与学习成效

如果学生具备强烈的学习动机，那么，讲述得好不好，其实就不是那么重要了——反正学生自己会披沙拣金、去芜存菁，自己会弄懂！

因此，当学生自己有很强的学习动机时，譬如那是他必须懂得的知识、必须通过的考试、自己想学习的关键技术……不管是内在或外在条件，都会促使他产生强烈的学习动机。在这种条件下，不管老师讲述的质量如何，或夸张一点说，甚至不用你来讲述，学员也会自己想办法学会！

老师们听了可别难过，这其实是最完美的状态！很多东西我们不也都是自己学会的，根本就不需要老师教吗？

常态与非常态

所以，如果老师有很强的讲述功力，或是学生有很强的学习动机（两者兼具当然更好），那就根本无须应用任何"教学的技术"，课程一定会有很好的效果！

只是我想请问的是，你觉得大部分的教学现场会是什么状况呢？是老师有很强的讲述功力，还是学生有很强的动机？还是其他没那么完美的状态？

不完美的状态都是常态，如果你面对的教学现场也属于常态，以下介绍的各种教学法绝对值得细读和好好揣摩，一定能够派上用场的。

问答法的互动

这是一个很有挑战性的演讲邀约,演讲主题是"蓝海策略"(硬!),对象是钢铁厂的主管(更硬!),时间是下午一点至四点(不会吧……),人数大约一百人!这么有难度的主题,下午这么可怕的时段,再加上这些伙伴应该是被迫参加的(看主题就知道),人数还有点多,如果你就是要上台的讲师,你会怎么教?

如果你是×××,你会怎么做

在我当讲师第二年,《蓝海策略》一书正热门,客户邀约我跟企业同仁分享这个主题。在从事讲师的初期,每一场演讲和课程的邀约都是难得的机会,我自然接受了。虽然EMBA毕业的我,对这个主题并不陌生,但是在啃了整本书并找了许多资料后,我还是不大清楚要怎么开始这场演讲。一想到必须在下午时段面对一百个可能被迫听讲的制造业主管们,我实在有点担心啊!如果只是纯讲述,讲一些故事或道理,台下应该很快就会昏睡吧?这该怎么办呢?说实话,好几次都想打电话给承办单位说不想接了(其实是不敢接),但是心里又有点不服输,"一定能想出有效的教学手法的!"我心里想。

终于到了演讲当天,开场前学员们鱼贯入场,我看了一下现场的气氛,果然很低迷。有人双手抱胸,有人毫不掩饰地张大嘴打哈欠，有人两眼无神，思绪飘向远方，甚至有人看起来一脸敌意（看你要讲什么！）。看起来演讲肯定充满挑战性！唯一值得安慰的是：现场没有人刷手机！（是什么原因呢？）

面对这样的现场，如果你只有一套"讲述法"，即使故事和道理都讲得不能再好，台下也不会买单的！

没关系，我准备好了！

演讲一开始，我先很快速地开启了一个动脑活动（热场一下，打破僵局），然后做了简短的自我介绍，建立一下信任。接下来进入第一个案例，我记得谈的是某家金矿公司，坐拥矿脉却找不到金矿，经营者苦思不得其解，直到他去参加一场开源式的电脑技术研讨会……

讲到这里我停了下来，问台下的听众一个问题："有没有人可以告诉我，如果你就是经营者，面对一个金矿脉却找不到黄金时，你会怎么做？"

没有错误的答案，只有正确的互动

台下当然是一片静悄悄，我看了眼离我比较近的一个学员（他的眼神看起来挺善良的），直接问他："如果你是 CEO，你会怎么做？没有错误的答案，说说你的想法？"他看了我一眼，有点不确定地轻声说出："嗯……再做更多的钻探？"

"更多的钻探？这个想法很不错！"我拿了一个小奖品给他，"还有人有其他的想法吗？"我继续发问，并且把自己的手举起来。

左边有一个人似乎受到小奖品的激励，半举着手说："增加更多的采矿设备?"我笑着回应:"设备投资,花钱!看起来能干大事!"大家听到也笑了。与此同时,我也把另一个小奖品给第二个人。

"这些想法都很棒!还有其他的想法吗?"我继续把手举着。接下来提问离我比较远的后排听众,拿着话筒往后走过去,请他再猜下一个可能性。就这样再提问了两三个人,然后才回到台前。

"各位的答案都很棒!有人说可以继续钻探,有人觉得应该投资设备,也有人说应该增加人力,甚至有人说应该果断放弃,这些答案都有道理。我想要跟大家分享这家公司的CEO是怎么做的……"然后我接着谈,加拿大矿业公司是怎么用开源的观念,将手边的金矿探勘资料公开在网络上,请大众提供分析意见并建立奖励机制,因此让采矿产值提升了九十倍……经过刚才几个简单的互动,大家的心情"稍微"放松下来,肢体语言也没那么防备,脸上的冰霜也渐渐融化。

这就是问答法的操作,适合于课程或演讲一开始的破冰,以及中间阶段一些简单的互动。但是在操作上,有几个应该注意的地方,譬如问答法的几个限制,以及许多讲师经常会遇到的一些问题。

问答法的运用技巧

上一节谈到，如何在大场演讲时使用问答法破冰；接下来，我们来谈谈问答法的操作方法，以及要注意的地方。

最基本的问答法操作，就是老师问、学生答。进一步可以有一些变形，例如老师问，请学生在小组内简单讨论后再回答。或是更进一步的变形，例如像是提出几个选项请学生选择（选选看），或是排次序（排排看），或是连组合（连连看）。虽然也是老师问、学生答，效果却很不一样，不过，我们后面再来谈这些技巧，目前只先关注简单的问答（老师问、学生答），或是加上讨论后的问答（老师问，学生讨论一下再回答）。

以下举几个我们在实际培训时用过的问答例子：

"你觉得 PPT 演讲重要吗？为什么？"（我在"专业简报力"培训时问的问题）

"'Mentor'的定义是什么？"（宪哥"教出好帮手"课程）

"蓝色人在领导交付困难任务时，会出现什么反应？"（卡姊"出色沟通力"课程）

像这种问一个开放式问题（不是回答"是/否"就可以的），然后请台下回答的做法，就是最简单的问答法操作。看起来不难吧？但是最难的是，你问了，台下一片沉默，没人回答！（我知道你在想这个问题）

所以，问答的操作，还是有些技巧的：

开始时，要点人回答

如果这个问答是放在课程的开始阶段，拿来破冰用的，那么，提问后的气氛应该会有点冰冷，千万不要以为会有人主动举手回答，提问之后要主动点人回答，才不会让现场的气氛凝结在冰点。当然，如果真的不幸点到某人，他却没有回答的意愿，这时记得马上换个人，请其他人来回答。

当然，如果能运用奖励机制（回答有奖品），或是团队动力机制（团队计分之后奖励），都会有效提升一开始的参与动机。等到气氛热起来后，这个问题自然会消失。至于如何提升奖励及团队动力的操作，这个我们后面在游戏化章节再说。

摘要并重述回答

在台下回答问题后，记得要简单摘要一下，并且重述刚才学生的回答。这样做有两个目的：让学生知道你重视他的回答（证明你仔细听了），也让其他人听得到对答的内容（才不会把其他人晾在旁边），这个叫"镜像技巧"，也会加强学生对你的认同（在你重述他的话时，他会点头）。

赞美而不批评

当学生说完而你复述之后，记得简单给个赞美。"我觉得你说得很好""很棒""这个想法很重要"，用几句简单的话肯定他的回答。记得绝不批评！即使他的回答真的不好，都绝对不要说"你这个回答也太跳脱"或是"这个答案不对吧？"。切记，这个问答操作阶段的目标，并不是从学生的回答中听到什么厉害的答案，而是鼓励他发言，让他勇于提出想法。任何一个批评，都会让之后的学生噤声。记得，鼓励发言，不要批评。如果答案真的很不好，也许说"你这个答案的观点挺有意思的……"也会比直接批评好。

最后要说出想法

问答法不只是为了搜集学生的答案，而是要让学生动脑，让学生思考，最后老师再说出自己的想法。不能只是为了问答而问答，而是要把原本老师想说的话，通过问答的方式让学生说出口。经过这样的过程，会比单纯的"老师说、学生听"有更好的教学效果。

其实，在过去教企业内部讲师甚至职业讲师时，刚学习教学技术的老师们，都能很快地学会问答法，然后在接下来的教学中就只用问答法，甚至乱用问答法！因为当你学会问答法之后，就可能觉得用"老师问、学生答"的方式教起课来很有成就感。但是最大的问题是：不是你问了，台下就会回答啊！

注意事项

因此，在问答法的操作上，还是有几个需要注意的地方。

题目要经过设计

问答绝不是"想到什么就问什么"！每一个问答的点，甚至学生可能说出的答案，都必须经过事前的设想。而问答法与小组讨论法在题目设计上最大的差别就是：问答法的题目相对简单，小组讨论法的题目会较为难。所以如果是一个比较难的题目，又想设计成问答时（不想让大家写答卷或上台），也许可以请大家先相互讨论一下，之后再开始问答，这样答案也会更有质量。

奖励机制的必要性

实际操作问答法时，能不能让气氛活络，激励机制的设计是一个关键因素。从最简单的小奖品到复杂一点的小组计分拿大奖，只要有规划良好的激励机制，即使台下坐的是有点冰冷的科技业工程师，或是心不在焉的大学生，也能达到让他们热情参与、踊跃回答的效果。（关于奖励机制的规划，参见第5章）

不要只用问答法

因为问答法是最简单的互动教学方法，有些老师学到后，整堂课就只用问答法。先前有一个朋友在教学时请我去观摩，我就注意到了这个现象。我的经验是，问答法只能点燃现场气氛的小火花，但是很快温度又会降下来。如果一直用问答法，越用效果会越差。我后来教朋友如何在现场搭配小组法，转换不同层次的操作技巧，果然教学现场变得更精彩，气氛也变得更好！

当然，问答法的使用还有一些细节要注意。例如在问答法之前搭配一个举手法做暖身，使用问答法时不要喊"3、2、1"并要求举手，老师自己的手要举起来作为引导……诸如此类的操作细节，就等到各位老师开始应用后，再进一步斟酌调整了！

小组讨论法

小组讨论法，是职业级的核心教学技术之一。

先以我教课的实例来看好了：每次企业内训开始时，虽然一如前述，我会做一个很好的开场，跟学员建立信任及破冰，甚至开始进行简单的举手互动，用问答法升温，但我总是觉得大家到了这个阶段，都还是冰冰冷冷的。虽然已经有了互动，也开始跟台上的讲师有一些简单的对话，但是，现场的气氛还是由台上讲师主导，是一个由台上往台下的流动过程。一直要到开始一个重要的教学活动，台下的气氛才会开始活络。

这个活动就是：小组讨论！

小组讨论教学法的应用方式

那么，小组讨论要讨论些什么呢？举几个例子来看：

◎ 如果你教的课程是"会议管理"，你可以问大家："公司在开会时，有哪些常见的问题？"

◎ 要是教"主管面试技巧"，你可以问："面试时，你经常会问应聘者哪些问题？"

◎ 也许你教的是"产品设计"，你可以问："公司的产品设计，应该包含哪些流程？"

◎ 也许你教的是"质量管理"，那可以问："质量管理有哪些工具或手法？"

当这些问题出现在 PPT 上后，你请台下的学员，把问题的答案写在一张大纸上，然后给大家一个时限（譬如九十秒、两分钟、三分钟、五分钟等），时间一到，就请大家停止讨论，然后邀请其中几组（组数少时可全部邀请）上台发言，发言时也限定时间，时间到了再邀请下一个小组。

然后等到大家全部发完言后，讲师要汇总大家的意见，说出自己的看法或答案。如此一来，学员就能从自己刚才的答案与老师的补充中，得到更深入的学习。

整个过程如下：老师出题→学员讨论→学员发言→老师总结。

这就是小组讨论教学法的应用方式。

不难吧？但是，如果不难，那为什么没有很多人用，或是用得不顺畅呢？

老师讲得越少，学生学得越好！

以我个人的经验，很多老师之所以不爱用小组讨论法，可能是怀有以下两大心结：

心结一：小组讨论太花时间，直接讲比较快

这个说法表面上没有错，单纯由老师讲述当然最快，小组讨论还要出题目、请大家讨论、发言再总结，又花时间又麻烦。那么，为什么不一口气从破题讲到结论，而要分组讨论呢？

因为人脑不是电脑，不是老师讲了学生就都会听得懂、记得明白。

讲述时，说话的是老师，学员只负责听；可一旦进入小组讨论，老师出题后，学员就得先用脑思考，开口讨论，还要动手写……在经历这些阶段时，总不可能放空吧？结论就是：讲述法教得快，学生忘得也快！小组讨论法则是教得慢，但学生记得更多！

心结二：如果老师没有讲，学生不会怎么办？

请记得，企业学员——成人学习者——并不都是白纸一张！对绝大部分的基本问题，来上课的学员其实都已有一定程度的了解。如果你的教学对象是学校的学生，那么也许真的会遇到学生基础知识不足的问题。这时可以请学生针对教学主题先预习，或让大家查资料、翻书，这也是一个可能性。

当讲师一开始提出问题，像刚才"开会时常见的问题"或"客户常见的抱怨"，甚至"产品设计的流程"，等等，一开始台下的学生都会花一些时间思索，甚至要经过一些挣扎，通过小组讨论才能半猜半推究地想出一些东西。但是经过这一番挣扎后，老师再加以补充，学生也可以对比一下他们刚才的想法。如果老师的补充正对核心，学员就会有"豁然贯通"的感觉！

答对的人会很开心，答错的也会更警觉！如果有些问题真的太难，也可以考虑变形式的小组讨论，用排排看或连连看的方法，或是采用填空格的方式，这些都可以降低讨论的难度，却又不失讨论的效果。

其实，这两个心结都不难打破。身为老师，你只要想一想教学的核心：到底目标是你想说得多，还是希望学员学得多？再更进一步说，我觉得教学的一个核心观念是："如何让老师说得越少，学员学得越好？"从这个方向思考，你就更能理解这些教学技术的目的了！

重要的提醒

当然了，要做好小组讨论，还有以下几个诀窍。

题目要清楚

题目一定要清楚地展示在PPT上（还记得"大号字"吗？），如果没有展示出来，经常会在题目出完后就听到"老师，我们要讨论什么？"而且记得要聚焦，最好只讨论单一问题。譬如"产品设计的流程有哪些？过程中会使用哪些工具？造成什么影响？"就不是一个聚焦的问题。可以拆成"产品设计的流程有哪些？"或"产品设计过程中会使用哪些工具？"这类单一的问题。

要写在大尺寸纸上

没有写在大尺寸纸上的讨论，只能说是"小组聊天"！最好准备粗笔，让学员把讨论出来的结论写在一张大纸上，这样不仅有助于讨论时聚焦，发言时也会有一个参考或视觉辅助。

时间要抓紧

如果时间给的太多，没多久大家就会开始聊天，甚至有人会跑去看其他小组在做什么，或是有人会跑出去上厕所、打电话！所以要抓紧时间，甚至用音乐和计时，或是讲师的主动倒数，来增加时间压力！

要邀请大家发言

出题目时,老师就要事先告知"等一下会邀请大家上台发言",一旦下了这个指令,大家讨论时就会更认真。当然,考虑到时间因素,发言时也不一定要让每一组都上台。但是,记得不能一开始就说"我们待会儿只请一组上台",不要先抖开自己的包袱,要让大家都觉得有机会上台,这样效果才会好!

当然,除了这四件事之外,还有一些让效果更好的细节。例如挑选难易适中的题目,讨论时背景音乐的挑选,讲师巡场的方式,搭配团队动力机制让发言更踊跃,甚至像大现场或没有桌子时的变形方法,以及小组人数的选择(大现场人数少、小现场人数中等)……,都是值得花心思设计的地方。

"小组讨论法"非常非常非常重要!(重要的事情说三次!)特别是在企业内训的现场,面对台下已有多年工作经验,甚至带有"我来看看老师你要说什么"这种态度的学员时,小组讨论法尤其有用。

简而言之,小组讨论法可以有效翻转台上对台下的单向互动关系,把学习的球丢给学员,让学员开始动口、开始动手,也开始动脑,之后老师再拿回球权,做一个有洞见或有条理的汇总。越是在专业的学习现场,你越会发现这个方法的效果有多立竿见影!

在过去十年的企业教学经验中,我认为,这绝对是很实用的方法。现在毫无保留地交(教)给你,接下来就看你怎么在实践中有效运用了!

演练法的五个步骤

企业内部培训的种类，大概可分为三大类：心态（Attitude）改变、技巧（Skill）教导、知识（Knowledge）传授，刚好组成"ASK"（问）这个好记的英文单词（感谢宪哥提供建议）。一般的讲述法，用在知识传授阶段还可以，但是用在技巧教导中就完全不可行了！

我们可以来想象一个课程实况，譬如说我经常在"专业简报力"课程中，教大家如何用便利贴来准备PPT演讲的技巧，用讲述法是这样的：

"便利贴法有四个流程，分别是设想、分类、排序、重点分段。在设想的时候，记得先把想法写出来，至少要有三十张便利贴才够；分类时，把写有很接近的想法的便利贴放一起，先不要管次序；等到分类完成后，接下来便进行排序；最后才依照PPT演讲的流程，把重点分段切出来。这就是便利贴法的四大流程，这样大家懂了吗？"

这时候台下的学员可能会点点头，但是，你真的确定他们懂了？会用？会做？

所以，为了确定他们能完全理解，技巧类教学我一定会使用演练法，就在现场进行确认。因为"听懂"与"会做"其实完全是两码事，因此演练法才是能让学员完全理解，并且可以实际应用的方法。

PESOS 口诀

千万别以为演练法只是请大家操作，或现场演练一下。要成功应用演练法，必须按照以下五个流程：准备（Preparation）、解释（Explanation）、示范（Show）、演练及观察（Operation & Observed）、指导（Supervise），缩写叫 PESOS。或是用我合伙人宪哥的说法：**学习前准备（P）、我说给你听（E）、我做给你看（S）、让你做做看（O）、成效追踪（S）**。这个口诀非常好记。

以下，就以我上课时教大家"便利贴构思技巧"的教学为例，来进行上述演练法五步骤的示范。

学习前准备（P）

要准备便利贴、白板笔、计时器，以及可以用来贴便利贴的壁面或白板。

我说给你听（E）

我会先对学员说："我们待会儿要练习的，是如何利用便利贴法来构思 PPT 演讲。这个方法会有四个流程：发散思维、分类、排序、重点切割。第一个步骤是发散思维，那要怎么进行呢？我们待会儿要收集三十个关于 PPT 演讲的灵感，由你们写在便利贴后贴在墙上。所以，每个人至少要给我一个灵感。请开始！"

我做给你看（S）

然后，我就开始在大家面前示范设想便利贴主题及整理 PPT 演讲的技巧。先示范发散思维的过程,然后再解释一下,接下来示范分类、排序,以及重点切割。就在大家面前,把便利贴整理技巧完整地演示一遍。

让你做做看(O)

接下来就是学员实践时间,不过,我会先把便利贴操作法的流程展示在 PPT 上,再让大家复习一下我刚才做了什么事,然后才择机请大家开始操作!(这时会放一点淡淡的背景音乐)

成效追踪——指导(S)

等大家做得差不多了,我会给各组一些建议。时间一到,就请大家轮流展示成果,再根据展示的内容给大家一些提醒及改进意见——这就是成效追踪及指导改善,也是最能看出讲师功力的阶段!因为要能现场给出精准而有效的反馈指导,还是很不简单的!

小结:换你来练习一下

以上就是五阶段演练法,看起来不难,但是要做得好还是需要事前仔细规划,才不会让演练流于形式,或现场乱演一通(虽然可能还是很有趣,却不见得能达到演练的预期目的)。

既然写了演练法,那也请大家来演练一下吧?思考一下你平常教的课程,有哪些主题可以套用演练法。你能熟记 PESOS,随时写出"学习前准备(P)、我说给你听(E)、我做给你看(S)、让你做做看(O)、成效追踪(S)"这五个步骤吗?要不要现在就自己选个题目,在家试着演练看看?不要只当个读者,多练习几次吧!

演练法教学的三个提醒

过去看很多老师运用演练法时，常会出现"演得很多、练得很少"的情况。当老师请大家演练时，学员往往乱演一通，以致没有达到练习的效果。

因此，我想借着这个机会，给经常运用演练法的老师们以下三个重要的提醒。在一边提醒注意事项的同时，我们可以用教学主题"招聘面谈技巧"来做一个示范，让大家可以看得更清楚一点。

先示范，再练习

还记得演练法的五个步骤吧？再复习一次：学习前准备（P）、我说给你听（E）、我做给你看（S）、让你做做看（O）、成效追踪（S）。

不过，许多老师在运用演练法时，往往也只做到"我说给你听"，却忘了"我做给你看"的步骤。学员在听完时只有模糊的观念，当然不容易演练得好！所以在实际运用演练法时，身为老师的你，说完技巧重点后，记得要先示范一次给大家看，接着再请大家按照老师的操作去做，这样演练才能做到位！

现场示范，考验的当然是老师的经验及技术了。不但要示范得精准到位，并且要强调关键细节！如果是比较复杂或耗时长的技巧，不妨考虑分段示范，才不会让学员看了后面就忘了前面。当然，如果示范的动作有点复杂，或是需要配合对象或场景，也可以考虑事先录成影片,把影片当成示范标准,老师则边看边讲解,这也是清楚示范的好方法。

举例来说,在教"招聘面谈技巧"时,老师除了说明应该问应聘者哪些问题外,也应该现场找个学员当应聘者,然后当场示范一下提问技巧。同样地,也可以把示范的应聘面谈先拍成一段影片,在教学现场播放给大家看。

参考流程范例练习

针对一些比较复杂或步骤比较多的技巧,即使老师已经说得很清楚,也全程示范了一次,但是相信我,如果台下的学员紧接着开始练习,印象还是会很模糊!这一类的演练教学,不妨以 PPT 列出操作流程或参考范例,让大家方便对照着参考练习。有个清楚的架构可以参考时,练习起来一定会更精准!

请记得,PPT 提供的是"架构",而不是请学员照念照抄的"样板"!如果决定提供示范案例给学员参考,也应该跟大家待会儿要演练的东西有一些不一样;这样一来,学员只能拿范例当参考,无法照抄,还是需要自己动脑练习!(这其实就是建构理论中近端发展区[1]及鹰架[2]的概念)

---

[1] 亦译为可能发展区、近侧发展区。英文为 Zone of Proximal Development,缩写 ZPD。是由苏联发展心理学家列夫·维果茨基(Lev Vygotsky)提出的学习理论,指学习者目前与实际可达到的发展水平的差距。
[2] 鹰架理论,又名支架式教学,指当学生在学习一项新的概念或技巧时,通过提供足够的支援来提高学生学习能力的教学方法。

再以"招聘面谈技巧"为例,请大家演练时,老师可以列出几个面试的问题范例,像是"请问你过去做过什么项目?""在这些项目中你担任什么样的角色?""可以请你描述一下细节吗?"等等。让学员参考这些问题,思考自己的面试问题。

不要边演练边打断

就因为是新的技巧,所以才需要练习,因此也可以预期的是:学员的练习一定不会完美,很可能会做得凌乱或不到位。重点是,老师一定要忍住插手的冲动,让学生好好演练一次,完成后再给他反馈及指导!即使学生做得很差,也要等到演练告一段落,再给他一些必要的反馈(反馈技巧请见下一节)。

当然,为了更精准地做好演练,也可以把演练及反馈规划成两次或三次,像是:上台前先用小组的方式练习一次后,老师告知小组的学员一些观察重点,然后请同组的伙伴先给反馈;之后再让学员上台演练一次,老师当然也要再给一次反馈。这么做,可以增加演练的正确性与可看性。

举例来说,老师可以请学员分成三人演练小组,学员 A 为面试官,学员 B 为面谈者,学员 C 则是观察者,然后让大家先演练一次面谈技巧(时间要限定,比如三分钟),练习后再由 C 给予反馈。之后再让大家轮番上台演练,每一次演练结束后,都由老师给予反馈。

以上,就是运用演练法时的三大提醒。演练的目的,除了让学员练习技巧外,也能让他们在演练的过程中有更多的学习机会

（从观摩他人中学习是有学习理论依据的，请参考班杜拉的社会学习理论）。记得，一定要依照演练法的五个步骤来进行：学习前准备（P）、我说给你听（E）、我做给你看（S）、让你做做看（O）、成效追踪（S）。

最后，让我们再复习一下重点：

◎老师一定要先做示范，再请学员演练；

◎演练时不妨提供流程或内容的参考稿，但不能让学员照抄或照稿练习；

◎最后就是老师要有耐心，不要在学员练习的时候打断对方。学员犯错没关系，之后再针对重点做反馈修正。重要的是，想办法让大家学到正确的技巧，并在教室里展现！

希望这三个建议，可以帮助大家在教学时运用好演练法！

反馈技巧：三明治反馈法

上一节，我们谈到演练法的"五个步骤"及"三个提醒"。其实在运用演练法时，还有一个重要的技巧：反馈技巧。为什么要有反馈？怎么反馈才对？

因为在演练的过程中，学员们对刚学到的技巧都还不太熟悉，需要老师现场观察，并给予反馈。除了赞美学员的努力，也要提出一些未来可以改进的地方。反馈的目标只有一个：让学员未来有机会变得更好！所以反馈只是过程，改进才是结果！

优点—改进点—优点

要做好反馈，有一个很简单的基本技巧：三明治反馈法。简单地说，就是把整个反馈的过程分为三大段，也就是"优点—改进点—优点"。更具体地分析，则是先说"做得好的地方"，接下来说"下一次可以更好的地方"，最后再说"整体来看有哪些很棒的点"。看起来不难，但做起来可不是那么简单，还有许多要注意的细节。

我们来举一个真实的案例，帮助大家了解如何做好"三明治反馈"。

就以我常教的"专业简报力"课程为例，其中有一段"九十秒电梯简报[1]"的练习：在小组讨论及组内演练后，每一组要派一位学员代表小组上台做一次九十秒的电梯简报，并接受大家的评分。通常在这种时候，要上台的学员总是有点压力，有些学员可能会忘记先讲简报的结构，或是讲述过程磕磕巴巴的，或是没有和台下的人进行目光接触。

当九十秒一到，我会先请演练的学员下台休息，然后准备对他刚才的演练进行反馈，这个时候就是"三明治反馈法"的使用时机了。

反馈的内容大概会像下面的三段：

优点

"我觉得刚才 Simon 的演练有几个地方做得不错，看得出来大部分的内容都记住了，也能在很短的时间里把演讲浓缩成九十秒的版本。虽然感觉有点压力，但是还能坚持把所有的内容全部讲完，这些地方都做得很好。"

改进点

"当然，有几个地方可以做得更好。譬如我注意到，Simon 一开始似乎没有谈到演讲的大结构；然后到第二段的时候，有点忘记要说什么了，所以顺畅度差了一点；另外，过程中跟台下的观众目光接触得比较少。这些都是下次可以做得更好的地方。"

---

1 电梯简报（Elevator Speech），指当你某天在电梯中遇到一个重要人物时，利用有限时间组织语言引起对方兴趣，说服对方为你带来利益的即兴演讲。

优点

"整体来看,能在这么短的时间记住大部分的内容,并且做出一个完整的展示,看得出来 Simon 真的很努力!请大家给他掌声鼓励!"

你做出来的,是什么样的"三明治"?

三明治反馈法看起来不难吧?但是,要在现场实时点出能有效改善的重点,考验的就是老师个人的经验和功力了。

有时候,我会跟其他老师一起担任评审,譬如像之前的台大 PPT 演讲大赛,或是前阵子受邀担任雅虎奇摩认证讲师选拔评审。这种场合,不只是选手的比赛,也是评审点评功力的大比拼!面对同一个演练者,每个评审要提出独特的观察点,还要实时整合,做出讲评及反馈,这真的很有挑战性!

所以为了反馈时更能聚焦,有时候我会一面观察,一面把看到的重点写在一张手卡或便利贴上,让自己反馈的时候能够点出更多的重点。你当然也能这么做,但是,记得反馈之前要先好好消化手卡上的内容,而不只是照卡念稿。除了这个小技巧之外,我也注意到老师们经常在反馈时,出现以下几个常见的问题:

跳过优点,只讲缺点

很多老师为求直接或是讲求效率,尤其是在其他人(比如别的老师、评审或学员)反馈之后,会直接开口就说:"我想优点很多人都说过了,我直接讲缺点吧,你要改进的地方有……"这个说法经常出现在主管的反馈里，或是没有受过三明治反馈法培训的老师口中。感觉上他们很直白地点出了学员的问题，或甚至以"毒舌"作为风格，但反馈的效果不好，讲了学员未来也不会改！因为如果忽略了"先讲优点"这个部分，就好像没有包裹糖衣的苦药，虽然也许有效，但是对方却很难吞得下去。而使用三明治反馈法，在先讲了优点后，可以先打开对方的心房。之后再谈改进点，讲师给的建议才会更有效果。再强调一次：反馈只是过程，进步才是结果。如果只是追求反馈的效率，却没有考虑反馈的效果，其实反而事倍功半！老师花时间，学员却不改，这样就等于白做工了！

只讲优点，没讲改进点

这又是另一个极端，在反馈的时候只讲好话，譬如"你做得很棒，讲得很流畅"，或是改进点很模糊，比如"未来再加强一点就好了"等类似这样的反馈。听了等于没听，学习者还是不知道应该如何改进。

当然了，有时不是老师看不到改进点，而是觉得需要维护学员的面子，或是不忍心让学员压力太大。更直白地说，就是想当好人！其实谁都想当好人（我也是好人啊！），只是在教学的过程中，更应该担任的角色是：一个好老师或好教练！通过反馈的过程，除了具体点出学员的优点，也必须指出未来真的可以改善的重点。过程中尺度的拿捏，就真的要看老师个人的功力了！

爱用"但是"做连接词

有些讲师对三明治反馈法有些抗拒，或是觉得用起来效果不好。大部分都是卡在"但是"这个字眼上。譬如以下的例子：

"刚才 Simon 的表现很专业，过程也很流畅。但是，结尾的部分表现得不大流畅，跟台下的人的目光接触也不够……"

你会注意到，当"但是"这两个字出现后，接下来的句子好像就抹杀了前面的赞美！因此我建议老师们可以有技巧地跳过"但是"，改用"如果可以的话……""下一次如果有机会……""当然我们也看到……"，或直接在优点讲完后，无缝接入改进点。例如：

版本一："刚才 Simon 的表现很专业，过程也很流畅。如果可以把结尾收得更顺畅，跟台下的人有更多的目光接触，那就更好了！"

版本二："刚才 Simon 的表现很专业，过程也很流畅。下一次如果有机会，可以想想怎么把结尾收得更好，然后跟台下的人保持目光接触，那效果一定更棒！"

版本三："刚才 Simon 的表现很专业，过程也很流畅。结尾的部分有点磕巴，当然我们也看到，刚才的目光接触也比较少。只要修正一下这两个点，下一次一定会有优异的表现。"

版本四："刚才 Simon 的表现很专业，过程也很流畅。结尾的部分有点吞吞吐吐的，目光接触也比较少。只要修正一下这两个点，下一次一定会有优异的表现。"

看到我怎么避开"但是"这个词，却可以同样达到优、缺点都反馈给学员的效果了吗？当然，这是需要一些练习的。

多练习,"三明治"就会做得更好

企业讲师的角色,除了是教学者,很多时候更像是个教练!教练的工作,就是要帮助学员强化优点、改正缺点,目的不是为了批评,而是为了成果或改变行为,最终实现课程或培训预期的目标!

当然,要能实时做出一个好的反馈,靠的也是老师的实力及经验的累积,特别是字句的斟酌。"优点—改进点—优点"这个三明治公式,是需要多加练习的。

希望这些我在过去累积的教学心得,能够帮助你在课堂上做出更好的反馈,从而帮助学员有更好的改变!

影片教学法

记得有一次帮外商银行培训内部讲师时，其中一门课要教新人"工作流程及时间管理"，让新人知道每天工作的日常到底要做些什么，什么时间该做什么事，怎么样才能跟得上团体的节奏。虽然这些在过去的新人培训中也会教，但是仅靠口语说明再加上标准作业程序（Standard Operating Procedure，SOP），新人还是要花不少时间摸索，才能顺利上手工作。

在准备教学时，有个讲师突发奇想，拿起手机，把公司同仁"标准的一天"拍成影片，从早上上班工作，开始给客户打电话，记载联络记录，然后休息一下，再继续第二阶段的客户联系，午餐及休息，然后接续下午的工作，还有傍晚的检讨会议。影片除了呈现工作场景，也把工作应该注意的细节，如记录重点、工作方式、心态转换等全部呈现出来了！将一整天的任务浓缩成一段五分钟的影片。新人看了这段影片，不但可以对于未来的工作大概是什么模样有更真实的体会，还可以带回去复习。听说这段影片后来变成了新人培训最受欢迎的素材，而且是低成本拍摄，只用了手机加上电脑剪辑，是花了一个工作日就完成的作品。让影片说话，眼见为凭，这就是影片教学法的威力！

应用的可能性

上课时，如果能善用影片教学，可以让整个教学节奏稍微变换，经常会有不错的效果。要将影片应用在教学上，大概有以下的可能性：

当成观察或讨论的素材

最简单的做法，就是先播放一段短短的影片，然后请大家讨论刚才从影片中看到了什么。

譬如我可能会播放一段 PPT 演讲的影片，请大家讨论"刚才演讲者用了哪些技巧"；而宪哥可能会播放一段隐含管理议题的电影，再请大家讨论"职场中不同类型的主管风格"；我也见过 Adam 哥播放一段创新产品的开发过程影片，再请大家讨论"从影片中学到哪些产品创新及设计思考的方法"。

要将影片当成讨论或观察对象时，记得在播放前，先提示一下待会儿的影片中有哪些观察重点。譬如："请看一下影片中 PPT 演讲者如何开场，过程中如何表现，又是怎么结尾的。"或是："请大家一边看，一边记录一下对你有启发的地方。"然后才开始播放影片。这样一来，大家看影片的时候就会更受启发！也能看到更多的重点！

当成教学示范或成果展现

老师教学或说明完某些技巧之后，往往需要来个示范，这种时候，影片也可以扮演最佳助教的角色。譬如我曾经见过一个讲师教主管"怎么关心一个经常迟到的下属"。那位讲师的做法，是先发起一个小组讨论，请大家想想：什么是好的关怀方式？什么又是不当的做法？然后在大家发表完意见后，马上放影片。这位讲师找了一个同事当临时演员，用手机拍了两段影片，第一段先示范了不正确的面谈方法：直接批评他、指责他、挖苦他、威胁他。演得很逼真。第二段再示范了一个正确的，有爱心、关心、同理心的面谈法。看过这两段影片后，学员马上懂了什么是正确的面谈！

这种做法，一般会先简单进行口语教学，再用影片作为辅助。但可以考虑口语教学时间不要太长，或是简单说明后直接用影片取代口语教学。有时也可以考虑使用多段短片，从不同的方向来说明或是示范指导同一个主题，这也会刺激大家产生不同的思考，让说明或示范教导的效果更全面。

当成感性的段落或结尾

除了理性的教学外，在适当的时机，如果能加上一些感性元素，有时会让人对整个教学过程印象更加深刻。一段经过仔细挑选或精心设计的影片，经常有让人感动不已的元素！像先前我跟几位好伙伴们，在"不放手"项目里为景美女中拔河队郭升教练复健筹款的演讲中，就应用铁人蒂姆·唐（Tim Don）车祸后的复健历程，以文字、影片配合音乐，以及祝福郭教练的话，制作了一段三分多钟的影片，当天不只让许多人流下了感动的眼泪，也让大家为自己的参与赋予意义。当然，要制作出一段好影片还是得花心思、花时间的！

运用影片的注意事项

教学时辅以影片，似乎都有很好的学习成效。但是在运用影片教学法时，我还是要给大家三个重要的提醒：

影片要短不要长

每段影片的时间应该要短,三到五分钟很好,接近十分钟就应该思考一下能否分段。如果影片长度超过十分钟,那一定要有特别的理由!因为影片一长学生就容易分神,特别是当现场亮度调暗时,真的很有助于入眠!所以,要仔细切割好影片,宁愿切短一点再分段播,都不要一次播一长段!

影片请嵌入 PPT 自动播放并测试

所有预定要播的影片,都应该先剪辑好段落,并且嵌入 PPT 中,设定好切换到某张 PPT 时就自动播放影片。之后如果按下一页,影片就会自动停止。不要在播影片时,还得先跳出投影模式,然后再手忙脚乱地按下播放键!这一部分,是在影片教学时一定要注意的细节。

然后,永远记得先测试影片:能不能播放(特别是换到其他电脑之后)?有没有声音(有没有接音源线或喇叭)?永远记得先测试好,才能让影片教学达到最好的效果。

另外,如果你的影片存放在网络上,那我就只能祝你幸运了,因为会有太多的变量让这段影片届时无法顺利播放!(听过"墨菲定律"[1]吗?)建议你还是先把影片下载下来,内嵌进 PPT,加入自动播放效果,并且先做好测试,才能万无一失。

---

1 墨菲定律是一种心理学效应,根据该定律,如果有两种或两种以上方式去做某件事情,而其中一种方式将导致灾难,则必定会有人做出这种选择。引申含义为如果坏事有可能发生,那么无论这种可能性有多小,它都一定会发生。

影片只是辅助，教学才是重点

一定要记住：影片是为了教学而存在！不要把教室变成电影院，重点是播放影片前的教学，以及观赏影片后的讨论。要设计好你的教学法，先得把这些想一遍：学生可以从影片中学到什么？观察到什么？模仿到什么？会有什么感想？一定要带着教学的目的，仔细规划好影片的使用方式，这样才能发挥影片教学法真正的作用。

总之，影片是教学的辅助，不能用来取代教学本身！如果教学就只是放影片，那为什么学生不在家看，而要来教室看呢？这是每位老师在使用影片法前，都必须先想清楚的问题。

有投资，才会有报酬

利用影片法教学，也是职业讲师经常使用的秘技之一。当然好的影片不好找，自己拍摄或制作影片也要花一点时间，但是，一旦挑对了或制作好一段影片后，未来很长的一段时间里教学生都可以使用！学员的学习印象也会非常深刻，可以说是教学投资回报率很高的一种双赢方法！

同样在"不放手"的演讲项目中，我也大量使用短片，呈现出我当初进行铁人训练的场景，像是戴着呼吸管训练游泳，请教练进行单车踩踏训练，呈现与神队友比赛当天冲向终点的画面，都是用手机拍摄、留存下来的珍贵记录。而我也不是单纯播放影片，而是把这些影片当成教学素材，用于观察影片找答案，或是口语说明后的示范。虽然大家不见得练习过铁人三项，但是通过影片人人都能如临其境，完全感受到我想表达的重点，也更能达到学习的效果。

下一次，也拿起你的手机，拍下你的教学影片吧。

个案讨论与情境模拟

在真实世界中，学习与犯错的代价有时候真的太高！那么，有没有可能在教室中先模拟、先思考、先判断？先模拟决策，再来跟真实世界做个对比。不管决策、判断好或坏，至少在教室里不会承担损失，而且也是比较好的学习方式！

这种模拟，其实就是"个案讨论法"的核心精神。

如果让你来经营这家咖啡店……

我们先来呈现一个场景。一开始上课老师就发给每位学员一张 A4 纸，上面描述了一家咖啡店经营的个案情境：

喝咖啡是浪漫的，但咖啡店经营却一点也不浪漫。知名的全球连锁咖啡店及便利店咖啡的优势，加上邻近区域同类竞争者的影响力，使得个人化咖啡店经营失败、倒闭的比例相当高。一间开在台北市商业圈办公大楼的咖啡店，就面临了激烈的红海竞争。你觉得，这家咖啡店的经营若要成功，应该用什么策略吸引顾客？又如何善用网络工具呢？

看完个案后，老师请同学们先讨论三分钟，然后开始请大家举手发表意见。

一开始，先是有人提出发放促销折扣券的方法。老师随机点了另一位同学问："你同意他的说法吗？"在这位同学摇头表示不同意后，老师接着问："为什么不同意？你的想法是什么？"原来这位同学认为折扣券人人会发，使用的频率既不高，还会伤害毛利。接下来又有人谈到社交平台广告，马上有同学分享他先前操作社交平台广告的做法。当然了，也有同学提到咖啡店的定价策略及店内管理……

一阵讨论后，老师便试着把焦点拉回"网络营销"的主题，要大家先聚焦在营销手法的不同操作上。等到讨论得差不多后，老师整理了一下大家的讨论内容，再和同学分享一个信息：个案中的这间咖啡店，其实就是台北市知名的果子咖啡店。接着向同学解释，果子咖啡店当初是怎么利用社群媒体，结合本地农产品，成功进行了虚实整合营销的！

"想不到，开一间咖啡店真的很不简单啊！"许多同学的脸上，都不禁流露出若有所思的神情。

个案教学的三个关键

上面呈现的，就是一个简易的个案讨论式教学，引用的个案内容，是2011年被收录在TSSCI期刊《中山管理评论》的个案论文《咖啡店经营转型与创新营销——果子咖啡个案》（作者：王永福、陈纯德、方国定，再次感谢果子咖啡创办人许富凯学长的协助），这篇论文后来也获得了2011年"最佳教学个案奖"。刚刚我简单把个案稍微浓缩了一下，主要是让大家了解个案讨论大概是怎么进行的。

要运用好个案讨论,当然也是一门学问。现在许多大学的MBA（工商管理硕士）及法律、医疗等不同科系,包括哈佛商学院都经常利用个案讨论式的教学。有许多教授还必须到国外进修,学习如何教好个案讨论。而好的个案讨论,从事前的个案挑选、课前的个案阅读、课中的讨论引导,以及最后的个案学习总结,处处都是学问。

只是,如果你是企业讲师,或一般校园的老师,真的也能把个案讨论法用在教学上吗?

当然可以!只要掌握以下三个关键,你就能在企业或学校中,轻松利用简易版的个案讨论法来辅助教学。

模拟真实个案的情境

个案讨论的基础,当然就是个案!个案最好是真实的,但是可以把个案里面的一些名称,如人名、公司名,稍微改编一下,让台下不要在一开始讨论时就已经知道结局。譬如说,你可以挑一个代理商与经销商因为产品专利而起争议的例子（譬如之前的环保杯众筹案）,请大家讨论"如何保护知识产权?""合约应该怎么签订?"你也可以挑一个病人的案例,在保护当事人隐私的条件下,呈现他的病征,请台下对他进行诊断与后续处置（如果是与医疗相关的课题）；你也可以假想要推出一个新产品,请大家讨论接下来的定价策略或营销策略；当然了,你也可以提出一个品管不良的个案,请大家思考有哪些可以改善的地方。

个案本身可长可短,但如果无法先让学员事前阅读,只能在课堂中匆匆看过（或只听老师口述）就进行讨论,个案本身最好简短而浓缩，不但能呈现出必要的信息或关键状况，而且至少让情境感觉像真的，这样才能方便学生入戏，讨论起来才会更有动力。如果个案无法缩短，那就最好印成书面文件，或上课之前便发送给学员，让大家有时间可以提早消化，做些准备，上课时才能有更好的讨论质量。

讨论本身就是学习，重点在引导及规划

引导讨论，是个案讨论教学的精华所在。个案讨论时老师要留着答案不说，通过提问让学生说出想法。一般来说，有些想法有可能一开始就是错的！即便如此，这时老师还是不能公布答案，而是继续通过提问的方式，请大家思考还有没有别的可能性（相信我，一直忍住不说有时对老师很有挑战性）。

就算已有学员说出正确的答案，老师也应该引导大家思考更广的面向，或是刺激大家思考这个答案还有什么缺点或不足之处，让大家在不同的讨论中有更多样的学习。

当然了，老师也可以把个案讨论变形一下，先让大家以小组讨论的方式进行讨论后，把结论写在板报纸上，然后再请小组上台发言。甚至也可以将观点引导成正、反两面，要求大家提出一些不同意见，再彼此辩论。或是结合演练，请学生演出模拟情境，并把心中的想法在现场演练出来……

讨论的过程，以及后来的追问及质疑，会碰撞出个案讨论的不同火花。因此，身为老师的你，最好事先就想象一下提问的流程及方法，才能让个案讨论变得更精彩。

整理讨论重点，公布答案

讨论或辩论本身当然不是目的，真正的核心，在于学员能从个案中学到什么。所以，当讨论接近尾声时，老师就要总结重点，最好还能公布答案。

这里所谓的答案，就是个案讨论对象在真实世界的后续发展情况。让学生知道，大家讨论的结果，究竟与个案讨论对象在真实世界的后续发展是接近的，还是有差距的；讨论对象最后是因此成功了还是失败了。

如果学生能在讨论的过程中就精准命中个案讨论对象在真实世界的后续发展情况，那表示学生在某方面具有很好的能力；但如果讨论与答案有点差距，反而更是学习的好机会！这时的讨论重点就应该是：为什么结论不同？模拟决策及真实状况出现了哪些差异？未来我们应该怎么改进思考方式？重点从来不是答对或答错，而是过程中有什么可以学习的地方。

个案讨论的价值

我曾经聆听过急诊医生杨坤仁先生教的医疗纠纷与法律课程。在那堂课里，他先提供一个病人的状况：有一位病人走进急诊室，跟你说他胸闷不舒服、冒冷汗、有点喘不过气……然后再问台下的医生："你们会下什么诊断？会请病人做哪些检查？会怎么写诊断书？"

在请大家讨论与发表意见后，杨医生说，刚才个案中的那个病人，一走出急诊室门口就倒了下来，接下来马上又送回急诊室急救。原来这是他真实遇到的病人例子！之后还引发了一些法律纠纷，听得大家冷汗直流，这个时候回头检视，才发现学员在讨论及模拟处置的过程中，有许多盲点。虽然我不是专业的医疗人员，可是在上过那堂课整整一年之后，我甚至还记得讨论过程的转折，以及有哪些特别的学习点。

最近我也看到，好朋友林明樟老师开始整理生活中接触到的商业个案，运用那些个案来教导儿子，以培养他的商业思维。譬如说，最近的一篇讨论的是：如果摩托车店灯光昏暗，会对生意有什么影响？又该如何从成本思维转到价值思维，花必要的钱来赚更多的钱？在他与儿子一问一答的过程中，商业的智慧就一点一滴存储到年轻人的脑中。虽然过程麻烦了点，但比起单纯的说教或上课，绝对更有价值！

个案讨论的价值，就是通过这些不同的情境模拟，让大家不必处在真实的环境中，也能预先无风险地做出一些分析、判断与决策，讨论的过程也多少能够反映真实世界的状况——真实世界中，决策信息本来就有限，答案也从来不那么清楚明白。只要能借此锻炼学生的思考力与判断力，最终揭露真实答案时，不管与学生讨论的答案接近与否，都会是一个很好的学习过程。

反过来说，从个案的设计、引导讨论的方式、对讨论方向的预期、对开放讨论的总结，乃至最终达到的学习效果，每一步都是对老师基本功的考验。其中最大的挑战，就是要忍住不说，让学生自己发现问题或发现答案。更有经验的老师，还会设计一些两难式的问题，让大家挑东也不是、选西也不行（比如哈佛大学的正义课）；而这正是因为，"个案讨论"的重点从来就不是答案，而是思考个案的过程中产生的学习收获。

个案讨论可深可浅,今天起,有机会时你不妨想一想,过去曾经遇到过哪些真实的情境,在决策过程中必须考虑再三,最后如何得出柳暗花明的高明决策。把这些个案稍微改写一下,就可以提供给学习者讨论。

应用心得分享

职业级讲师的坚持

2015 年百大 MVP 经理人 /《经理人月刊》专栏作者 / 企业内训讲师

叶伟懿

对于教学者而言，我认为最容易改变且能最快呈现专业度的步骤，就是环境调整。我在福哥的 PPT 演讲课程中，亲眼看着福哥爬上椅子亲手拿下灯泡，就只为了让学员能够在灯光合适的状况下，进入教学课程中，而当时的我仅仅记得灯光开关如何切换而已。单就这个贴心行为不难看出福哥对于细节的在乎程度，当然课程结束后他仍不忘了把灯泡装回去。在课程结束颁奖、拍完照之后，福哥带着暖暖的微笑，且有技巧地让教室充满事先就设定好的轻快音乐，更让我深感佩服，这就是对课程成效负全责的态度。

对于讲者而言，解除现场所有限制，有意识地把整个环境、空间调整到最合适的状态，绝对是职业级讲者的职责，这点也让我懂得为了保证教学质量，有必要在课程前就说服现场行政人员，协助我将话筒更换成无线，把现场∏字形的桌椅调整成分组的桌型，以及添购携带型喇叭来预防设备上可能出现的任何问题。

我在大型外商及上市公司内服务过，听过不少讲者到企业内授课，讲者实践经验与涉猎广度、深度各有不同，但是在教学法上面的呈现，就可以看出讲者对于教学技巧的投入程度。个人归纳出三个重要的教学因素：

一、规划好合宜的开场并建立课程规范

别让自己输在起跑点,开场头几分钟学员就已经对讲者打完分数,借此来决定等一下应该要先完成手边的工作,还是专注于今天的教学内容。更别忘了人们的专注力有限,学员只想确认讲者是否够资格及能否给予自己帮助。过于冗长或是吹捧式的自我介绍,会让学员失去耐性。然后有必要与学员建立有弹性的规范,例如鼓励举手抢答及准时入座给予奖励;约束手机使用,避免课程被干扰或不断需要像幼儿园老师一样维持秩序,以免影响课程运行的流畅度。

二、教学法的挑选运用

在教学过程中,学员在乎的就是"学会如何持续有效地解决问题的技能",因为道理人人会讲,有效的方法难得。长时间运用讲授法上课,显得枯燥无味,且单靠笑话撑场,难登大雅之堂。一直分组讨论,但看不到讲者对于小组讨论出来的内容给予深度剖析、评论或是总结,实为可惜。倘若仅是带完小组讨论,会让授课单位觉得讲者在混时间,让小组讨论的价值瞬间荡然无存,甚至因此导致企业在邀课时提出,请讲者不要分组讨论,直接分享经验即可。这对讲者而言就显得束手束脚,因为只有职业级讲师自己清楚,用何种教学法来讲授能很好地诠释该议题。

三、具有深度内容的小组讨论

我个人在担任讲者时,偏好运用小组讨论来填补理论与实务之间的差距。运用小组讨论有几点须注意的:

第一，明确的题目范畴。至少让学员清楚题目内容，这样才能让小组都动起来，同时邀请小组长（或资深同仁）引导大家进行讨论。

第二，题目深浅适中，搭配合适的讨论时间。试想，当讲者说小组讨论十五分钟时，似乎也给出了一段时间，让学员有机会出去上一下洗手间或是刷一下手机。利用倒数来压缩讨论时间，同时告知等一下分组报告的规则，用意都是让小组成员了解小组讨论的内容，避免学员事不关己的反应。甚至可以在小组讨论完之后，再让大家进入休息时间，让落后的组别有机会跟上进度。

第三，报告时充分运用三明治反馈法。让学员有安全感，知道自己不会被耻笑。若是小组组数多时，则必须控制好报告时间，可由讲者手持话筒主导报告时间，避免学员忘情分享而让课程超时；更可以随时拉回来提问，甚至提及前面小组的报告分享内容，让小组讨论变成整个教室的讨论。总而言之，带领好小组讨论，就能激荡出值得探讨的议题。

各位读者朋友，此刻我已经开始这样做了，也期待更多读者朋友能够参酌运用。

应用心得分享

身为医生也要会的教学技术

马偕医院胸腔内科医师　汤砚翔

最近我们医院在推行"住院医师兼任老师"制度，让年轻的住院医师担任临床老师，指导更为年轻的实习医学生以及刚毕业的医生，而富有经验的主治医师则在一旁担任教练。参加了几场这样的教学后，在年轻住院医师身上，我看到了自己以前的样子。

身为老师，总是想将丰富的资料及自身经验全数塞到学生的脑袋里。但就像电脑一下子处理太多信息会宕机一般，学生听课时轻则刷手机，严重起来大脑就"关机"！

于是我参加了许多课程，甚至飞到哈佛医学院参加"高级教学技术提升班"（Advanced Teaching Skills Workshop），就是要学些不让学生睡着且让学习更有效率的"教学的技术"。

问答法

这当中，我觉得最重要且最容易上手的技术是"问答法"，适合不同人数的教学场景。当老师抛出问题时，既能提升学生的注意力，同时也可以刺激学生思考，一举数得。不过在教学现场最常见的情况是学生都不会主动回答。原因有很多，像是不知道答案、害怕难堪，或是害羞……

然而只要教学者好好设计问题，就可以改变冷场的状况。如何设计呢？只要遵循"从简单到困难""从客观、主观，到逻辑思考比较"这两个法则即可。例如不要一开始就问："这个病人到底怎么了？"这样学生会不知道从何说起。可以将问句改成："你观察到这个病人有什么症状？""这些症状可能是哪个器官的疾病引起的？""为什么是这个器官的疾病？还有其他可能吗？"这样的问句设计，既让学生很容易回答，而且这些问句的顺序也正是我们看病的逻辑顺序啊！借由设计过的问句进行引导，就能让学生整合并运用自己脑中已存在的知识！

小组讨论

除了问答法外，"小组讨论"也是很实用的教学技术。借由讨论的方式，可以刺激学生从不同方向观察及思考问题，而且大家一起解题，成就感会倍增！身为老师，我们要做的就是选择真的可以讨论的题目，例如"下一步我们可以怎样治疗病人？""该怎么跟病人及家属解释目前的状况？"当题目选得好的时候，学生往往会讨论得非常热烈，甚至会听见许多我们没想到的答案！不过身为老师的我们，此时也要注意并引导小组讨论的方向，不要让学生漫无目的地聊天。

很多人会说："教学最重要的是内容，其他细枝末节都不重要。"没错，教学内容真的很重要，所以我们应该好好运用知识和经验，规划我们的教学内容。但如果在内容之外，老师能更有效地传递知识，利用问句引导学生做更多的思考，利用讨论产生多元学习，这样不是更好吗？

我在提升自己教学的技术后，在课堂中可以明显感觉到学生的变化。他们开始愿意开口回答问题，与我有互动。而最重要的是，我发现其实他们懂得很多，远比我们老师想象的还多，只要我们好好引导，就可以看见一颗颗闪耀的钻石。

应用心得分享

从授课、经营管理,到传播理念、创造影响力

台湾地区潜水执行长　陈琦恩

我教潜水的时候常说:"练习才会自在,自在才会享受。"

第一次遇见福哥是在"专业简报力"的教室,后来福哥跟 MJ 老师多次来到恒春潜水。在为他们两人上进阶潜水课的时候,我想我不能用一般单向的讲述法去教这两位老师,而是要设计不同的教学方式带领他们认识潜水,而且必须符合"老师讲得越少,学生学得越好"的原则。因此,我只给大方向的潜水计划和必要的教学动作,此外就让他们自行规划属于他们的潜水计划。我知道,如此才有可能挖坑让他们自己跳进去,而不是直接给正确答案。我只要在旁适时点出错误,他们就会理解原来这样是不行的,有时适时填坑是必要的。

从不会到会可以通过刻意练习达到,身为教练我们都会要求学生多多累积气瓶数量,让自己多点经验。从教学的角度去看这件事情还稍嫌不够,因为还要加上"事后评估",才能够让学员不懂不会不强的地方得到补足增强。

"宪福讲私塾"对我而言是重要的学习,我因此改变了自己,改变了台湾地区潜水教学。课程一开始就提到教学最重要的五个步骤:"学习前准备,我说给你听,我做给你看,让你做做看,成效追踪。"

我以前在指导教练班的时候,大部分是根据 PPT 进行,只是想把课上完,让学生可以考到教练证而已。

学习后，我先执行第一个步骤"学习前准备"，立马把所有的 PPT 改掉，因为我看到了真正的教学，怎么可以容忍自己还用旧式的教法呢！教学必须有自己的灵魂，我很开心自己能够砍掉重练。

在经营公司上，我用了第二个步骤"我说给你听"，我不断向所有同仁传达公司的愿景和使命——"将海洋带入你的生活"，让同仁了解我想要传递的信息，这需要不断地沟通，沟通一次不行那就沟通两次、三次。

然而，说得多不如做得多，接下来就是第三个步骤"我做给你看"——身教。例如在刚开始推动守护海洋的"减塑"行动时，其实公司同仁也不是完全接受，我就从自己开始，努力避免使用免洗杯、免洗筷、塑料袋，唯有如此才能让大家相信我是认真的。

经营公司也有一段时间了，我深深体会到团队的重要性，舞台的建立便成为这个阶段的课题，也就是第四个步骤"让你做做看"。给年轻伙伴更大的空间与机会去做他们想做的事情，让他们根据已有的专业尽情尝试与发挥，就像何飞鹏社长讲的："快快做，快快错，快快改，快快对。"

而这一切都会记录下来，这就是第五个步骤"成效追踪"，保留好的成果与经验，分析并改正错误，公司与个人才有机会越来越好。

身为潜水教练、潜水课程总监与公司经营者，"教学的技术"帮助我提升了指导工作和经营管理的能力，优化了我的传播理念，赋予我更大的影响力，从而让更多人重视海洋环境议题。如果你也有目标想要去实现，"教学的技术"能够帮助你更系统地去影响更多人。

应用心得分享

有方法，有态度，让沉闷的专业课程变热门

门诺医院专科护理师　苏柔如

因着医院发展部主任竟尧（一哥）在 PPT 演讲上优异的表现，我接触了宪福育创，有机会参与了许多跟教学有关的课程——"专业简报力""教出好帮手"及"教学工作坊"，之后对教学开始有了兴趣。

但上完课的我，大多还是扮演着辅助课程的角色，仍仅止于"看"，而非"做"。有了几次协助课程教学的经验后，某次院内主管对我说："这课程你都跟这么久了，是该自己上台当讲师了，不然不会进步。"就这样，原本对此有些抗拒的我，接受了挑战站上讲台。

第一次上台授课的经历就充满挫折，前一小时由一哥炒热的气氛，换到我的时候，一秒陷入了冰冷的、静悄悄的氛围，我以卖力的问答开始，却以尴尬的自问自答结束。在课后反馈中，学员反映我讲的部分太难，听不懂。当时很受挫，我希望能够让大家有收获，但我该怎么调整？

就这样我参加了福哥"教学的技术"的课程，课程精彩度就不在此说明了（有兴趣的人可以自行搜寻），即便是上了许多教学相关课程的我，还是在这堂课中眼界大开。

原来教学的技巧很多，而我之前只着重于自己想陈述的内容，忽略了可以使用教学手法让学员更容易且更快理解。回到院内，我主动请示学术组让我有机会帮大家上课，因为只有上台才

知道我是否能学以致用。这次我全部推翻重练，从一开始的课程规划设计（内容聚焦）、课前作业（基础内容让学员在课前先行准备），到上课当天运用的从"教学的技术"课程中学到的开场法、教室管理法、分组法、各种教学法，以及游戏化、教具的使用方式等等。

借由教学技术的转化，让沉闷的专业课程，变成了有趣、有互动、讨论热络的院内热门课程。印象深刻的是某位在医院带实习的临床老师的反馈，课后他对我说："这堂课我在学校听了几次，感觉很难懂，但今天整个概念都厘清了，我觉得你上得比学校老师还要好。"没想到只是加入一些教学手法，就让学员有不同感受。

渐渐地，从二十分钟的短讲课程，到独自完成一至两小时的授课，这个过程我走得慢，但平稳的脚步能迈向伟大的行程。"教学"是一门可以拆解的技术，可以借由学习获得好的结果，这是"教学的技术"教会我的事。"态度"则是让教学变得有灵魂的关键。从顶尖讲师福哥的身体力行中，我学到了匠人姿态。

第 5 章　游戏化翻转课堂

如何激发参与动机
游戏化核心元素之一：积分（P）
游戏化核心元素之二：奖励（B）
游戏化核心元素之三：排行榜（L）
应用心得分享

如何激发参与动机

很多老师在学习教学技术时,第一个卡壳的地方就是"没有用啦!我设计的教学活动学生都不参与!""每次我问学生什么,他们都动也不动,默默地看着我""小组讨论?大家也没有讨论啊!很多人都在聊天,就算上台也是随便发表一下感想,然后就草草下台了"……我相信,这是许多老师、讲师们在台上会遇到的大挑战!

同样的,这也是企业培训最常遇到的问题!别以为职业讲师因为有名或酬劳高,所以学员的配合度就一定比较高,这是不可能的!其实不管走到哪里,学员上课前的态度都是差不多的,总有80%以上的学员,对接下来一天的课程采取中性或是防卫的态度。许多负责培训的HR都会先跟我打个招呼:"我们工程师比较闷,请老师见谅。""高阶主管们不习惯上课互动,比较喜欢听讲,请老师配合。"这些理由我都经常听到,但等到我们的课程开始启动,大家的表现会完全变了一个样,不仅主动举手,还争先上台!连HR也惊讶:"他们以前不是这样的!老师您到底施了什么魔法?"

这个魔法,就是"游戏化"!

企业内训职业讲师的日常

之前因为写博士论文,有机会在课前访谈不同企业的学员,询问他们上课前的真实感受,许多学员告诉我:

"最近很忙,手边的事都做不完了,还要上课?"(一边想一边打开笔记本电脑)

"这个老师是谁?今天要上什么课?"(一边想一边翻看讲义)

"我做错什么事了吗?为什么要被指派来上课?"(一边想一边双手抱胸或垂头丧气)

"待会儿找一个好一点的位置,才不会被老师点到。"(一边想一边找教室后面的位子)

"不要惹我,我心情不好!"(一边想一边看着教室外)

更不要说,很多高科技大厂的工程师,日常调性本就以冰冷为主(冷静?冷酷?),上课一开始那种"肃杀""沉重"的气氛,有时还会让台上比较没经验的讲师禁不住打寒战!也就是说,上课一开始没什么反应的学员,才是我们职业讲师每天会接触到的!反过来说,公开班的学员反应大部分都很热烈,因为大家都是自己花钱来报名的!因此对职业讲师而言,公开班其实像是度假一样。(这是有点夸张的说法,公开班还是有许多不同的挑战啊!)

如果你还是无法想象,更直白一点地说,如果坐在台下盯着你看的,全是上市公司的处长、经理,管理上百人、负责数十亿业绩,你觉得他有什么意愿或动机要听你讲课,还要配合你的教学活动?不妨检查一下:你手边有什么"武器"呢?扣分?挂科?你甚至连主场优势都没有!

如果是学校的老师,面对在校的学生,情况就会比较好吗?学校上课当然与企业上课不同,但是我觉得挑战是相同的。遇到没有学习动机的学生,或是一开始就呈现趴下状态,或是低头吃便当、刷手机的学生,或是心不在课业,只求低分飞过的年轻学子，这样的教学环境也绝对不简单。而且学校有更多不容易教授的通识或专业科目，面对这样的教学现场，说不定有更大的困难要去克服。过去我也曾在学校教过课，完全能理解这是什么样的情形。

说这些并不是要给你什么当头棒喝，只是想真实呈现老师们每次面对的教学现场，不管是企业或是学校，都是一个有难度的挑战。这时，如何通过游戏化转变现场的学习状态，把学生从沉闷中唤醒，甚至让他们乐在其中，就是教学高手真正的Know-How！有真材实料的教学高手，会通过一些简单的机制安排，如在教学现场融入游戏化元素，引导学员在不知不觉中全神贯注、全心投入。这些手法及机制安排，我称之为"教学游戏化"。

游戏化不等于游戏

通过游戏化的过程，上述几个困难的现场，会变成以下的场景：

当我问"请问哪一组要先上台？"时，台下会瞬间举起许多只手，抢着上台！

当我问"请问你的看法是？"三百五十人的大型演讲现场，会有几十个人都举起手来！

当我说"请大家准备十分钟后上台"，现场再也没人说话，大家都开始疯狂准备！

当我宣布完规则，参与课程的领导就对小组同仁说："我们一定要拿到第一名！"（学员的压力顿时变得非常大）

这一切，都是在应用了课程游戏化技巧之后，很快就会看到的教学现场转变！

"游戏化"指的是在非游戏的领域应用游戏的核心元素，借以强化参与动机，并让参与者有更好的表现。因此，游戏化不等于游戏，也不等于电脑软件，也不是模拟式游戏。而所谓"教学游戏化"，当然就是把游戏化的元素应用在教学环境上面。

常见的游戏化元素是积分（Point）、徽章（Badge）、排行榜（Leaderboard），缩写为 P、B、L。当然进一步还可以细分为八大核心［《游戏化实战》（Actionable Gamification）之八角理论］。由于我们并不是要进行学术研究，这里就只简单提一下游戏化的背景，不深入探讨学习理论基础。对游戏化的定义想进一步了解，可参阅相关学术研究论文，或英文百科"游戏化"（Gamification）的相关说明。

真正的重点是：游戏化其实是从实践而来的啊！从 2010 年的 Foursquare 打卡 App 出现，才开始广受讨论，因此兴起了一些游戏化的理论架构与相关研究。但是，在教学上的应用要早许多，只是那时不叫"游戏化"，而叫"团队动力操作"。由于"游戏化"可以简单说明我们在教学时所用的激励技巧，所以才称为"教学游戏化"。

那么，游戏化要怎么操作呢？很多事情看起来很简单，但要做得好却绝不简单！觉得简单的人，不妨先试着猜一下：在教学游戏化中，哪些是最重要的核心呢（例如计分机制）？或是换一个角度：哪些事情不做的话，课程游戏化就可能会失败呢？

游戏化不是团建化

"教学的技术"在过去也办过几次实体课程及工作坊，得到参与老师们的高度评价，我自己也在过程中学到很多。记得一次下课时间，有一位老师问我："分组活动时，小组需要取队名吗？需要有队呼吗？到齐时需要大家一起举手喊到齐吗？需要彼此加油、拥抱鼓励吗？"

这些问题都很好，那个瞬间，我回想起参加团建活动时，大家会组小队、取队名队呼，然后集合时会一起说"某某小队，到齐"。那个回忆很清晰，也很美好。

但是，企业内训毕竟不是户外活动！我先前就提过：正常的企业内训开始时，气氛大多是冰冷的，台上台下的互动十分少。如果一开始就强力操作团建式的气氛炒作，不管是队呼队名，或大家一起集合大喊口号，我很难想象开场时会变成什么样子。当然，体验式课程或户外活动式课程的探索教育（Project Adventure，PA）除外！

如果在一开始运用团建的模式，可能大家还是会配合一下，简单喊个一两声，但心里面不排除会怀疑：这个课程是在干什么啊？也有许多老师会在开场时用大声问候来"吵"热气氛，例如问候"大家早"，然后接着说学员声音太小、没精神，再一次"大家早"（中度音量），然后一定会再说一次最大声的"大家早"。

问题是，这样大约就只有十秒的效果吧？就只有前面一开始时兴奋一下，很快气氛就又冷下来了。而且万一学员不想配合，每一次回应老师的问候时声音都很小（相信我，真的会！），那这时就真的尴尬了！

提高参与和竞争

所以，在教学的过程中，当然可以设计很多游戏化的要素，让课程变得更生动有趣，学员也更愿意参与，但是游戏化不等于团建化。

你可以把课程设计得更有参与性和竞争性，也可以让大家以小组团队形式参与，却不一定需要队名、队呼或举手喊叫。当你看到高科技宅男工程师们沉默却很认真地准备课程的演练，或是为自己的小组争取分数时，你就会发现：其实让课程更有吸引力、更有动力的核心不是团建活动，而是游戏化的三大核心：P、B、L。

游戏化核心元素之一：积分（P）

把游戏的核心元素应用在非游戏环境中，提高使用者的参与意愿、激励投入，甚至增加绩效，这就是游戏化。我们不妨回头想想，从小到大玩过很多不同的游戏，不管是电视游戏、电脑游戏、在线游戏，从《超级玛丽》玩到《暗黑破坏神》，从棒球游戏打到《NBA 2K》，不管游戏的类型是什么，它们之间一定有些共同的核心要素。所以游戏化的第一件事，就是把这些核心要素找出来！

已经有许多相关的学术研究，为我们提炼出游戏化的核心元素。根据《游戏化实战》的说明，游戏化有三大核心元素：P、B、L。也就是三个英文单词的缩写——积分（Point）、徽章（Badge）、排行榜（Leaderboard）。不过基于实务操作的经验，我想把徽章改为奖励（Benefit），所以**福哥版的游戏化 P、B、L，就是积分、奖励、排行榜。**

这一节要谈的就是积分。

宅男工程师也抵挡不了的魔力

你一定在想："企业的内部培训课程，真的可以结合游戏化吗？"许多企业内训不仅内容专业，学员更是专业，面对那样一群企业主管，游戏化真的能够影响他们，提升他们的参与度及投入意愿吗？答案当然是：没错！

没有亲身经历，你可能无法相信，一个上市公司的副总，会因为一个积木小礼物（表现最好的小组可以获得），在课程一开始就对同组的处长与经理们说："大家要加油，我希望把这个积木带回家给儿子玩！"（当场同组同仁的压力指数就会直线上升，我看了都想笑）你也很难相信，HR 说他们的工程师上课总是气氛沉闷，却会为了争取加分的机会，疯狂举手抢破头。然后在每堂课的下课时间，总是会有小组到计分板前关心最新的战况（所以公平计分很重要）。学员们的这些表现完全超乎 HR 的想象，所以他们总是会问我："老师，您施展了什么魔法吗？为什么我们公司的工程师，会瞬间变得这么投入？参与度这么高？"

学员会争先恐后抢上台？

游戏化的第一个基础，就是计分机制。学员的每个回答、每个参与、每个表现，都可以得到积分奖励。例如举手回答加 1000 分，小组优先上台加 5000 分，演练计票第一名加 20000 分等。

你一定会想："这样真的有用吗？企业学员又不是小学生。"我还是老话一句："没有亲身经历，你无法想象游戏化的威力。"就以优先上台加 5000 分这件事来举例说明，只要第一个上台就加 5000 分，第二个加 4000 分，依序递减，然后每当我一问："请问哪一组要先上台？"不管你信不信，经常是我话都还没说完，台下已经"唰"的一声，很多人的手都举起来了！（HR 则一脸不敢置信，这是我们的学员吗？怎么可能？）没有计分机制时，大家都你推我拖不愿上台；一采用计分机制，马上争先恐后抢着上台！

计分的方法有很多种，如最简单的请小组自己计分（有时会出现乱计或计错的问题）、助理计分（助理比较忙，但效果好）、小组轮流计分（每堂只有一个人负责全班计分，公平性强、问题少），或是直接用实体计分物品：如扑克牌、代币或筹码（但要考量如何发得顺畅、如何统计总量）。

当然，积分的操作还是有些注意事项，譬如有表现就有分数（鼓励参与，不管答案对不对或表现好不好），只加分不扣分（惩罚无助于更好的表现），老师对加分要有公平的标准（游戏公平才好玩），要有差异式计分（越难的题目或挑战，分数越高）……另外，老师的视线也要宽广一点，让每个人、每个小组都有加分的机会。

好戏开锣，精彩的在后头

看到这里，你心里一定存有一个疑惑：学员上课时争取的这些积分，究竟是用来做什么啊？

积分当然不是白给的，必须附带实质的好处，这就是游戏化的第二个核心：奖励。

游戏化核心元素之二：奖励（B）

先说句题外话，其实还有另一个也应用在教学中的 PBL 法，即"问题导向学习"（Problem-Based Learning）教学法，同样经常纳入教学相关的研究，大量应用于个案教学及商管、医学等的培训。这个可以参考我们前一章谈的个案教学法，或是之后会谈到的建构主义教学理论，在此先不讨论。

上一节谈了 P（积分）的规划方式，包含分数的计算及操作的细节；本节要讨论的就是 B（奖励）的操作。

你会想当公司里的"白金好学生"吗

游戏化的一些研究中，B 原指的其实是"Badge"，也就是"徽章"的意思。这是因为，早期的游戏化应用，如一些打卡游戏，不同的打卡时间会有不同的徽章，而许多游戏也有升级制度，譬如等级从铁骑士→银骑士→金骑士→白金骑士。之前也真的有人去研究，把这样的徽章机制应用到课堂教学上，规划一些虚拟级数，表现好／发言多／作业佳的同学就可以累积分数，然后不断晋级，例如：银级好学生→金级好学生→白金好学生。只不过，研究者实验后得到的结论却是：徽章制度与学生的表现，两者之间没有显著关系。

看到这个研究结果时，我忍不住笑了出来，这个研究也太有趣了！在教学现场应用徽章制，当然是没用的啊！想想看，企业学员或在校学生，会希望上完某堂课后，从此在公司被唤作"白金好学生"，甚至"白金骑士"吗？

真正有用的不是徽章，而是奖励；而且，奖励不用大，只要能诱发学员投入，让大家想要就好。

我经常用积木叠叠乐作为第一名的奖品，体积中等，原木材质的质感也很不错；第二名我则会找一个有所区别的礼物，像是七巧板或小玩具。有时，我也会以费列罗巧克力来代替（盒装的更好），之前也曾用过零食包（好几包零食装在一起，看起来很有分量）、书本（自己写的或好朋友写的都送过）或杂志。

同是职业讲师的好友中，有人用过台湾特产（去大陆上课时用）、真皮笔记本（质感很好，但成本也高），甚至还有讲师使用无形的礼物，例如跟讲师合照或加入讲师的粉丝团（讲师很红或很帅才有用），受邀至节目或接受电台访谈（不是每个讲师都有这种资源），甚至获得单独咨询讲师或讲师单独指导的机会（有点像与巴菲特吃饭的模式）。方法各式各样，只要能引发学员的竞争心理，就是好的奖励！

送七巧板或一本书，表面上看起来每个讲师都做得到，因此很多人难免会怀疑：这样的奖励真的有用吗？算不算"收买"学生？必须做到人人有奖吗？以下提供三个建议，帮助你运用好教学游戏化中的奖励机制。

奖励只是一个激发参与的理由

没有在现场亲眼看过的人，很难想象一个小奖品能发挥多大的作用。内向的工程师会因此而积极抢分，上市公司的主管会因为要把积木带回家,而要求组员全力投入,整天的课程都无须老师指派,大家抢着上台!

但是仔细想想,难道学员们真的稀罕这些奖品吗?

当然不是!这些奖品他们想要多少有多少,以上市上柜公司的内部培训为例,教室里众多处长级以上主管,掌管每年千亿计的营业额,也同样能被奖品及积分机制激励。所以,虽然我建议在教学游戏化的过程中精心规划奖励机制,但教学者心里一定要有正确认知:重点从来不在奖品,而是学习!奖励只是给学员一个参与的理由!

给团体而不是给个人

很多人运用奖励机制时,会遇到一个问题:看来看去,好像举手回答的都是那几个人,其他人并没有受到奖品的激励?

之所以会出现这类情况,大多是因为老师把奖励给了个人,而不是团体。若单给一个人奖励,就只能进行很简单的问答互动,然后直接发奖品。这样的方法不仅奖励对象少,而且运用次数受限(奖品很快就发完),也只能激励到少数人(不管在哪里,积极争取奖品的通常只有一小部分人,而且太积极的个人还有可能受到群众施加的压力)。另外,只给个人奖励也可能拖慢上课节奏(必须一面教学,一面发奖品),并不是很好的方式。

比较好的做法是给小组奖励,而且一开始上课就分好小组!(小教室或大演讲都一样,还记得前面提过的分组方法吗?)然后,结合上一篇谈到的计分制,每个互动、回答、表现都可累计分数

（设计好计分差异，不同表现与难度对应不同分数），最后再根据团队总分颁发获胜的小组奖品。

顺便提醒一下：奖励不要只给第一名，如果有可能的话，前三名应该都给奖，这样才不会在领先群组明显拉开差距时，导致落后群组干脆放弃！我通常会规划不一样的奖品给前三名，例如第一名是叠叠乐积木，第二名是七巧板，第三名是费列罗巧克力。

千万别搞错重点

奖励机制绝对不简单，行为学习理论对此有很深入的讨论。在此特别提醒一点：千万别因为奖励有用，就把事情想得太浅了！

奖励只是一个激发学员参与的理由，让他们更有动力参与课程，也让课程变得更有趣。记得在尊重学员前提下，提供合宜的奖励，而不是一直强调奖励！只要开场时提一下就好。我曾经目睹某位讲师在医院演讲时，用丢东西给海豚或动物的方式，把手边的小果冻丢给台下的医生们，还用笑谑的方式说："来！要咬住哦！"我看了只能一直摇头……

奖励是外在，学习才是根本！重点还是你能带给学员什么样的学习和收获，让奖励与课程教学完美结合，让课程有效又有趣，这才是教学游戏化真正的目的！

游戏化核心元素之三：排行榜（L）

接下来要讨论教学游戏化的第三个元素 L——排行榜。

排行榜在一般的游戏中经常可见，从早年的街机到后来的电脑游戏，每次打完游戏后就会出现一页排行榜，显示你的战绩名次（有时是跟自己比，有时是跟别的玩家比）；有些街机游戏或电脑游戏还会郑重其事地要你输入自己的名字。（记得以前用摇杆及按键输入自己英文代号的年代吗？）

游戏进入网络时代后，排行榜更是随处可见，甚至像 Nike+Run Club[1] 的 App 游戏化应用，结合了慢跑里程与排行榜，身边的朋友几乎每隔几天就会比拼一次彼此在 Nike+Run Club 上的慢跑里程排名。在这个例子中，慢跑的里程就有点像上课累积的分数，反映了努力的成果。如果还想知道这个成果与别人比较的相对值如何，排行榜就是你绝佳的工具了！

不过，千万不要以为排行榜就只是统计一下分数、公布总分和排名而已，要运用好排行榜法，还是有以下几个重要的关键点。

实时反映，实时公布

排行榜法最常见的运用问题，就是等到最后一堂课下课前才

---

[1] 耐克推出的一款跑步应用。

总计分数,然后公布排名。这样反而浪费了排行榜的激励作用,因为整个过程中大家都不知道自己小组所处名次,激励从何而来?因此,排行榜一定要在过程中持续更新。

我的习惯是每个课间都更新一次,把各组当下的成绩做个统计,然后写在一张大纸上,贴在教室后面(或其他明显的地方),让每个人都看得到各组的表现状况。

在每节课之前,我也会提一下"到目前为止的冠军"是哪一队,让大家为他们掌声鼓励,再次激励!当然我也会强调这只是"暂时领先",接下来还会有更难的挑战,各组也有机会拿到更高的分数,请大家努力加油。通过排名的刺激,让学员保持学习的动力。不要因为大家看似一副不怎么在乎的样子,就以为没有人看重排名;当小组成绩每堂课都出现在教室后面时,你会发现:大部分的学员是很在意的,甚至一节比一节认真,并且会注意队友的表现和投入与否!

兼顾竞争与面子

除了全组表现有排行机制外,个人的表现也会有排名。像是课程中也会有一些演练或比赛,让小组派代表上台发言,然后我会请全体学员实时投票,评估每一组的表现,最后也会说出排名前几名的演练者。通过营造竞争氛围,激励学员们更加投入。不过在这种情形下,要特别注意"竞争"与"面子"之间的平衡,这点绝对是关键 Know-How!

投票的机制是第一个重点,从一开始就要设计恰当,我大多会采取"闭目投票"的方式。当小组全部完成上台演练或发言后,身为讲师的我会先重点提示，刚才参与演练或发言的是哪几组，以及每一位代表的呈现概况，然后请大家闭上眼睛，针对各组的表现进行投票。

闭着眼睛投票，投票的人和小组代表都相对没有压力，也不容易受到别人投票的影响。除此之外，习惯上我会请大家投三票，也就是除了"当然投给自己小组"的那一票之外，还有两票可以投给其他小组。通过这样的投票机制，能相当公平地决定演练表现的排名！

宣布名次的方法是第二个重点，在宣布名次时，我建议只公布前面的名次（例如五个小组只宣布前三名，四个小组只宣布前两名），后面的名次就不必公布了。更直白地说：我的课程中，从来没有哪个小组得过最后一名，只有前三名（或前两名）！这是因为，课程游戏化的目的还是在于激励，不应该制造过大的压力，更不应该让表现不佳的同仁觉得没面子。

也由于刻意不公布后面的名次，把面子留给表现欠佳的学员，就连前几名的小组学员也会更放心，更愿意投入之后课程的不同竞赛。反正表现好就有奖励，表现失常也不会多丢脸。这么一来，就能打造一个"安全"的课程游戏化环境！

根据我的经验，学员之所以都很乐意参与课程中的游戏化关卡，在不同的演练中努力求取表现机会，这些正是关键！

平衡机会与公平

如果你曾经仔细地运用过课程游戏化，那么你一定早就发现，一整天的课程到下半场后，各组的差距自然会逐渐拉开，落后较多的那几个小组，会觉得好像自己再努力也没机会赢了，可能因此放弃排行榜名次的角逐，而不再那么投入学习。

因此，我总是会在上课前就仔细规划分数分配机制，随着课程的开展，越到后来演练也设计得越难，而学员则有机会一次拿到较多的积分。譬如上到最后一堂课时，排行榜上的积分是第一名 80000、第二名 72000、第三名 68000、第四名 60000、第五名 53000，那么，最后一场比赛可获得的分数可能就会是 50000／40000／30000／20000／10000。

而且，在这最后一场比赛前，我会特别向领先组和落后组解释：如果在这最后一场比赛中，原本的落后组拿到第一名，他们的分数就会是 53000 + 50000 = 103000；相反的，如果原本的领先组在最后一场只得到第四名，那么他们的分数就是 80000 + 20000 = 100000。大家一听就明白：落后组只要最后一场比赛拼出全力，设法拿到第一名，就有机会翻盘，打败领先组；而领先组一定要在最后一场比赛中维持水平，拿到前三名，才能守住领先的成果；万一只得到第四名，排名就一定会掉到第二、第三甚至第四名！（如果原先的第四、第三、第二名刚好抢下第一、第二、第三，分数都会超过 100000。）

这样的计分机制，能够营造出"人人有希望，个个没把握"的氛围，让课程游戏化的效果一直持续到最后一节课。

还是要提醒一点：并不鼓励把最后一场比赛的分数拉得太高。就上述的例子而言，如果刻意把最后一场的分数调成第一名 1000000，大家就会觉得："唉！那只要比这一场就好了啊！前面不就都玩假的？"所以计分机制要善加设计，尽量兼顾机会与公平，因为课程游戏化的目的是激励学员，而不是糊弄学员。

尽情游戏，莫忘初衷

虽然玩游戏是人类的天性，但是要把游戏的元素抽离出来，应用在非游戏的环境，其实需要不少的努力和规划。在教学过程中，也有很多的细节要注意，包含计分的方法、分数级距的设计、不同表现的差异化计分、奖励的设计、奖品数量的分配、个人或小组奖励的区隔、排行榜的更新方式、兼顾竞争与面子的考量，以及最后平衡机会与公平的规划等，都需要一些时间的投入以及经验的累积，才能让课程与游戏化达到完美的融合，学员上起课来像玩游戏，又在竞争中有很多学习。

但是，无论怎么做都不能忘记：课程游戏化的重点，不是好玩，而是学习！

游戏化，只是一种让学员愿意投入并且持续保持专注的手段。讲师在规划及教学的过程中要不断地检视：目前为止的课程游戏化设计，是否能真的帮助学员们学得更好？要如何更细致地运用，以持续强化学习的成效？

不管是 P、B 还是 L，把目标放在学习热情与学习成果上，才是课程游戏化成功的关键！

应用心得分享

没上过福哥的课,一样学得会、用得上

高雄医学大学附设医院儿童牙科暨特殊需求者牙科主治医师　沈明萱

我是一位任职于医学中心的儿童牙科医生,除了看诊,还要负责授课。授课的对象为牙医系五年级的学生,从备课开始,我就一直在思考,如何让学生"想听、专心听和听得懂"。

看到福哥开办"教学的技术"这门课,我苦于时间无法调整,不能亲自到课堂上感受福哥的魅力,就从福哥博客"教学的技术"系列文章中学几招来试"水温"。没想到学生的反应远比想象的热烈。

想听:分组竞赛

现在的学生,一机在手,加上移动电源,根本无所不能,只有专心上课真的不能。这样"险峻"的上课环境,老师若只靠传统的"讲述法",大概十分钟后学生就无法专心了,更何况是两三个小时的课程。

"课程开场技巧"文章就建议以"分组"的方式,来提升学生的动机和参与度。

分组,加上竞赛机制和奖品,马上将气氛炒热。我准备的奖品是"乖乖"。没错,就是零食。第一名的组别一人一包,第二名两个人吃一包,其他人只能空手而返。

一包十几块钱的零食,对于刺激大学生的学习,真的有效吗?

"奖品不一定贵的才有用,只要特别或特殊性高,还是会击

中竞争的心理。"选择"乖乖"作为奖励，有保佑学生在见习、实习或值班时，遇到的小朋友都会乖乖配合治疗的含义。当天学生看到我拿出零食当奖品时，反应之热情，超乎我的想象。

牙医系一班人数将近一百人，分成四到六人一组。分组后要选组长，学生互相推选，大部分的组别一下子就选好了，之后我仿效福哥的做法，让各组的组长起立，剩下的组别真的很快就搞定。

组长们不情愿地站起来后，我再仿效福哥公布"组长今天只有一个任务，就是负责指派同学回答问题"，每个组长都开心得不得了，全班气氛就更热烈了（再次，跟"教学的技术"系列文章中的描述一模一样）。

竞赛的方式是课堂之间会穿插一些考题，在有限的时间内作答，答对就有分数，总分最高者获得奖品。各组分一个软性小白板和白板笔，学生轮流写答案。一定要让学生动手写，写下来才会动脑思考。

专心听：内容有料、音乐加持

"游戏化只是一种手段"，最核心的还是课程内容。

游戏化能够提高学生的参与度，但更重要的是让学生知道为何要上这门课（绝对不是因为在期中考试成绩中占 30%）。我所负责的章节是"牙髓治疗"，就是牙科医生天天会做的疗程。所以再三跟学生强调，今天上课内容的重要性。

内容有料，呈现的方式也很重要。PPT 文字精简，尽量是图片、临床照片、X 光或动画。一张好图，远胜过满满的文字（PPT制作请参考福哥《上台的技术》一书）。

如果学生还是"不小心"睡着了呢?没关系,每上到一个段落,就来个考题,需要动手写答案。即使真的睡着了,这时候都会醒来,因为我会放音乐,睡着的同学也会被吵醒。

课堂上播放音乐,要注意播放时机、音乐类型、播放方式。

讨论时放音乐,除了炒热气氛,还可以计时。音乐停止,学生就知道讨论结束了,不用讲师催促。选择无人声、节奏略快的纯音乐,学生才不会跟着唱,变成卡拉 OK。

听得懂:直接实战

"教学目标可以被评估吗?"一堂课如果没有明确的教学目标,只是硬塞许多知识给学生,那学生回家看课本或是读"共享笔记"就好啦。

我设立的目标是,学生在课后,有能力在临床上做出正确的诊断和治疗计划,这才是可以用一辈子的技能。

除了穿插在课堂中的考题,两个小时的课上完后,直接给出临床真实案例,当场小组讨论,讲师也能马上给予反馈。很多学生在课后问卷中还反映希望多一点实战考题,可见效果良好。

这是我第一次在大班级实施分组,课前多少会忐忑不安。还好事先研究了"教学的技术"系列文章,把握几个原则后,当天课程顺利完成(整体满意度:有 91.9% 的学生给满分)。

虽然不是职业讲师,但是持续调整自己的授课模式,也是一种自我成长。设计让学生"想听、专心听和听得懂"的课程,加上分组竞赛的方式,您一定会讶异于学生的转变,并重拾教学的热忱。

应用心得分享

从"生无可恋"到"积极表现"的实验

中华精实管理协会经理　江守智

（2017 年百大 MVP 经理人，现为台湾地区数家上市公司辅导顾问）

光听"品管七大手法"（又称初级统计管理方法）这个课程名称就想到密密麻麻的理论、繁复的图表，如果还要坐在教室里被轰炸七小时，你愿意吗？

2015 年年底，讲课生涯时数还在二十小时以下的我，迎来当时最大的挑战：在全球最大鞋业制造厂的管理阶层面前，教授七小时的品管七大手法课程。如今我回头翻着当时的备课资料，十分感慨，满满的理论架构，高密度、无空隙的讲述输出，换来的就是可想而知的悲惨下场。

2016 年年初，某天中午有机会与福哥在台中一起用餐，我提到这堂课的失败经验。福哥嘴里塞着食物，用一种轻松的口吻说："既然大家在台下昏死，那你就累死他们啊！"看到我仍然像根朽木不可雕，福哥继续补充说："既然品管七大手法是统计工具，工具的目的是应用，那么让学员离开教室时会运用，才能发挥它真正的效用。"于是，我脑海中开始浮现台下学员手忙脚乱、过关斩将，结束时却心满意足的模样，一堂崭新的课程设计于此成形。

于是，从 2016 年起连续三年，"品管七大手法"的课程在全球机械零组件大厂中成为主管晋升培训必修课，每年有超过十批次的邀约，最常见的课后问卷评价为"有趣又实用""完全不枯燥乏味的课程"。

这些都来自"宪福讲私塾"的福哥、宪哥的指导,加上身为"教学的技术"连载文章的忠实读者,我学会了分析需求目标、设计课程、发展教学方法、执行课程,以及评估课程与优化(也就是福哥常提到的 ADDIE 系统化课程设计)。

福哥传授"教学的技术"时,最难能可贵的就是他从实务出发,与理论相互印证,甚至有许多其他人不愿意说破的"江湖一点诀"(秘诀),福哥却不藏私地乐于分享。你可能不相信只要调整教室课桌椅排列的角度、适当地使用音乐,就能够改变台下的气氛。我起初也是半信半疑,实际运用后就深信不疑。这些磨炼与修正,有人替你练功走过,能让你少走许多冤枉路,光是这点我就觉得福哥真是功德无量。

有没有一种"教学的技术",能够让台下学员们从"生无可恋"到"积极表现"?有的,那就是福哥的"教学的技术"。

应用心得分享

教学的技术，进化人生的艺术

颖华科技品保资深经理　陶育均

从 2008 年担任公司内部讲师开始，往往就算认真准备教学，学员也不一定有好的吸收，更不知如何评鉴教学成效。于是就在培训集团内部讲师的工作中累积经验，一边调整摸索，一边寻找答案，但总觉得按照这样不断试错的模式，我的教学技巧的成长速度太慢。

因缘际会下，我上了福哥"教学的技术"课程，深切感受到，不论是课前叮咛、课堂中教学法的运用、运课节奏，连不同场景都搭配不同音乐，每个细节都精心设计，用心安排，有完美的整体呈现。

过去我一直认为，如果学员的背景不同，水平有明显差异，想让新接触此领域的学员进入状态，同时也让水平高的学员进一步提升，兼顾不同的学习效果，这应该是难以做到的。然而，福哥的课程向我证明了，只要掌握教学技巧，就可以达到这个境界。

几年前在集团内讲授"目标管理"课程，今年有机会分享目标和关键成果法（Objectives and Key Results，OKR），我告诉自己不能只是平凡地呈现。

思考了福哥的关键理念："好老师的价值，不是在台上讲了什么，而是让学员带走什么。"

我将原本的课程规划全部推翻，重新设计，融入了问答、选择、讨论、演练、影片等手法。几小时的课程，学员课后反应热烈:"从只知道有这个工具,到知道 OKR 的不同方面及运用,收获相当丰硕。""原本对 ORK 一知半解,课后对 ORK 如何运用有了清楚的认知。""喜欢课程中的团队合作、互动,以及讲师活泼的教学方式,还有口诀速记。""对 OKR 的观念及应用,有清楚、简明、精彩的讲解,真是太厉害了!"其实,这些都是我将"教学的技术"灵活运用的结果而已。

慢慢内化教学的技术后,我再拓展出更多元的教学方式,运用开场互动、示范演练、游戏机制,更多地站在学员的立场,配合学员的不同需求去设计课程。思考能给予学员什么,要创造怎样的情境,要运用哪些手法,顾及教室、荧幕、灯光、空调、音乐、座位等许多微小细节,以及开场如何建立信任,分组如何安排更合理,如何兼顾尊严与约束力。在时间紧凑的步调下,进行示范、操作、演练,并安排快速检验,以确认学员的学习成效,还有接近尾声的重点回顾,彼此分享体验……现在,这些技巧的运用都变得那么理所当然。

出乎意料的是,我运用问答法、游戏化、角色扮演等技巧,在对孩子的教育上,变得有办法让原本不容易静下来的孩子,愿意配合我的指令动作。除此之外,在带领工作团队时,我还运用了三明治反馈法。这样一来,不论是职场前辈,或是年轻伙伴都更愿意接受建议,尝试更难的挑战。

教学的技术,影响的不只是教学,从亲子教育、团队领导乃至与人分享,都让我有更深层的体认。学习教学的技术,就掌握了进化人生的艺术!

第 6 章　大场演讲的教学

与台下互动的技巧

混合运用各种方法

提高知识转化率

应用心得分享

与台下互动的技巧

这几年来，有越来越多的老师及讲者开始改变演讲教学的方式，从原本的单向讲述，到逐渐加入不同形式的互动，从简单的一对一（讲师对听众）问答，转变为效果更好的一对多（讲师对小组）互动。对于这样有意思的转变，也许我的上一本书《上台的技术》有些许贡献，因为《上台的技术》出版后的几场新书讲座，我采用的就是大场演讲的互动形式，许多老师及讲者在看了我的操作后，受到了不同的启发。

先前我在演讲时亲自示范，但是并没有把这些心得及做法整理出来。这些方法其实是过去十年，我历经不同的大小演讲后，逐渐演化而来的。你知道"分组"是大场互动的核心吗？你知道听众多的时候，分组的小组人数反而要少吗？你知道除了简单问答之外，大场演讲还有哪些互动的方法吗？

这一章分享我在不同时期大场演讲操作的经验与关键技巧，希望帮助大家在大场演讲时，也能流畅地互动，牢牢抓住观众的注意力，创造更好的效果！

入门阶段：我问你答难度高

早期（2010年之前）演讲时，我大概只会运用简单的问答法，也就是设计一些问题，通过奖品来激励台下回答。包含之前分享过的企业演讲（主题"蓝海策略"），以及和权自强老师认识时的

Joomla[1] 课程演讲，都是用类似的模式。譬如在介绍 Joomla 的二百人讲座，我先谈了一个案例需求，接着问听众："像这样的程序开发案，大家猜需要多久？"然后请台下举手回答。这样的问答，也是不少讲师在进行大场互动时使用的基本方法。

不过，使用这个方法会遇到两大难题：第一是互动的气氛不够热烈，也无法持续。大致来说，现场只会有几个比较积极的伙伴愿意举手回答，其他人可能不习惯或是害羞，宁可采取观望的态度。如果举手的一直都是那几位，他们就像是安排好的托儿一样，现场的气氛反而有点不自然。一旦如此，互动就会越来越困难，有时变成要一直点人才会有人参与互动，而且总是互动过后火花就熄灭了。

第二道难题是不容易提供激励。除非真的准备了非常多的小奖品，否则一个人回答就给一份，激励因子很快就会用完。而且如果场子超大（例如三百五十人），中、后排的参与者很不容易拿到奖品，整场演讲的节奏也会因为发奖品的过程而经常中断。如果有人一直回答，还可能因为太积极而被同伴排挤（因为拿走很多奖品）。讲师若故意忽视，积极的参与者会消失，其他人也不会因此更积极。这些都是一对一互动会产生的细节问题（想一想，这些是不是你在大场互动时会遇到的状况呢）。

变化阶段：尝试弹性分组

每经历一次大场演讲，都会促使我思考更好的教学互动方法。

1　Joomla 是一套全球知名的内容管理系统。

在 2011 年的 HPX[1] 百人九十分钟演讲里，我试着加入分组机制，以座位横排为一小组，试着把平常教学的小组互动技巧，与多人数的大场结合。我问了开放性的讨论问题："PPT 演讲有哪些常见问题？"也用了几个案例，请大家先看修改前的样子，再请大家讨论该如何修改得更好，最后由我公布答案。

这种做法，比较像是把小教室（二十人）放大为大教室（一百人），讲师提出问题、小组讨论与发言的方式没有太大的变化，但是开始加入案例讨论及发表想法的环节，让大家说说自己会怎么做。

2013 年的 PPT 演讲技巧高峰会，参与的学员大部分是医疗领域的专业人士，虽然我上场的时间很短，只有二十分钟，但我尝试展现职业级的教学互动技巧。当时现场是有桌子的会议厅，如果沿用以前的分组方法，一个横排的人数太多，会阻碍小组讨论（被桌子卡住，无法交头接耳），因此我想到了采用三到四人的分组规模，学员只要跟左右两边的人一起，就可以自由讨论，不会受到桌子的影响。一组三人最佳，四个人也可以，保持弹性。当天的几个互动，例如在现场手绘 PPT，以及针对现场讲者开场手法的观察，都得到了很大的回响。

应用阶段：站着分组！

出版了《上台的技术》一书之后，2015 年我有几场大型的新书分享会，不仅跟读者们分享"什么是上台的技术"，更要把这些

---

[1] HPX 成立于 2009 年，是一个学习型组织，聚集了许多数码产品与服务企划设计爱好者。H 代表 HAppy（快乐），P 泛指 People（人），X 象征人与人之间的互动交流。

方法应用于无形之中，让听众先体会，再回过头来思考上台的技术这件事。我花了不少时间构思，最终从书上分享的几个真实案例中得到了灵感。

一开始我先分组，还是按照先前获得的经验——大现场分组时，每组人数少，由三至四人组成。为求快速，这回我请台下听众全部站起来，凑成三至四人为一组后再坐下。请大家站起来的原因是：如果坐着分组，有人可能只是敷衍了事；如果都已经站起来了，就会为了坐下而很快找到组友。然后，我再请每个小组中坐得离会场最远的人担任组长，并请各组组长再站起来一次——这样就可以验证，台下是否真的都"各有其组"了！

如此一来，只要通过全员起立、坐下，再请组长起立、坐下的两阶段，就可以简单完成分组与选组长的大工程了。这就是快速分组的关键Know-How！（说破不值钱，但不懂的人也许摸索很久都想不出这个做法。以后看到有人应用这个两阶段法，就知道是我们的读者了。）

等到小组分好后，之后的选选看、排排看，甚至开放性的讨论，就可以很有效地实施了。

在继续往下阅读开放性讨论的实施要领之前，请先思考两件事：

一、大场演讲为什么还要选组长呢？组长的功能是什么？

二、讲师对个人、讲师对小组，这两种互动方式会给现场带来哪些不同的改变呢？

在看接下来的内容之前，先思考一下这两个问题，你才会感受到，很多Know-How看起来简单，但想清楚很难！这也是职业级技巧的奥妙所在。

混合运用各种方法

因为很重要，所以请容许我再强调一次：教学技术没有好或坏，只有效果好或不好；而所谓的效果，与主题、对象、讲者、场地甚至时段都有关系。

可以很单纯，也可以很复杂

以下大场演讲的教学技巧，是我曾经应用过或看其他讲师应用过的，从单纯到复杂，提供给相对缺少大场演讲经验的读者参考。

案例讲述法

最基本的方法当然就是讲述了；但请记得，讲述的最好是案例、故事，多举一些实例才能抓住台下学员的注意力。

案例故事要讲得好，需要一些细节铺陈，如设定时间节点、人物描述，应用五感的技巧，修剪故事快速切入重点……说实话，纯讲述要能讲得精彩，我个人觉得反而需要很多训练，而讲者的个人特质与准备，都会决定听众的满意度。

举手法

举手调查法是最简单的互动方法。"请问有人去过×××吗？""关于这个问题，赞成的请举手？不赞成的请举手？""你目前使用的手机是 iPhone 的请举手？"通过简单的问题请台下举手表态，是最简单的互动手法，较适合一开始破冰、了解听众的反应或态度，或是用来在教学过程中埋伏笔，讲者会在观众举手后公布答案。

举手的目的是提高听众参与感，让大家愿意思考与表达态度，所以举手只是中间过程，举完手后，讲师应该要有接下来的说明，或是解释举手的人多或少代表什么意思。要特别注意的是，整场演讲中这种简单的举手不能安排太多次，因为二至三次之后效果就会大幅递减，最好结合下面的方法增加互动的变化。

问答法

直接指定台下的人说话，请观众针对问题发言，比如："从刚才的影片，你观察到哪些细节？""针对刚才提到的个案，你认为他做对了什么？""你觉得这段广告文案，应该怎么改比较好？"诸如此类的问题，由讲者提出，指定台下某位听众回答，就是最简单的问答法。哈佛迈克尔·J. 桑德尔（Michael J. Sandel）教授的正义课，就是用个案讨论配合许多问答。

问答法的使用不难，难的部分是问了以后要有人肯认真回答！这绝不是废话，使用过问答法的老师一定知道我在说什么。当然，最完美的情况是老师一提问，台下就有一堆人举手抢答！一呼百应，真是太美好了！但是很抱歉，你教的不是哈佛的学生，真的有参与度这么高的听众吗？（其实真的有，而且每场都可以，只是需要一些经验及机制的设计）或者换个角度，你去听演讲时，只要台上讲者提问，你都会举手抢答吗？上一次你在二百个听众的演讲现场举手抢答是什么时候？所谓"知易行难"，懂得方法不难，难的是如何激发听众的参与动机，并且打造出一个鼓励参与的环境！

单选法

人数很多时，举手法太简单，用几次效果就会变差；问答法难度高一点，回答的人也受限。这种时候，就可以考虑加入单选题了。例如我在"上台的技术"演讲中问听众："以下三个选项，哪一个是这次PPT演讲的目的？"然后列出A、B、C三个选项；又如宪哥在《人生准备40%就冲了》的座谈会上问台下学员："举办拔河赛的国家是？"然后请学员选择。

相对于举手法，这个方法增加了选项，也就自然创造出了变化；而且越是提高难度，猜对的伙伴也会更有参与感与成就感。关于题目的设计，有些人倾向于简单的无脑式问题（适合用在一开始参与度低时），有时则是需要深思、答案不易选择的问题（参与度提高之后可用）。

复选法

比单选题更难一点，却也能让参与的变化多很多。例如："下列五个选项中，哪三个是客户最常见的抱怨？"或是"请问下列六个PPT演讲内容中，哪三个是我第一次在鸿海做PPT演讲时关心的？"也可以是"下列五个选项中，哪三个是糖尿病患者最常见的症状？"一旦你抛出这些问题，要从多选项中挑选出对的，对听众来说就有点挑战性了。

题目的设计本身不是问题，要想设计得好，有两个考虑点：第一个还是"参与度"，为什么大家要认真思考？你抛出了什么激励因子来吸引大家投入呢？第二个是小组讨论与个人回答，把复选法的问题加入小组讨论，再问台下学员答案是哪几个，互动成效会比个人单独回答好得多。

　　当然，细节也很重要，例如：答案要马上公布还是留到后面再公布？或是先问台下学员有没有不一样的答案后再公布？或是先提问，再用影片或案例故事提供答案线索，之后再核对答案……都是必须先考虑清楚的细节。

　　除了上述的"案例讲述法""举手法""问答法""单选法""复选法"，其实还有"排排看""连连看"，以及把"个案讨论法"与上述的方法混合使用（下一节就会谈到）。

　　在你往下读之前，还是请先停下来思考一下：是不是用了好的教学方法就会有好的教学效果？如果不是，问题出在哪个环节呢？

提高知识转化率

除了上一节整理的"案例讲述法""举手法""问答法""单选法""复选法",大场演讲还有以下几个可以创造、维系互动的比较高阶的操作方法:

排列法

在投影幕上展示出几个打乱次序的事物,请台下观众把正确的次序排出来,譬如像简单的"烫伤之后的处理流程:请把脱、盖、冲、送、泡的正确次序排出来",或是进阶一点的"系统化课程设计的五个步骤:请排出开发、设计、实施、分析、评鉴的正确顺序",像这种有顺序性的,诸如操作流程、SOP、步骤、方法等,都可以应用排列法,让学员思考一下顺序,再说出想法。

你可能想:"啊,直接讲就行了啊,为什么那么麻烦,还请学员排序?"请回想我们一直提到的重点:学习成效的考量。当老师直接把答案讲出来,"系统化教学有以下五个步骤,分别是 A 分析、D 设计……",台下的反应可能是:"听起来很简单啊,不用教我也会!"或者已经出神,没有专心听讲。

老师教了,学生没听,等于没有用。如果讲师在重要的地方暂停一下,用排列法讲解流程知识,学员不仅需要动脑思考,更重要的是:很多大家以为很简单的次序,还真的经常会搞混(很多人应该都有类似经验）。最棒的是：犯错才是最好的学习点！就是因为犯错了，于是留下更深的印象，才会更注意听，不再轻视，或以为老师的论述理所当然。

如果想进一步增加难度，也可以混用复选法和排列法。譬如：先列出六个选项，请大家挑出正确的三个，还要排出顺序。这也是一个好方法。请记得，运用的时候最好给每个答案加上编号，比如一到五或 A 到 E，这样核对答案时会比较简单。

另外，在运用时也要想想：是否在听众选好答案之后，先请人发表一下观点，最好可以听到一些不同的答案（引导犯错）。如果现场都没有错误的答案，就表示题目对当天的听众而言太简单，下一次在设计题目时最好增加一点难度。

个案讨论法

这个方法的重点，在于讨论开始时就准备一个还没解答或需要判断的个案，以 PPT 呈现；或更进一步，以纸本文件发给台下听众。

在哈佛及许多研究所的课堂中，经常采用这种个案讨论法。如何引导个案讨论，让学员发表不同观点并辩论，我们在第 4 章也提到过。只是先前应用的场景是在小教室，如果转换到大场演讲时，所做的个案讨论必须比小课堂稍微简化一些，目的是要请听众从个案的难题中，通过线索及思考找出一些答案，之后再从对比答案以及给出答案的过程中，让听众有进一步的学习，譬如说："如果有选择，你会让火车依原本的轨道撞向五个人，还是转变轨道，撞向一个在轨道施工的工人？"（哈佛大学正义课桑德尔教授讲完个案后提出的问题。)

"请大家从手边这些财务报表中,找出最值得投资的五家公司。"("超级数字力回娘家"的三百五十人大型演讲——提出问题前MJ老师已经发下十几张财报。)

"如果有机会对鸿海集团的人力资源总监做PPT演讲,你提案时应该讲哪些重点?为什么?"("上台的技术"演讲——我的PPT上同时出现六个不同选项。)

一般在个案展示之后,会请台下以小组形式简单讨论一下,当然个人思考也行,但气氛会与小组讨论有极大的差别!所以大场演讲时,小组编成及讨论是许多进阶技巧的重要基础。

探索答案的方法很多,还可以混用先前提过的方法。以桑德尔教授为例,他使用的是开放式问答,逐步引导听众进入道德的两难困境(问答法);MJ老师则是采用没有公司名称的财报文件,让大家看完后挑出潜力公司的编号(选择法);我则是请大家从PPT上挑重点编号,并且把顺序排出来(混用选择法及排列法)。这三个方法,都可以与个案讨论搭配使用。

在大场演讲上运用个案讨论,对讲师的引导能力有比较高的要求,因为个案讨论需要一点耐心,除了要掌控规模比较大的现场外,也要有引导听众说出想法的技巧。更重要的Know-How是:其实听众的所有答案,早就在讲师的预期之中,如果有脱轨的想法,讲师也可以很快引导听众回到讨论的主轴,所以即使现场是开放式的讨论,最终总能朝着讲者期望的方向发展。当然了,讨论终点的归纳及总结,也是讲师展现经验及功力的环节。

不论是题目的设计、现场气氛的掌控,甚至对听众水平的预期。例如没上过"超级数字力"的听众就看不懂 MJ 老师提供的报表，不像自由选修桑德尔教授课程的学生，所以很难热烈参与现场讨论。这都考验着大场演讲师的实力——自在地在大型现场运用个案讨论，可以说这是讲师的终极修炼！

其他方法

除了上述的讲述、举手、问答、单选、复选、排列、个案讨论，以及混合不同方法的技巧，大型演讲现场也可以用影片法（播放影片，再进行讨论或找答案）、配对法（提供两种类型的答案选项，请大家配对。例如一到四类药品，A 到 D 类疾病，请台下听众配对，像是 1D、2B、3A……），以及○×法［请听众依题目是否正确，举手或举圈（以○表示）、叉（以 × 表示）牌，这是我从仙女老师余怀瑾那边学来的］等。但我相信，一定还有很多其他的好方法。

老师或讲师们这么努力地运用这些方法，难道只是要让现场热闹？让气氛活跃一点？当然不是！本书已经强调过好几次：学习成效才是我们最关心的事情！

如果你是充满能量，或有极丰富经历的讲师，无论你说什么，台下学员都会专心聆听，那你真的不需要这些互动技巧；反正再怎么精神不济的人也会全心全意地听讲，并且在演讲结束后给你久久不息的掌声。我的工作伙伴谢文宪就是这样一位杰出讲师！他的演讲总是活力四射，也极具冲击力及影响力，甚至能改变台下听众的生涯选择或未来规划，是我个人见过最具影响力的讲者之一！但是连宪哥也开始在演讲中加入一些简单的互动或选择式的题目，让听众有更好的参与感，不仅觉得演讲精彩万分，更在不知不觉中接受讲者的邀请，成为精彩演讲的一部分。

如果你也希望让演讲有一些变化，那么以上介绍的各种技巧，就是你设计演讲的互动时绝佳的参考方向。

技术可以拆解、练习，更可以组合、精进

所谓学无止境，即使功力强大的讲师也很少停止学习的脚步。

以我的好兄弟林明樟老师为例，记得我第一次和他一起上台演讲，结束后他对自己的表现很不满意，说"我想讲的太多，听众记得的却太少！"，而且用"转化率不佳"来形容这场演讲。

说实话，我认为他对自己太严苛，因为很多听众都觉得从他的演讲中获益良多，但是他不会轻易妥协放过自己。在那场演讲之后，几年来他持续改进，一直思考如何通过更多互动的设计，不断提高自己演讲时的"知识转化率"，陆续加入个案、选择、排序、押注等不同的方法。现在，他的大型演讲功力早就让我望尘莫及了！完全是不同量级的差异，改进的效果立竿见影：现在听众不只"满意"他的演讲，而且每次售票都"秒杀"，抢不到票的朋友都快"暴动"了。（保证没夸张！）

所谓的技术，就是可以拆解、练习、组合、精进的不同手法。相较而言，知识与专业是你自己的核心基础，别人帮不了忙，仰赖平常的累积。但技术是可以快速入门的，只要多尝试几次，一次学习一个，就能够越来越熟练。期待你也可以像我的好友一样，让每场演讲都有更高的"知识转化率"！

应用心得分享

教学，利人又利己的技术

白袍旅人　杨为杰医生（Albert）

韩愈曰："古之学者必有师。师者，所以传道、授业、解惑也。"其实不只古人，我们现代人也需要老师。虽然现在网络信息量无穷无尽，几乎任何知识都能在网络上找到，然而大家可能会遇到的问题就是"我都查得到，但我还是看不懂文章在说什么""看得懂，但是我不会应用"，或者是"对正确的信息做出错误的解读"。这时候，老师就扮演着很重要的角色，而且比起过往，现在的老师可能更需要"教学的技术"。因为现在的学生都很会找资料，但是每个人会遇到的问题并不相同。现在的老师更需要依据每个人不同的状况，帮他"解惑"，进而"授业与传道"。

儿科医生的各种教学任务

我是儿科医生，从十多年前担任住院医师开始，就承担了部分教学的工作。那时候主要负责教导病房中同团队的见习医生、实习医生。担任主治医师之后，有更多的时间要负责民众卫生教育，希望把专业生硬的医学知识，传达给有需要的父母亲。这几年来也担任过超过三百场"妈妈教室"的讲师，少到只有三名听众，多到超过五百名父母亲的场子都讲过。在讲这三百多场的过程中，我慢慢发现如果只把知识列出来，一条条地讲给新手爸妈听，效果其实很差而且很无聊。为了解决这个问题，我去上了关于PPT演讲技巧的课程。在上完诸多PPT演讲课程加上无数的练习后，我的确能把育儿知识更系统性地传递给新手爸妈，父母亲也多半能被我说服。但是，这个时候我又发现新的问题，家长听完演讲后，的确"听得懂、很认同"，但是家长们"不知道该怎么做"。

"医生，你说得的确很有道理，我也赞同。但是我做不到。"

让更多孩子更健康

2017 年年初，当我知道"宪福讲私塾四"要开班时，我就立刻报名，想要精进自己的教学技巧。希望我在教学时，可以让人听得懂，并且做得到。而"宪福讲私塾四"教我们的正是"教学的技术"。原来，教学这件事情，是充满技术与套路的，并且可以应用在许多不同的主题上。上课时，宪哥与福哥教授给我们许多模块化的教学方法。从开场的建立信任感，到规划每一段落的课程，到最重要的实地演练与最后的结尾，无处不是技术。出版、教养、课程、销售、社群经营等主题，都能使用"教学的技术"，而且可以把课程运作得很不错！学习这些技术当然是辛苦的，但正是因为这些系统化的技术，才能让一个教学素人得以快速掌握教学的精髓。

在讲私塾课程后，我接了一些很有意思的课程，也应用了学到的"技术"。2017 年 8 月，应桃园市卫生局之邀，要帮一百多位公立幼儿园的老师们上课，跟他们谈谈儿科医生认为重要的健康议题。那次课程，我把一百多位老师分组，几乎没有条列式的演讲，而是利用一个又一个的活动，例如小组讨论、上台演练、分组竞赛、填字游戏、影片教学等等。把肠病毒、流感、牙齿保健、儿童肥胖、3C 使用等生硬的课题，融入课程规划中。我最感动的是，课程结束时，老师们立刻告诉我，他们会把当天上课学到的知识，带回他们的工作场域，希望可以帮助孩子变得更加健康。身为儿科医生，可以用这种方式去帮助更多的孩子，这也是当初我在学习"教学的技术"时始料未及的。

离开教室前就学会

过去，我总以为教学需要几十年经验的累积方能有小成。而生硬的题目也只能强迫学生硬吞，"这个就是这么难，我也没有办法"。但后来我才发现，教学的技术其实可以无限复制。每位教学者当然会有不同的风格与模式，也都需要练习，但是教学的核心——"帮助每一位学员，在离开教室前就学会"——始终是不变的。通过学习"教学的技术"，可以极快速地缩短学习曲线，应用在自己的工作场合！

衷心推荐每一位有教学需求的专业人士，善用教学的技术，帮助自己的学员、部属、客户。

教学，绝对是一项利人又利己的技术！

应用心得分享

"教学的技术"学用之路

台湾师范大学教授兼院长　许佩贤

"你们从小学、初高中到现在读大学,觉得学校很好玩,在学校交到很多朋友、学到很多东西的请举手。"

有约一半的人举手,"好的,谢谢,请放下。觉得学校很无聊,教官管得很多,上课想睡觉,网络比学校更好玩的同学请举手。"

大约另一半的人举手。

"好的,谢谢,请放下。冤有头、债有主,我们今天就是要来跟大家算一算这笔账,到底学校是怎么来的,我们为什么要上学,在学校好像可以学到很多东西,但学校又爱管那么多,很烦。为什么有这种两面性?这就是我们今天的主题——近代学校的诞生。"

通过开场的问答,让底下无奈又无聊的大学生抬起头来,看看我到底是想搞什么把戏。这只是开始,等一下我会让他们忙到没空无聊的。

抛弃"只有讲述法"的教学

教书以来,每次我都准备丰富的课程内容,"讲"给学生听,但是学生都爱听不听的,怎么办?说来羞愧,这么多年来,我都不知道有"教学的技术"这种"技术",而且这种技术居然可以教科书化,可以教、可以学。

几年前,我曾经想可能是我的 PPT 做得不够好,不能吸引学生。所以我去上了新思惟的 PPT 演讲课,也上了宪哥、福哥、震宇老师合开的"超级简报力"。虽然叫 PPT 演讲课,但他们的重点都不是教怎么把 PPT 做得漂亮,而是重视有效的说服或表达,其中也包括了一些课程运作的原理。PPT 我觉得没问题了,上课的状况也改善了,但好像还是哪里不足。

前一阵子福哥开始在网上写"教学的技术",每一篇我都认真看,仔细揣摩"如果是我的历史课,可以怎么做?"不久后收到通知,福哥要开"教学的技术"公开班,我当然第一时间抢着报名。一整天的课程,不是只有上课时间才是上课,而是从走进教室起,每一个环节都是在告诉我们某个"教学的技术"。啊,原来有这么多教学的技术。

上完课后,当然学习了很多,也受到很多的冲击。但我认为有一个立刻可以做、应该做的改变就是放弃"只有讲述法"的教学。课堂上可以搭配问答、小组讨论、实作演练,配合适当的道具和技巧,更有效地让学生学到我们想让他们学习的东西。

从教室到大型演讲都有效

近年我在必修课中加入 PPT 演讲的课程,学生除了要会做研究,也要学习怎么把自己的研究有效地讲给别人听。上完课程"教学的技术"后,我试着应用上课学到的技术。今年的课堂上,我先简单讲解原理(我说给你听),接着用学生做的 PPT 演讲为范例,改给他们看(我做给你看)。然后我在课堂上播放杨智钧医生的 PPT"外科医师大灭绝"(影片教学),看完后让每个学生上台在黑板的两边分别写下自己观察到的演讲技巧及 PPT 设计特色,结果几乎每个人都可以观察到重点。隔周换学生上台做 PPT 演讲(让你做做看),整体来说我自己觉得大部分学生的

PPT 演讲能力在两周内有很大的进步。

最近一次演讲，听众是一百人左右的大学生，约一小时的课程，介绍我自己的研究主题——教育史。开场两分钟介绍我是谁，为什么是我来讲这个题目。请大家站起来，三个人组一组，选好组长坐下。然后，说明等一下演讲中有问答，组长负责计分，两分钟介绍今天的奖品和计分原则。课程开始，配合 PPT 的内容，同时用问答法教学，有抢答，也有小组讨论，然后让学生上台发言。把本来想用讲述法表达的东西，拆解成设计过的可以抢答、小组讨论的题目或活动，确保学生集中注意力，才有可能进行有效的教学。

为什么我只上了一天的课，就学会了"教学的技术"呢？因为福哥的教学技术很强大，学完马上就可以用，这就是有效的教学啊！不过，学会是学会，还是需要多练习。

应用心得分享

从 PPT 到教学的换位思维

高雄医学大学附设医院家庭医学科主治医师 黄柏诚

回首自己过去几年,在 PPT、演讲、教学领域的成长之路,可以分成三个阶段:

第一阶段:PPT 的艺术

从坊间的 PPT 书籍、专业的指导课程和实践当中学习,融入摄影、广告的聚焦重点手法,搭配简约干净的风格,让我从 PPT 设计中得到许多乐趣和成就感。擅长 PPT 的设计,使我得到了一些掌声,但也慢慢遇到瓶颈:每一张 PPT 或许都传递了一些信息,但整体没有很适当的组合和脉络,也不知道怎么引发观众的兴趣和关注。于是我参加了福哥"上台的技术"课程,探索上台的秘密。

第二阶段:上台的技术

这个阶段得到的启发,就是 PPT 其实只是上台环节的一部分。从思考目的、组织材料、开场吸引注意力,到使用各式素材和故事、和观众互动、结尾回顾重点、唤起实际行动等等,让我眼界大开,终于知道了整个上台过程环环相扣的细节。从自己选定主题、刻意练习上台的技术,到以指导者身份观察别人上台并给予反馈,加深了我对学习内容的印象。有时不免好奇,这么有效的学习方式是怎么设计出来的?福哥的这门"教学的技术"课程,开得正是时候。

第三阶段：教学的技术

　　课程里最大的体悟，就是所有看似写意的教学段落，实则都经过了精准的设计。如开场时营造信任感、凝聚团队动力、分组讨论、选择辅助教学的背景音乐，示范到演练再到反馈的技巧，课程设计如何兼顾目标与内容，点数奖励、排行榜等游戏化元素，当然还有最后集大成的综合演练。每个学习阶段都有一个核心，再以种种教学手法包覆其外。

　　课程也带领我重新揣摩新手的学习心境。我是喜欢教学的，尤其是把复杂的内容化繁为简，用好懂的语言、视觉化地呈现传递出来，是件很有成就感的工作。身在教学医院里被赋予教学的使命，有时会觉得自己渐渐忘了当初像张白纸、什么也不懂的感觉。当自己努力解说的内容，换来的是台下学员困惑的表情，甚至有学生就此放弃听课时，我相当受挫。教学的技术课程让我发现，没有枯燥的内容，只有无趣又不贴合初学者想法的教学方式。

　　参加过课程后，我把过去偶尔在课堂上使用的手法升级，陆续加入分组、问答、讨论、竞赛与积分等元素，不出意外地，当学生不再只是被动聆听和看 PPT，而是被带入一个从学习中得到成就感的情境，亲身思考和参与知识的建构过程，他们便产生了热情，效果自然也不再打折扣。学生甚至会提出令人激赏的问题，向老师发起挑战；老师的作用也不再是单向的传递，而是点起火苗，让燃料自己持续延烧。

　　这是一趟未竟的学习之旅，从过去以自己的传达呈现为中心，演变成以台下观众的最后收获为目的，每一段的修炼，都成为下一段的养分，彼此层层相叠。

第 7 章　更上层楼的实战技巧

在不确定中寻求确定性

教室管理：手机与电脑

如何准时上课？从第二堂课开始

音乐的重要性

抓紧时间，才会忘记时间

翻转企业教学——不用教也能学

"教学的技术"能在学校应用吗

常见问题

应用心得分享

在不确定中寻求确定性

有次去某金控公司做演讲，我照例在正式上课前二十五分钟就抵达现场，开始测试设备及音效。

然而，才刚把音源线接上笔记本电脑，喇叭便突然响起"嗡——"的声音。HR 手忙脚乱地请工程人员来，说是这个场地的音源线常有噪声，需要一点时间排除，请我在旁稍候。

你一定会这样想：可是等一下演讲就要开始了，万一时间到了还没处理好，这可怎么办？

看着 HR 像热锅上的蚂蚁跑来跑去，我淡定地打开包，拿出随身携带的外接小喇叭，接上我的笔记本电脑，把话筒靠在外接喇叭旁，按了一下音乐的播放键，现场立即响起音乐声，而且一点噪声也没有。设备人员惊讶地看着我："老师，这是您自己带的吗？"

切换到另一个场景。那是我第一次到台湾地区最高阶的科技研究部门教课。连续两天，一天在新竹科学园，一天在台北。第一天，一早走到教室开始测试设备时，现场人员问我："老师需要遥控器、电脑、音源线吗？"我笑着说："不用，用我自己的就好。"承办 HR 这时刚好走进教室，听到我们的对答，不禁瞪大了眼睛说："老师什么设备都自己带！这样不会很重吗？"因为时间还早，我便问他："你看过职业棒球比赛吗？"他点了点头。

维持相同的高水平表现

如果你也看过职棒比赛,一定早就发现职棒选手都会带自己的装备,球棒、手套等一定用自己的,而且往往是一模一样的两个手套、三四根球棒!因为这些装备自己每天接触,用起来最顺手。

很多职业讲师还有某些怪癖。除了比赛会穿自己习惯的内衣,做完全一样的进场动作,还有譬如永远先踏出左脚,挥棒前先晃三下,或像篮球选手罚球前先拍两下球。

"这些动作的目的并不是迷信,而是在不确定的状态中寻求一种确定性!"我说。

"在不确定中寻求一种确定性?这是什么意思啊?"HR 问。

职业讲师生涯中面对的比赛,没有两场是完全相同的,但他们的工作要求,却是必须在每一场比赛中都有同样优秀的表现。我们职业讲师也一样,每次在不同的公司、不同的培训教室授课,面对不同的学员,也都有不一样的挑战,但每一次上课都必须有同样高水平的表现,才能让学员满载而归。为了在每天转换的教学现场有相同的好表现,这几年下来,我也有了一些"怪癖"——固定的教学准备,好让我在不确定的状态下都能拥有确定的好表现。

以下两大部分,就是我每次上台都会努力确保的事。

设备不会出问题

除了投影仪外,基本上全套的设备,像笔记本电脑、小喇叭、遥控器、小时钟,我都会随身携带,特别是笔记本电脑和小喇叭。

如果上课时使用现场的电脑，经常会有文档格式不合、字体变化，或是影片无法播放的状况；音源线也经常发生问题，不是传送不出声音，就是夹带恼人的噪声。这时只要一个小喇叭加一个话筒，就可以马上解决声音播放的问题。

此外，遥控器我也建议带自己顺手的，不建议用主办单位的或跟其他讲师借。我就遇到过用别人的遥控器，造成切换不顺的状况。相信我：如果这些不确定因素你都可以用确定的设备解决，每次上台授课或 PPT 演讲前，你都会非常有信心！

建立一套固定的上台流程

每次上课前的准备阶段，我总是遵守一个固定的流程：设备确认→声音测试→投影仪投放→切换检查，甚至还会确认一下现场桌型的排法。

上台前，我习惯去洗手间照一下镜子，看看自己的状态。如果当天不用那么正式，我穿的都是铁灰色的 Polo 衫，几年来都是这样。如果当天必须穿着西装上台，我会好好地照着镜子把领带打好。这样通过一套固定的仪式，让自己转换进入准备上台的模式。

前提：提早到场

在每个不确定的环境下发挥确定的好表现，是每位职业讲师追求的目标。身为职业讲师，我一定会带着自己最顺手的设备，建立一套固定的上台流程。除了避免意外，这些其实还有强化心理的作用。

前提就是：你得提早到现场，才有时间去好好准备，让自己进入一个好的状态。别忘了，这些要求不但能让你每次上台有固定的好表现，更能让台下的学员有很多收获。

教室管理：手机与电脑

知名国际大厂的企业内训课程再过一分钟就要开始了，但我看到，坐在最后面的两位销售主管还是没打算关掉笔记本电脑，所以我请 HR 再宣布一次："上课时请把电脑关上。"让大家可以专注在课程上。没想到，HR 面有难色地跟我说："老师，这两位主管临时接到一个重要任务，早上必须先完成一份销售报告给老板。所以，可不可以让他们电脑先开着，一边上课，一边处理一下重要公事？"然后，HR 带着恳求的口气说："我保证，任务处理完后，我就会马上请他们合上笔记本电脑。"

这个时候，如果讲师是你，你会怎么做？

再换一个场景。这回是某科技大厂业务培训现场，才上课没多久，坐在角落的 Tom 手机就响了，他接起电话，用手捂住嘴巴，放小音量说："我在上课……对对对，那个出货单打错了，要修正……正确数量是……"虽然他已经尽可能放低音量，但还是足以让全班知道有人在打电话。没想到，电话才挂掉没多久，下一通电话又来了……

再一次，如果讲师是你，这个时候应该怎么办？

一发不可收拾的"传染病"

上述这两个场景，都是极为真实，几乎每位讲师都会在企业内训现场遇到的问题。如果你放着不处理，这些动作或行为马上就会像传染病一样蔓延开来！

你觉得这么形容有点夸张吗？好，我们来推理一下这两个场景的后续发展：

场景一的主管，一边上课一边开着笔记本电脑处理公事，只要你不处理，接下来就会有更多学员打开笔记本电脑处理公事（你有待办急事？我也有！），然后大家都在看笔记本电脑（处理公务者有之，但也有人在刷动态或用社交软件聊天），学习成效一落千丈。

场景二的电话，相信我，就算学员只有十几个，电话也永远接不完！第一次不处理，接下来手机铃声就会响个不停。打断上课的节奏是小事，影响学习才是大事！（你喜欢在上课时，听到旁边有人打电话吗？）

所以，结论是：身为教学者，你必须在一开始就有技巧地进行教室管理，建立教室规则。

千万别和笔记本电脑争抢注意力

每回一开始上课时，我都会请 HR 宣布："请大家把笔记本电脑关上！"为什么要请 HR 宣布，而不是讲师自己宣布呢？请先思考一下，最后我会公布答案。（你猜到原因了吗？这又是一个 Know-How）而我也会在课程开始就预先讲明中间下课的时间，让学员清楚知道何时、有多久能够专心使用电脑处理公事。

你会发现，只要笔记本电脑一关上，大家的视线便自然投向教学者及台上，更专注于学习，效果及互动也会变得很好。千万不要和笔记本电脑或社交软件争抢注意力，直接关掉笔记本电脑才是解决之道。

像场景一的情况，当天我直接建议 HR："请主管先回办公室好好处理完公事再来上课，这样效果更好。要不然，人在教室，找资料及回信息都不方便。"语气一定要平和，态度却永远坚定。

说完之后，其实 HR 懂得我的坚持，于是就敦请身有要事的主管先回办公室处理公务。以那一次经验为例，中午时，那两位主管都给 HR 发了信息：谢谢讲师的体谅！并且说，下一次有机会一定会好好来上课。

手机管理

基本上，在我企业内训的现场，很少很少听到手机响（至少这半年来都没听到过）。不管是多知名、多忙碌的企业，学员上课时手机都不会响！而且，并不是因为我强制要求，或是请 HR 在大家进教室前设置一个"手机集中营"，暂时没收大家的手机（真的有企业这么做）。

我的做法很简单：课程开始，在完成开场自我介绍及课程说明之后，我会请大家配合我三件事，其中一件事就跟手机有关。

我会说："请大家配合，今天上课时都把手机调到振动或是静音！我知道各位很忙，如果真的有紧急或重要的电话，可以直接拿着手机到教室外面说，完全没有问题！说完记得回来就可以了。所以，今天请大家在教室中时，手机不要响，不要接电话。"

一说完，我就会刻意走到一个学员前面，然后问他：

"那如果在上课过程中,有人手机响了,你猜会怎么样?"(只停顿两秒钟,让学员来不及回答)

"答案是,不会怎么样!"(现场多半会大笑)

"我们今天没有任何惩罚机制,如果有人手机响了,完全没事!但是其他每一组立刻会拿到 5000 分的筹码!(大家又大笑)然后,请不要故意给别组打电话,这样不道德。"(再一次大笑)

就只是在开场跟大家做了这样的约定,我在过去十年的企业教学现场,真的很少很少听到手机响!这样半开玩笑的方式,不惩罚手机响的人而是奖励其他小组的做法,也让我们不曾因为手机管理的问题,破坏学员上课的心情。反而当上课中途有人手机响的时候,其他人都很开心,甚至还有人欢呼呢!

正视事情的根源

手机与笔记本电脑,都是抢夺学习注意力的现代工具。为了取得更好的教学效果,上课之前我一定会想办法和学生约法三章,减少学习的干扰。

当然,也不排除有人用笔记本电脑做笔记(到底是在做笔记还是处理公事,有经验的老师一定看得出来)。笔记是没问题,但处理公事一定会严重影响学习。

不过如果等到开场后才宣布关笔记本电脑,这时开场时讲的一些重点,例如自我介绍或课程内容,台下多半因为注意力集中在笔记本电脑上,反而没怎么留意去听了。可是如果一开始还没建立信任时,就请大家先关上笔记本电脑,感觉上好像讲师一开始就当坏人，这当然不会是什么好事，所以我才会请 HR 帮忙，在上课前就宣布："今天的课程不会用到电脑，请大家把电脑合上。"万一有人坚持不合上……讲师在一开始上课时再处理一下，就可以了。至于手机调振动或静音的部分，我则会等自我介绍完、进行课程约定时宣布，请大家承诺配合。

不过，回到所有事情的根源：你教的课，是不是让学生觉得有价值，值得全心投入、全神贯注？是不是丰富到让台下连拍照的时间都没有，更不要说打开电脑了？那就是另一个层次的问题了。

如何准时上课？从第二堂课开始

还记得第 3 章谈过的"上课该不该准时"吗？我们讨论到第一堂课开始时，面对姗姗来迟的学员，讲师究竟应该选择准时开始，还是要等一下？

你也应该还记得，我是这样认为的：从讲师的角度，提早到现场才是准时！但从学习的角度，还是要看学员报到的状况，最好是 80% 以上学员到齐后再开始上课，以免陆续进入的学员打乱了课程开场时的讲授。我在那一节里提供了几个秘诀：请 HR 预告时间，不要惩罚准时的人，还有老师站位的考量。这些指的都是第一堂课开始之前，因为老师和学员还互不认识，也无法控制报到以及开始的时间，就只能请 HR 多加协助。

三大核心做法

但是，如果是半天或一整天的课，中间就一定有几次下课休息再回来上课的情况。从第二堂课开始，好的讲师一定有办法控制课程时间，让大家准时回来，继续准时上课！

做法就是这三大核心：下课前提醒、游戏化计分、以身作则！接下来，我们就一一来看这三件事要如何做。

下课前提醒

宣布下课时,讲师一定要同时提醒:"我们下一堂课会准时开始,请大家在××点××分准时回来!时间以教室内这个时钟为准。"重点是,还要补上一句,"各位回来的时间,会与小组成绩有关",或是"下一堂课全组准时到场的就加 1000 分"。类似这样下课前的提醒,预告了下一堂课准时开始,而且会列入小组记分。

游戏化计分

预定上课的时间一到,我一定会准时开始,并且问台下:"请问哪几组已经到齐了?请举手让我知道。"这时到齐的小组就会有人举手,我则依照先前提到的方式来加分!如果某个小组因为人没到齐而无法加到分数,小组成员自然会感受到团队压力,不需要老师再出手点名迟到的同学。

当然,这么做的前提是:老师已经开始进行课程游戏化的计分操作,并且有相对应的积分、奖励、排行榜的机制。否则这个加分就不痛不痒,没有意义了!

要特别提醒的是:"我们只有加分,没有扣分!"永远采用正面奖励,别用扣分惩罚学员。另外,不需要增添团建元素,像是全组到齐时手牵手说"到齐",在课程中加入游戏元素并不是团建化,不需要这些过度的操作。

以身作则

老师要求学生准时上课,自己当然也要做到。千万不要说了几点几分开始上课,结果老师自己反而迟到!只要老师在预定的时间前出现在教室里，时间一到就准时开始，学员就知道这是玩真的，下一堂课也会准时回来。

先前已特别提过，我甚至还会校准教室里的时间（把时钟拿下来调时间），这样大家才会有一个共同遵循的依据。

先播种，后收获

当然了，你也可以什么都不预告，第二堂课时任由大家姗姗来迟，然后让准时回来的学员和讲师一起等待晚进教室的人。但是，这也可以说是对准时学员的一种惩罚，极可能导致大家越来越晚回到教室，简单说就是开启了"恶性循环"！

另一个极端做法，则是不管回来了多少人，反正时间一到就准时开始，晚十分钟回来的就听不到前十分钟的课。

我认为，这两种做法都对老师和学生有害无益。其实只要通过采用"下课前提醒、游戏化计分、以身作则"三大做法，从第二堂课开始，至少会有95%的学员准时结束休息，回到座位上，之后每一堂也都能顺利开始。当然重点还是整体课程游戏化的设计，才会让这样的操作更顺畅。

音乐的重要性

上过宪福育创系列课程的伙伴们，可能都已发现，我们非常注意音乐的运用。

课程还没开始，授课现场就会响起轻轻的音乐声，陪着大家入座；小组讨论开始时，会有一段比较急促的音乐催着大家；下课及中午休息时，则会播放柔和的音乐让大家放松一下；课程竞赛宣布名次时，伴随着激励人心的乐声。甚至当课程结束，学员在填写问卷或收拾东西时，音乐也会伴随着大家到离开教室为止。

简单，却摸索了许久

在刚开始教课时，我其实也没有那么注意音乐，反而是在有几次听了不同客户的建议后，才慢慢学会如何应用。就像很多现在觉得理所当然的Know-How，全是摸索了很久才知道的。

如今回想，有一次我去知名跨国公司教课，提前半小时先到现场检视设备。我一边测试，学员也陆陆续续进场，现场只有学员轻微的交谈声，以及我测试设备与话筒的声音。当时的HR看着我，提醒我："老师，你电脑里面有音乐吗？要不要先放一点轻音乐，让现场气氛不那么冷？"他这么一提醒，我就懂了！课前报到大约有二十分钟的空当，如果让学员在一进来时就能听到轻松的音乐，多少会让大家的心情更愉快。

即便那时就已经开窍，我还是没意识到运用音乐的另一个时机点（再一次，一个简单的 Know-How 却要摸索很久），也就是小组讨论或演练准备的阶段！以前在请学员开始讨论或练习后，我只是口头倒数时间，来催促大家加快进度。（还记得小组讨论的操作秘诀吗？）可是，有一次我回到老东家上讲师培训时，我的老领导照哥提醒我：讨论阶段放一点节奏明快的音乐，可以帮助大家无形之中加快脚步，也让现场的气氛更热络！我立刻采纳了这个建议，果然取得很好的效果。从此之后，我就非常注意课程中音乐的使用。

搭配得宜，效果才会好

当然，要在课程中用对音乐，达到画龙点睛却又不干扰课程进行的效果，还是有几个要注意的地方：运用时机、音乐类型和播放方式。

运用时机

当教学过程中出现长时间空白，也就是讲师不讲话，让学员讨论、演练时，或者纯粹是下课时间，一开始的报到、午间休息，以及下课结束到学员离开教室前，这些长空白的时段，都可以搭配一段淡淡的音乐。对于教室现场的气氛，会有很多的加分！

每次我进入教室现场、打开电脑设备后，第一件事情就是让音乐淡淡地播放出来，整个空间瞬间让人感觉很好。课程结束后，我也不会马上关电脑，赶着收东西，而是让音乐放到最后，陪伴学员完成一天的课程。虽然是很小的细节，但就是这些决定了讲师是职业的还是业余的。

音乐类型

音乐的作用是背景陪衬，所以我个人的习惯是用无人声的纯音乐，相对不会造成干扰。在网络或视频网站上，都可以找到许多没有版权问题的音乐［用"无版权音乐"（No Copyright Music）关键字找］。依据现场的气氛，可以搭配不同调性的音乐。譬如：讨论时可以用轻快的音乐，报到或休息时则用轻松的音乐，颁奖时改用激励人心的音乐，心得分享时可以用感性一点的音乐。

每个人喜好不同，音乐的选择也会不同，但是我建议，同一个氛围只选一段同样的音乐，譬如课间讨论跟演练都用同一首曲子，一整天下来，只要这音乐一播放，无形中就暗示学员要开始讨论了。教学时，暗示的一致性是有帮助的。

播放方式

最好的播放方式，是把音乐嵌入PPT，与上课的节奏完全整合在一起。也就是当PPT出现讨论或演练主题后，下一个按键就是音乐播放，然后再下一个按键就让音乐停止，讲师甚至无须点击播放/停止键，整体节奏才会更明快。老师一说"请大家开始讨论或演练"，下一秒钟音乐马上播出来！

当然，如果是上课前、中场休息和下课后，播放音乐的时间比较长，节奏要求没那么快，就不需要整合嵌入PPT了。

还有，音量的大小也要控制好。最重要的是不能喧宾夺主，干扰课程的进行！讨论时播放的音量要小一点，让学员都听得到却不受干扰；反之，颁奖时的音乐要响一点，才会营造出热烈的气氛。这些都需要讲师们事前多多练习,当下仔细观察现场的变化,"配乐"的功力才能日益精进。

重视细节,追求极致

在课程中,音乐虽然不是"必要"条件,却能由此看出职业讲师与一般讲师的细微差别。我身边的好友讲师们,对于音乐的喜好各不相同,但相同的是:都懂得运用音乐来调节现场气氛!

说实话,大部分的教学现场,其实不用,也不一定需要讲究这些细节,只要老师教得好,一切都没问题!但是,身为(或有志成为)职业讲师,你就必须在每个教学细节中追求极致的可能性。音乐只是过程中的一个手法,最终的目的还是让课程更精彩,让学习更有效,让学生有更多的收获!

抓紧时间，才会忘记时间

性格内向，却常需要站在众人前做PPT演讲的Joe，报名参加我的"专业简报力"课程。在第一天的课程结束后，Joe对我提出了一个他遇到的问题：

"课程节奏超级快，大家压力超级大！您抓紧每段的时间，还不断在倒数！课上完之后，我跟几位平常容易紧张的同学都胃痛了啊！以后课程可以拉长一点、放松一点吗？"

我笑着回应："因为上课而造成大家胃痛，是我的不对！但是，时间压力及节奏压力，都是刻意而为的！"

"刻意的？为什么？"顺着这个疑问，我在好好解释之前先问了Joe几个问题：

"上课的过程中，你有没有犯困或打瞌睡？"我问。

"开玩笑！连精神集中都快跟不上了，脑子转到发热了！"他这么回答。

我接着再问："那你刷过手机、检查过邮件吗？"他摇了摇头，给我一个苦笑，脸上写着："根本没有时间刷手机。"

最后一个问题，我问："刚才演练时要派人上台，你犹豫了吗？"他想了一想说："因为时间很紧，我们根本来不及犹豫，就赶紧上台了，所以好像也没有想太多。"

塑造出"心流"状态

当然,一般的课程都是平顺地(或是缓慢地)进行,不会有太大的压力,也就是说,学员也许只要用一半,甚至更少的注意力,就能跟上讲师的进度。然而,这也表示学员会有很多的时间来胡思乱想——想工作、想上网、想回信,想看其他人在做些什么。如果节奏再放慢,就会有人开始打瞌睡了!

反过来说,如果讲师能抓紧上课的时间、掌控节奏,甚至刻意创造一点时间压力,让学员一定要全心投入才能完成讲师交付的任务,你就会发现学员没有时间发呆、没有时间犯困、没有时间刷手机。如果再加上一些教学技巧的运用,以及扎实的课程内容,甚至可以塑造出"心流"的状态:在强大的时间压力下,让学员反而忘记了时间的流动!虽然每一段讨论都需要时间,但一整天课程上下来,学员会觉得时间过得很快,甚至忘记了时间。

加快课程节奏的方法

当然,要让学员达到这样的状态,其实也没那么简单。下面几件事有助于增加课程中的时间压力,并加快课程节奏:

宁愿紧而不要松

课间讨论或演练的过程中要控制好时间,这方面已在"小组讨论法"及"演练法"中谈过了。除了抓紧时间外,讲师也应该主动倒数，提醒大家留意时间。另外，音乐的搭配也可以营造更紧张的氛围。

不断转换教学法

加快课程节奏的另一种方式，就是不断转换教学法。技巧一个接一个、讨论一个接一个、演练一个接一个，教学法无缝切换，但仍扣紧课程主题。一直讲述当然就会感觉节奏很慢，反过来说，如果一直演练也会让人太过疲倦。因此不能一个方法用到底，而是要设计不同的教学法，在过程中持续变换运用。

但一定要记住：不要偏离教学目标！不可只为了多用方法而转换方法，要以学习成效为导向，判断换用哪一种方法。

改变根本观念

相信有些讲师会觉得，学得快就代表学得不扎实。但我们不妨换个角度来看：学得慢，就一定学得扎实吗？尤其是对企业讲师来说，大部分的课程都被要求在一天内讲完，因此不但我们没时间慢慢教，学员也期待现学现用！实务上，像 MJ 老师的数字力课程，可以把原本四个学年都学不会的财务报表，让学员在一天之内学会，而且还能实际应用！还有一天之内就能学会创新的思考技巧（Adam 老师的课），让你能够说出影响力与教出好帮手（宪哥的课），或是变成一个会说故事、写金句的故事王（火星爷爷的课）。还有太多太多的企业讲师，都能在一天内让学员大幅改变。所以，不要再说课程太短、上课太赶，而是要想一想：你的课程节奏够快吗？你有没有善用时间的压力，来吸引学员的注意力？

因为压力而忘记压力

经过我这些解释后，Joe才完全清楚，原来所有的课程压力和计时，都是老师故意为之的！目的是让大家在时间压力下，忘记要上台完成任务的压力。因为不断关注每段讨论的时间，反而忘记了整个课程的时间。Joe也在上完课后华丽变身，踏上PPT演讲的大舞台并取得了更好的成绩，帮助他服务的组织在全世界提高了曝光度，并真真实实地募到了更多的善款，用以帮助贫困的家庭及儿童。撇开压力不说，这才是学习真正的意义，不是吗？

翻转企业教学 —— 不用教也能学

很多公司的新人培训，都有两门很不好教的课程：公司简介与产品介绍。

照理说，每一个新人都必须知道公司的状况，熟悉产品的细节。这也是这两门课难教的原因：必须采取大量讲述法！而且，在新人不懂公司历史或产品细节的状况下，很难进行有价值或高水平的讨论。而单向式讲述的结果，便是老师在台上讲了一箩筐，台下的新人却只吸收了一丁点儿；听讲的时候好像全听懂了，一旦新人面对客户，要介绍公司或产品时又往往有不少问题。

高科技大厂培训讲师 Ann 就遇到了上述问题。每次教这两门课时，台下总是沉闷无语，讲师也不知道学员懂不懂；问的时候大家都点头，可是真正要验收学习成果时（还记得演练法的技巧吗？演练就是一种验收！），大家又表现得不好。"到底要怎么办？"有一天他问我。

"很简单！既然这两门课不容易教，那就不要教！"听我这么说，Ann 以为我在开玩笑，急忙回我："不行呀！这是公司新人培训必上的两门课，新人一定要学，不能不教啊！"

"我只说你不用教，并没有说学员不用学呀！也许不用教，大家还学得更好！"听我这么说，Ann 更迷糊了。

教室外的学习

面对一些很难在教学上有所变化，或是很基础的课程，像上述的公司简介、产品简介，或是基本技能，如下载某一个软件、建立某些账号，或是新进同仁必须了解的基本知识或信息，其实可以考虑不在教室里教学，而是设计成课前作业，请同仁回去自己准备！这样每个人就可以依照自己的进度学习，或是去找必要的资料，便不会在上课时感到枯燥无聊。

当然，为了取得更好的学习成效，讲师必须设计一些课程的活动，用来验收大家的学习成果。譬如以"公司／产品简介"的课程为例，讲师可以直接把课程设计为：请新人自行寻找相关信息，当天来教室时，会请每一位都上台进行五分钟的公司／产品简介 PPT 演讲（时间可视总人数自定），并接受讲师与其他学员的提问。最好再加上一句："当天的表现，也是各位通过试用期的考核标准之一！"

你觉得，如果这样设计课程，学员会不会很认真呢？

我已不断强调，如果上课时，老师只是把原来已经整理好的知识，再次在教室中复述一遍，这样的课程真的有价值吗？为什么不让成人学员自己去找资料、自己做功课、自己摸索及学习呢？这样的方法，也许会有更好的效果。

老师的任务

当然，学生自己学习时，老师也不能闲着。最起码，老师要思考一下这三件事：

明确的作业目标及资源

老师如果希望让学生在课堂外自主学习，就应该让学生清楚了解：课前作业有哪些目标？预期获得什么样的成果？最好逐项列出作业的要求，并提供一些指引，让学生知道可以从哪些地方找到资料。

以前面谈到的公司／产品简介为例，讲师必须让学员知道：课前作业的目标是假设新人遇到客户时，要能做好五分钟的公司／产品简介，并回答客户随机提出的三个问题。相关的资料，可以在公司网站或从公司产品手册里寻找，也可以问一下例如业务部门的某几位同仁，他们是有经验的优秀员工，会很乐意回答新人的问题。

设计验收方法

先排除笔试这个选项，因为企业内训的核心从来不在于知识的背诵，而是实际的运用。因此，如果是操作型的技巧，那么设计成演练是很好的做法。像公司简介或产品介绍，就直接请学员在课前准备好，上课时直接上台做公司简介或产品介绍，并且可以进一步模拟真实情境，请台下其他学员从客户的角度发问，或给报告者反馈，这样会有更好的效果！

通过"公司简介"或"产品简介"的演练，讲师也可以清楚了解每个人吸收知识的情况。

设定中间检查点

人总是有惰性，千万不能等讲师进到教室，才发现有人没有完成课堂外的作业。因此，一定要在课前就设定检查点或交作业的时间。甚至要有多个检查点，才能确保课外学习是真实而完整的。像我跟宪哥、何飞鹏社长一起开的"写出影响力"课程，教大家写作技巧以及如何出版一本书。由于写作这件事，在学习技巧之外，关键还是要真的动手去写才行，因此我们在课前作业中就规划了很多的写作练习（超过十篇，共计约一万五千字）。而且每个人最新的进度都必须公布在课程社群中，虽然很严格，但效果非常好。因为这样的课程设计，有几位学员在课程结束后不久，就真的出了他人生的第一本书。

进不进教室，考量的都是成效

只要是基础的课程，讲师都可以先想一想：这个课程是在教室教好，还是在教室外学习更好？

成人学员是有自主学习能力的，很多时候，需要的只是老师的精心规划：哪些部分可以设计成课前作业？怎么明确设定目标？如何提供必要的资源及支持？最后才在教室里验收成果。

这个做法很像是好友台大教授叶丙成老师推动的"翻转教学"。不过，虽然翻转了学习空间及时间，从教室内移到了教室外，但核心还是不变：怎么做才会有更好的学习成效？这一点，永远是一切教学技术考量的核心。

"教学的技术"能在学校应用吗

了解了许多"教学的技术"后，不免会有老师质疑："这些教学的技术确实可以用在企业培训现场，但也能够用于学校教学吗？"

先讲结论："职业级的教学技巧，当然可以运用在校园的教学现场！只是，使用时要做一些适当的转换。"

学生比企业人士更好教吗

大学生比企业的专业人士更好教吗？我的经验是：不！

在当职业讲师的初期，我曾经在三所大学授过两个学年课。既教过日间部、进修部，也教过二技、四技及五专[1]，公立与私立都有，选修和必修都教。

当初因为是兼职，教的科目很"多元"。除了基于EMBA的背景教了营销管理，也因为那时在大陆公司当顾问而教了大陆市场研究，还因先前金融保险业务的工作而教了财务投资、商业保险、期货与选择权。当然我最熟悉的电脑软件Joomla，也是我授课的科目之一。

---

[1] 二技、四技及五专都是台湾地区特有的学制。二技是供专科生就读的二年制技术学院，四技是供高职生就读的四年制技术学院，五专是初中毕业生可以就读的五年制专科学校。

我可以斩钉截铁地说，相较于企业员工，大学生并不会更好教！而且不论公立或私立，日间部、夜间部或进修部，十年前如此，现在也还是如此！

我曾经遇到过学生第二堂课才来，手上还拿着一个篮球；我也曾见过许多学生，上课时无神又无奈地看着台上，好像仅仅坐在教室里就是一件非常痛苦的事！（我真的很想说："同学，没人强迫你好吗！"）至于进修部的同学们，往往都得白天辛苦工作后，晚上再来学校，放空更是司空见惯。即使近几年来我已经不在大学教课，但偶尔几次回到校园演讲，光是开场前看着台下学生们的表情，我就知道状况不但没有改善，反而变得更糟了！因为智能手机出现了！老师要对抗的，已不只是低学习动机，还有高吸引力的手机！

那该怎么办呢？我所讲的"教学的技术"在学校教学中会有用吗？

从分组开始

不论是十年前在学校的教学，还是后来陆续几次到校园演讲，分组的机制一直是我运用教学技巧的核心。因为有分组，才能把个人的表现算在团队里面。你可以想象一下：一个很积极参与课程的学生，其实是会被同伴排斥的（爱表现？想巴结老师？）。但当他的身份变成"小组成员"，所有的表现都以小组为单位计分后，他的积极就不再被看成为了他自己，而是为了他的小组！为团队努力，反而会激发个人更好的表现。

讲述法之外的教学

讲述法虽然效率很高（只要讲就可以了），但是效果真的不好！这点应该不用我证明，老师们只要看看台下学生的表情就知道了。（你确定他的灵魂还在教室里吗？）我当然不排除有口若悬河、谈笑风生，三分钟一个笑话、五分钟一个故事的老师，但相信我，要达到这样高水平的讲述，难度反而更高！

取而代之的是：有没有讲述法之外的教学可能性？

"问答法"当然是基础，但是只用问答法是撑不了多久的。有没有可能提出一些可供小组讨论，并且发表意见的题目？或是加入一些影片，让学生们看完后讨论，或是讨论完后用影片验证？有可能加入实践吗？有可能以一个又一个的案例分析进行操作、讨论、实践，最后再做个总结吗？有可能进行教室外的教学吗？例如：先请学生做完一些教室外的功课，或请学生去访谈专业人士之后，回来总结学习；像翻转教室型的教学，请大家在教室外完成学习，再回到教室中讨论问题。凡此种种，全都是非讲述型的教学，而且会有很好的成效！

在大学兼职教学的那几年，我曾经在教室里设计了一个投资模拟游戏，用某一段时间的大盘涨跌，配合真实的新闻时事，再加上筹码机制，让学生体会期货操作的状况与风险。学生们的心情跟着时事上下起伏，最后筹码被清空，大家对于风险的体会，比我说再多都还要深刻！

我们也曾经在营销管理的课堂上，以耐克和麦当劳的真实案例作营销策略的小组讨论主题，然后再以真实的影片对比学生的答案。还有像是"大陆市场研究"，我直接要求学生访谈两位目前还在大陆经商或工作的台商,询问他们在大陆市场的经历与经验,然后在课堂上总结报告。为了确保访谈水准,事先我要求学生拟好访谈大纲,并且解释为什么他们要问那些问题,预期会得到什么答案。

除了上课,我还曾经以提案大赛或 PPT 演讲的方式,取代传统的期末笔试,让学生在规定的期限内分析问题、搜集资料,最后提出想法、完成报告。

总而言之,只要老师们有心,并且愿意做些创新,我相信一定能成功转化这些教学的技术,让学校教室有如企业内训教学现场,充满互动与学习的乐趣!

导入游戏化机制

相较于现在,十年前我对教学的游戏化机制还没有那么熟悉。但是在不知不觉中,那时我已经开始操作游戏化的三大元素:P(积分)、B(奖励)、L(排行榜)。我会在学生发言与讨论时,给予小组加分和计分的鼓励,在每堂课后或每个月一次,排名靠前的小组会得到一些小礼物,有时候只是几杯饮料或一包零食,同学们就会很开心(奖品不是目的,而是给学生一个参与的理由)。不过那时我还不太会用排行榜,所以只有在少部分的提案竞赛中,或是直到学期末,学生才会知道相互间的成绩排名。

向学校老师学习

你可能会想:把游戏化导入学校的教学,应该很难吧?

不久前,我女儿云云(小学一年级)的教学参观日,我坐在教室后看着班上的老师们引导一年级的学生上课，就是以小组的方式进行的。每个学生的发言会让小组加分，特别好的发言也会让自己加分。分数排行榜就在前面的黑板上，老师用磁铁图标的高低，实时反映每个小组的分数——累积到一个程度后，就可以换得饼干或小礼物。我甚至还在现场学了一招图形化计分的技巧！真感谢云云小学老师给我的灵感。

之前在 EMBA 课堂上，我的指导教授赖志松老师，展示了如何与学生建立极具信任的互动关系，还有刘兴郁老师的"人力资源管理"，把必修课程变成一堂堂生动的个案讨论，以及博士班的方国定老师，让我看到像"质化研究"与"量化研究"这么理论化的课程，如何转变成有利于有效学习的实践操作。我从他们身上学到了好多技巧，也转化成了企业内训的手法。

我相信，不管是幼儿园、小学、中学，或是大学的老师们，同样都是很有创意的，只要获得一点引导和突破，一定就会有令人眼睛一亮的优秀表现！

只要有心，就会有成果

当然，本节只是重点式地提到分组、教学法以及游戏化，其他像是开场（例如开学第一周，教学重点及学习目标设立）、教室管理（手机与规则，以正面加分取代负面扣分），还有很多教学技术的细节，相信老师们只要有心，一定能找出转化应用的方式。

虽然我前面提到，学生并不比企业人士更好教，但是企业教学相较于学校教学，更具有挑战性。因为当台下坐的都是手边的工作无限，但耐心有限的专业人士，一个刚站上台的企业讲师如何马上控制现场，吸引台下企业人士的投入，让他们在一整天内收获满满，连打开手机或回邮件的时间都没有……全都是需要高超的教学技巧才能完成的任务。

与校园里的老师相比，企业讲师面对的更严峻的挑战是：只要这一堂课没教好，下一堂课的约聘就可能直接取消！当教学成效与实际的业绩及收入直接相关联时，才能说是职业讲师每天面对的挑战！也因此，世上才存在这些经过实战验证的教学技术。很希望提供给学校的老师们，作为未来改变教学的参考。

最令人欣慰的反馈

有一次我准备搭高铁时，突然听到一声"老师好"，原来是我十几年前在朝阳科大教过的学生。几句寒暄之后，他告诉我："老师，你之前教我的东西，我差不多都忘了。"（这好像不是赞美）但他接着说："我还记得我们上课玩过的游戏！还有你要我们去访谈做的报告……我最记得的是你的教学热情！这影响了我到现在的工作态度。"（一定是赞美了）

身为一个老师，这不就是我们对教育的终极追求吗？

常见问题

在"教学的技术"实体课堂上，曾经参与的老师或讲师问过我很多非常务实的好问题。我觉得，那些问题一定也是其他人会遇到的，有必要特别整理一下，在此和大家分享。

问题：有领导或资深同仁在的教学现场，也适合用分组的方式吗？

当然可以，唯一的限制是讲师的想象力！

先举个实例好了。仙女老师余怀瑾曾经受邀去某大医院，对台下的医生们演讲，没想到，当天早上院长与各科室的主任都来了。

"这样的现场，真的适合分组吗？"这个问题不只仙女老师担心，更担心的是负责演讲邀约的培训同仁，因为领导在现场，他们的压力也很大！过去他们都没遇到过，有讲师敢请领导参与互动和讨论的情况。看着院长一脸严肃，培训同仁跑过去劝仙女老师："要不要考虑直接讲述？因为之前没有任何老师做过，这样会不会太突兀？"

面对压力及不确定，仙女老师的考量还是"要为教学效果负起全责"，在简单的自我介绍后，就毅然决然请大家站起来分组！然后她看到，连坐在第一排的院长都站起来，找到三个人组成一个小组。不仅如此，接下来的每个活动、抢答、讨论，院长及主任们也都积极参与。

更重要的是：演讲结束后，领导们赞誉有加，直说这是他们"听过最棒的演讲"！

问题：在看了"教学的技术"系列文章后，我试着在下一场演讲进行更多的互动。那一天的演讲我是第二棒，第一堂先由另一个讲师讲述比较枯燥的法规主题。当我第二堂上台，一开始就先请大家站起来分组，结果没有人理我！我的方法有什么问题吗？

分组的方法没问题，但时机有点问题。可以想象，现场被第一堂课轰炸过，听众应该都感到筋疲力尽、了无生趣了。如果第二个讲师一上台就切换节奏，要大家开始兴奋起来，这时台下学员应该会想："现在是什么情况？要搞什么啊？"别意外，学员真的会这么想，所以配合度一定不会很高！

我的建议是，需要缓慢升温。先以自我介绍开场，建立信任，再讲个简单的故事，或用小互动激发一下兴趣，然后借此说明课程目标及预期成果，提高学员们的期待，接着提到："接下来的课程安排了一些讨论跟互动，让大家能有很多的参与跟学习，但是我需要大家帮我一个忙……"然后再开始进行分组和其他的教学活动。配合现场，逐渐加温，才会是一个对的节奏！

问题：分组互动是很棒的技巧，但看起来似乎只能在小班级使用。如果是大型演讲，现场还能够这样做吗？有哪些和小班级不一样的调整呢？

目前为止，我在大型演讲现场运用分组互动，最多的人数是四百人；而且整场的学习动力都很强，不是只有部分人参与，而是全部都很投入！

当然有几个细节的调整，小班级与大场演讲会有些不同。譬如分组的人数，大型现场分组时，每组的人数反而要少一点，大约三到四人，让他们能左右转头讨论即可。还有记分方式，不大可能由讲师或助理计分（除非像任性哥 MJ 老师，配置了二十位助理用筹码计分），因此，大现场我会请小组选出组长负责计分。

最重要的是操作的方式，因为人数、组数都多，反而不建议运用"抢答"法，因为在大型场合中，抢答往往只会有少数组别参与，其他的小组一旦没有跟上（或是老抢不到），就会冷淡下来。因此要采用大家可以一起参与的方式，例如排排看、连连看、先写答案后对答案等。至于问答或小组讨论后发言只能当成点缀，也不建议全部拿掉，因为还是有加温的效果。

其他像是计分的方式，排排看答对一个加多少分，次序全对加多少分，问答或发言怎么加分，也都是要思考及设计的。

问题：看起来要用好"教学的技术"真的好麻烦啊！能不能不要用这些技术，老师认真教、学生认真学就好？

当然可以！在美好的世界里，应该是老师有教无类、学生求知若渴，一切美好、世界大同……我也很希望所有教学现场都是这样，什么"教学的技术"都不需要，只要老师教了，学生就用心揣摩，用力学会，然后举一反三，超级认真！

我相信世上一定有这样的教室，只是我还没遇到！

其实，一切学习都和动机有关，要是学生的学习动机非常强烈，老师用什么教学法都不重要，反正学生会想办法学会。举个例子，如果公司有某个认证考试，通过了才能留任，那么，即使是最枯燥的法条，相信学员也会想办法搞定。

由此可推，如果每个通过课后考试的学员，都能获得一部最新版的 iPhone 作为奖励，同样地，讲师也不需要任何教学的技术，学员就会为了高额的诱人奖品，和上述例子一样把学习动机提到极高，老师怎么教都可以，甚至不教也可以！

只是，这些极端的情境我们都不常遇到，或是也无法提供高额奖励；我们会遇到的，都是"正常的学生"，有着"正常的学习动机"，也都很正常地会疲累、会想睡……而我们之所以要这么努力地学习和应用教学的技术，就是想在每个"正常的"学习现场让学生们"不正常"地投入！这才是"教学的技术"精义所在啊！

其实，不用（或是不会用）教学的技术，反而是正常的。像各位这么认真学习"教学的技术"的老师，我要说，反而是不正常的呢！所以，我要向这些"不正常"，甚至"异常"认真的老师们，表达我最深的敬意！

向您的"不正常"，致敬！

应用心得分享

翻阅教学字典，应用自如

企业讲师、心理师、图像式沟通系列作者　汪士玮

那天，就像一个再正常不过的授课日，我走进宽敞明亮的教室，从热情开场的HR手上接下话筒，感觉这真是一家充满朝气的企业！

但是，怎么有点不太对劲？有股焦躁不安的气氛，好像来上课的学员跟课前预想的目标对象不太一样。下课跟学员们聊天，他们反映课程虽然上得好，但是跟课前的期待好像有点不同。当天，我立即运用了教学手法再次对焦学员的期待，并调整了课程比重。课后我很好奇，如果是福哥，他会怎么做呢？

那天下课后，我到福哥的网站寻宝，希望从教练的视角找到更多的可能。才一打开网页就看到"教学时会遇到的问题"这篇。福哥在文章里，将影响教学的问题分为"教学经验""学习态度""教学干扰"三大类。根据判断，我那堂课就中了学习态度、教学干扰这两招。

福哥的分析与讨论，情境真实到可以直接拿来当教学字典对照，不但客观、清楚地点出影响教学的问题，同时提供了解决方案！我盘点一下，其中教学经验的部分，课程内容是我的可控因素，而学员的学习态度、教学干扰，是我可以事先思考并提早准备应对的。

隔了几天，我也向福哥提到当时课堂的状况，福哥传来一篇文章，其中的案例情境如出一辙！我读着福哥写实的描述，顿时豁然开朗！福哥有着追求极致的精神，完全不放过教学中的任何细节，他仔细倾听学员的需求，找到兼顾课程效果与多数学员接

受程度的方式，不让影响因素有扩大的机会！当我还在思考的时候，福哥又发来一句话："让每个课程，成为下一个课程变得更好的养分！"短短一句话，给了我无比的信心！

下一堂课，我选择跟这些状况直球对决！

几天后，我又来到同一集团进行后续的课程。走进相同的教室，一样的整排笔记本电脑打开在桌上，上课前我轻松地与学员聊天，关心地问："大家好认真，这么早在忙些什么呀？"同仁们抬头告诉我，公司系统规定每天中午前要报业绩，所以早上正是他们最紧张的时候，一定要紧盯着屏幕和手机！他们七嘴八舌地跟我商量，等一下他们需要用手机，可能会出去接电话……

我仔细地听着，了解大家的需求。课程开始后，我就让大家知道今天有哪些个人的时间可以运用，也邀请学员共同打造我们的学习环境。我把每一个可能的变量都纳入小组的操作中考量，再通过课程中的沟通技巧，跟他们一起面对眼下的问题，一点一滴地，传递着我对学员的在意与关心。

向教练看齐，我也选择为教学现场负起全责！一样的场地、一样属性的学员，那一天他们用问卷 5 分的满意度与 10 分的 NPS[1]，给了课程最直接的回应！

这本集合了福哥追求极致的精神、经过不断淬炼的《教学的技术》，可以当作应对各种状况的教学字典。教学除了流程上的操作，更是体现了当下陪伴学员、看到他们的困难，协助解决、共同面对的心意。这是我从福哥身上看到的对于专业追求极致的匠人态度。

---

1 Net Promoter Score，净推荐值，是一种计算某个客户会向其他人推荐某个企业或服务可能性的指数。

应用心得分享

让内向学员安心地高效学习

美国非营利组织 Give2Asia（赠与亚洲）亚太经理　张瀞仁（Jill Chang）

我生平花最多钱报名、却最不想走进教室的一堂课，就是福哥的"专业简报力"。

我本来就不喜欢说话，但常需要站上台募款，所以当时经过审慎考虑后，我就狠下心刷卡了，想着"这是我变身向上的机会，要好好把握"。

但我的杏仁核（本能脑）完全不这么想，除了收到课前通知就开始焦虑不已之外，上课前一天我的身体机能一切停摆，根本出不了门。好不容易撑到诊所，熟识的家庭医生只笑着问："是工作压力太大，还是要去上简报课了？"

我花了接近一年时间做心理准备，才有办法走进教室，战战兢兢地坐下来时，福哥走过来充满元气地说："早安，啊，你不是内向吗，怎么坐那么靠前？"虽然这没有写在福哥的教学技巧里，但他其实已经开始教我怎么跟素未谋面的人迅速拉近关系。

福哥的课像大胃王比赛，关卡一层一层叠上去，越到后面越痛苦。除了刚开始他帮我们分组，省去内向者找组员的焦虑以外，其他环节都搞得我胃很痛。我没上过"教学的技术"课，但想以观众及学员的身份分享在简报课上所体验的一切。

节奏快、方式多变、切身感十足

"赶"是一整天最大的感受。上一次有这种感觉，是我在哈佛上公共叙事工作坊的时候。两堂都是高张力的课程，在哈佛时只觉得忙着应付像海啸一样灌进脑里的信息，但福哥的课又更进一步。除了分组讨论之外，他利用举手、比赛、问答各种方法，让我们度过了非常"活在当下"的八小时，只想赶快把眼前的知识学起来应用，完全没办法刷手机、看邮件，甚至不敢想下一秒的事情。

上课的个案讨论，没有一个是福哥设计的虚拟例子，全数来自学员碰到的日常难题。同学中有医生、创业家、资深经理人……每个人面对的对象和沟通重点都不同；但正因为状况如此真实，大家被逼着绞尽脑汁应用所学。身为一个国际工作者，我面对的状况瞬息万变，什么哪个国家发生暴动，哪个国家被海啸袭击……都要在第一时间掌握。除了 PPT 演讲之外，这样的教学技术其实也在训练我们跳脱已知框架，用手上的"武器"与资源来面对未知挑战。

紧扣教学主题

球迷都知道，一旦到了最高的竞技殿堂，制胜关键往往不是华丽的技巧，而是基本动作。福哥的课堂就是这样的殿堂，他的技巧是手段，但一切都紧紧回扣到根本目的——帮助学员学习。他不仅示范技术，自己更是把所有要讲述的方法编织进课程中。我们跟着一步一步走，从懵懵懂懂到恍然大悟，最后那个"啊哈"的瞬间，就足以证明课程的价值。

如果说上完课就可以让内向者变得口若悬河、舌灿莲花，也有点虚假。但凭着芋头帮我录制、福哥私下帮忙剪辑的课堂影片，课程结束两个月后我就多争取了上百万捐款。听说还有捐赠人拿着影片说:"就是她,如果是她负责,我就捐。"

可以让我的需求被世界看到,是我最开心的事。而这一切,都要谢谢福哥精彩绝伦的教学技术!

应用心得分享

师父领进门,脑洞开了门

SUPER(超级)教师奖得主　余怀瑾(仙女老师)

我曾受邀到兄弟学校演讲。停好车,走上二楼:第一间教室的老师手持话筒站在讲桌前,后面两排的学生走来走去,老师泰然自若地讲着课;第二间教室的老师手持话筒站在讲台右边,三分之二的学生睡成一片;第三间教室的老师坐在讲桌前,台下学生玩手机的玩手机,睡觉的睡觉,讲话的讲话,听课的人占了少数。这三种课堂,对我而言都是不可思议的。

学生在我的课堂专注且投入,我会交付他们任务,让他们在上课前、中、后都有事可做。不只如此,学生除了顾及自己的学习还得留意组员的状况,学习氛围从个人扩大到群体,笑声是课堂必备的产物。这些就跟呼吸一样,是仙女语文课的日常。许多人观课之后讶异于我的学生不刷手机和不睡觉,我的学生自己倒不觉得有什么特别,我们对于外人的惊讶感到稀奇。

2016年，我报名了福哥"专业简报力"课程，福哥看了我的PPT是这么告诉我的，"仙女老师，我知道你是个很厉害的语文老师。我们在企业里上课的节奏非常快，跟你在学校里教课教十八周是不一样的。"我还想多解释些什么，很快身旁的同学一个个涌上来提问。原来踏出舒适圈的心情是苦涩郁闷的，我的话语淹没在了人群之中。

2017年，我报名了宪哥和福哥合开的"宪福讲私塾四"，见识到宪哥和福哥对于课程的要求，甚至连下课时间都抓得刚刚好，好让南部学员及时赶上返家的高铁。

2018年12月，"宪福讲私塾五"二十五分钟演练。我穿着黑色长款羽绒外套上台，有别于我以往亮色系的服装，宪哥问我："仙女穿外套上台？"我点点头。宪哥迟疑了，我又点了一次头。宪哥竟然冒出一句："这是我们讲私塾第一次有人讲义不是交PPT，而是交Word文档。"学员们哈哈大笑，我害羞得只能傻笑。

一上台，我就站在最靠近投影幕的地方，手里拿着讲义，低头看着讲义，嘴里念着"请大家翻开讲义的第二页"。我站在原地不动，逐字逐句地念出第一段课文并且翻成白话文，"庆历四年春，滕子京谪守巴陵郡。越明年，政通人和，百废具兴，乃重修岳阳楼，增其旧制，刻唐贤今人诗赋于其上。属予作文以记之。"念完之后，我问大家这是谁在上课呢？

学员们都回我："仙女老师。"

我说："这是别的老师在上课啦！"脱下外套，亮出橘红色的上衣，我往前跨了三步。

"我们来上仙女的语文课吧！'走进岳阳楼，让你人生大不同。'"

随即我播放了一段学生上课的影片，请大家观察这段影片与平常想象的语文课有什么不同。让大家见识高中生在仙女课堂的活泼与团结。

接着三个步骤，我带学员们认识《岳阳楼记》。

一、让学员们画出《岳阳楼记》中"霪雨霏霏"的画面，我根本没有解释这四个字的意思，只说明学员可以从讲义上的翻译找寻线索，结果每一组都画出了细雨绵绵。二、确定学员们了解怎么阅读文本之后，我索性发下一叠卡牌，刻意说出各组卡牌张数不一，有的是二十张，有的十五张，要大家在一分钟之内排出第三段课文顺序，学员们竟然都在规定时间内完成了。三、让学员看着卡牌在一分半钟内背出《岳阳楼记》，朱为民医生背出课文时，瞬间赢得满堂彩。课堂最后，我嘉许学员们没有因为卡牌张数不一而抱怨连连，反而众志成城，彻底实践了范仲淹"不以物喜，不以己悲"的精神。就在计时器倒数到0时，我结束了这一堂课。

上这一堂课时，我看到那些"贵"为医生、执行长、业务副总的学员们忙着拍上课的PPT，还要画课文、背课文、排牌卡，多元学习让他们见猎心喜。我更在意的还是宪哥福哥的反馈。

宪哥说："仙女，你怎么这么棒！……"

福哥第一句话让我红了眼眶："我要修正我第一次对仙女老师说的话，她的课堂节奏精准，颠覆了我对学校老师教学的看法……"

如果你问我什么是"教学的技术"？

我会回答你："一般人看到的是教学的方法，道行高深的人感受到的是心法的驱动，教学的改变。"

应用心得分享

校园外的课堂，看见更多教育的可能

台北市私立高中及小学部校务兼教务主任　徐圣惠

我是一位小学老师，过去我一直在学校教育相关的领域里钻研教学技术的问题，寻找教学上可能的突破点。2018年暑假，我开始走出学校教育的体制，参加了"宪福讲私塾"的课程，更是报名了福哥的"教学的技术"课程，因为我想从成人教育中，探索是否有运用教学技术或策略的有效方法，在学校教育现场可以参考借鉴。

相较于学校教育者的授课，在成人教育领域，学员对所学课程会给讲师更直接、更真实的习得反馈。如果学员不喜欢讲师的授课内容与方式，就不会买单。因此，专业讲师不得不使出浑身解数，以获得台下各路英雄好汉学员的青睐与信服，这非常需要深厚的专业能力与教学功力！

参加福哥"教学的技术"这个课程，过程中我让自己同时扮演两个角色，一是学员，一是教学观察者。

首先，谈谈教学现场的观察，我把焦点放在学员的学习上，从大家的对话讨论、互动交流、学习态度等，可以知道讲师的教学是否达到有效教学的目标。在过去学校教育的师资培训中，总是被教导"教师在课堂上要给学生充足的待答时间"。福哥的课堂上，让我印象最深刻的是"只给学员三分钟的讨论时间"，怎么足够好好讨论呢？福哥也说明了他的用意："教师抓紧课程运作的时间，学生也会被积极的学习态度感染。知道自己这一题没能讨论完成，下一轮讨论会更积极地想完成。"

我把这个方法带回学校，与同事们共同备课时进行讨论，也亲自在课堂上应用，刻意加快整堂课程运作的节奏，没想到原本课程设计需要十分钟的讨论，小学阶段的学生也真的可以在三分钟内完成，而且孩子学习的兴致不减反增。省思过去我们在课堂中的小组讨论教学，给孩子充足的讨论时间，已经提早完成的孩子，若教师没给出其他的动作指令，就容易在原地等待别人讨论完毕。就一堂课中的学生学习曲线而言，通过好的课程活动设计，可以有效将学生的学习兴致与节奏维持在高峰的状态。此外，我也把这个习得与亲身教学的经验和我们学校的实习老师分享，成为她在进行一堂课的课程设计时，规划小组讨论议题与时间的重要参考。

　　再来谈谈身为学员的学习成效，在课程中大家通过分组合作实际演练教学法，其中包含开场、问答、小组讨论、示范演练、影片教学、给予反馈等，我们可以从学员彼此的演练中互相学习，也体会到经由刻意练习熟练教学技术的必要性。福哥更通过直接提醒及拆解自己的课程，让现场的学员学到一门课程从开始发想、课程设计、教学省思与课程修正的每一个环节。福哥大方地将自己的绝活倾囊相授，真是让我受益良多。除了让我重新审视自己的教学技术，也让我在规划学校课程时，更关注"教师为什么而教，学生为什么而学"。

Part 4

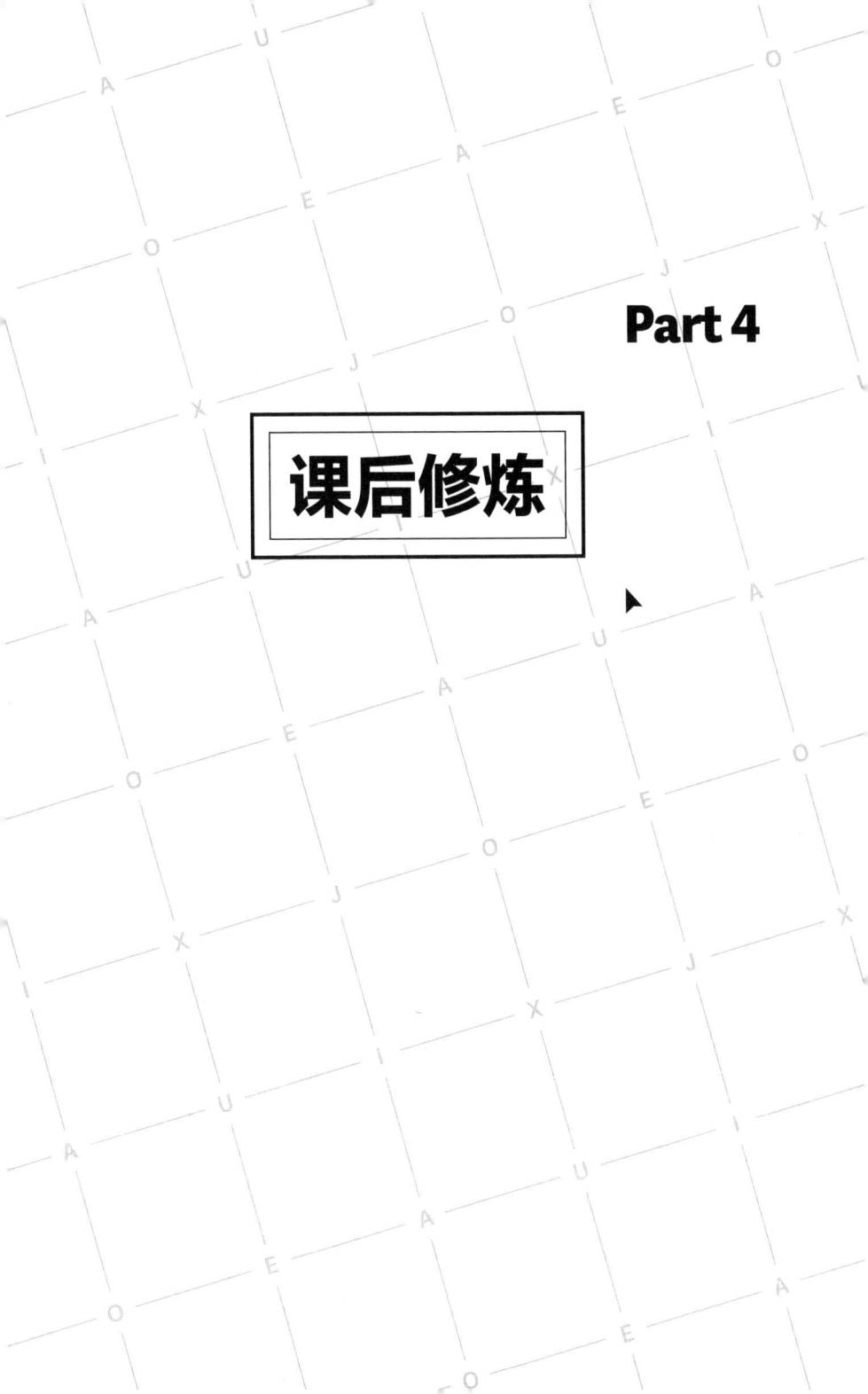

课后修炼

第 8 章
如何评估、检讨与进化教学

ADDIE 之 Evaluation & Evolution：评估与进化
ADDIE 之 Evaluation：教师评估
ADDIE 之 Evolution：教学进化
应用心得分享

ADDIE 之 Evaluation & Evolution：
评估与进化

还记得第 2 章谈过的"系统化课程规划五个步骤：ADDIE"吗？原始的 ADDIE 教学设计模式中，最后一个 E 代表的是"Evaluation"——评估。这个评估，除了老师要看学生的吸收有没有达到预期的教学目标，进一步也可以反过来评估老师，看看教学表现是否符合预期。

但是，我觉得除了评估之外，更重要的是持续进化（Evolution）课程，通过一些系统化的方法，不断改善和进步。所以 ADDIE 模式的这个 E，刚好兼具"Evaluation & Evolution"。以下，便分别针对学习评估、教师评估及教学进化这三大重点来谈我的看法。

学习评估——考试做不到的事

一想到学习评估，大部分人的直觉就是考试。可能是因为我们都从小被考到大，才会僵化地认为"考试 = 评估"。但请试想：考试真的能和企业培训的目的画上等号吗？

以我教的核心课程"专业简报力"为例，就算 PPT 演讲知识考满分，好像也和会不会 PPT 演讲技巧没什么关系吧？同样地，就算能从头到尾背诵这本《教学的技术》，也不见得就能当个一百分的好老师。

因此，在思考学习评估时，我希望你能先回想一下当初设定的教学目标：为什么开这门课？课程目标是什么？是用来解决什么特定问题吗？

所以，回到"PPT演讲技巧"这门课，开课的目的是提升学员上台做PPT演讲的能力，以解决上台太紧张、PPT没有结构、不吸引人等问题；希望教会学员系统化准备PPT演讲的方法、PPT呈现的技巧（包含开场、过程、结尾），以及提升学员PPT制作技术。既然如此，评估的方法很单纯：直接上台做PPT演讲，就是最好的评估！

之前我去实验研究院教"专业简报力"的课程时，除了让学员第一天上课就得不断上台练习外，我们还规划了第二天的验收：每位学员都必须准备一份各自的专业PPT，在第二天上台报告给讲师及院内其他专业人士听。但这只是评估的前半部分。第二天结束后，还有第三天：学员必须实际报告给各单位的主管听。这种评估方式，你说哪个学员不会全力以赴？

经过这一连串的演练挑战，果然有不少人的PPT演讲技巧立刻大幅度进步！可见得，帮助学习才是评估学员的真正目的（而不是考试）。

顶尖课程的学习评估

再举几个例子来看。

林明樟老师"超级数字力"的评估方式，就是看你能不能光看财报就判断出是好公司或烂公司。上完课后的学生，必须仅凭财务报表就能直接预测公司的经营状况及未来。

Adam 哥周硕伦老师的"从创意到创新",学员必须在课后马上用从课堂上学来的创新思考方法,完成自己公司产品的"强迫联想法",并且有条理地应用国际级公司的创新系统化方法。宪哥的"教出好帮手"课程,评估方式就是看你上过课后能不能有系统地教好属于你专业的技术类课程,传授一个对方原本不懂的技术,让他可以在你的教导下很快就懂,并且学会操作。

这三个顶尖企业培训课程我都曾亲自参与,除了看到讲师们都能在很短的时间内完成教学任务,也看到了他们怎么让学生从不会到会,从做不到到做得到!所有的成果都能在教学现场展现,马上就能看到!

更进一步说,因为设定了对学生具体、有挑战的学习评估方式,老师就必须在教学的过程中不断思考:"我现在教的东西,有利于对学生课后的评估吗?"譬如说,如果评估的是"上台 PPT 演讲能力",那么,教一大堆 PPT 怎么配色或排版,就和提升上台 PPT 演讲能力关系不大了。

有教学目标,才有评估

在"学习评估"的过程中,老师们一定要回头想想 ADDIE 最开始的 A(分析)。

评估是因为教学目标而存在的!最终可以帮助老师教学,也能帮助学生学习;千万不要因为考试这个做法比较方便简单,而忘了学习评估真正的目的。

ADDIE 之 Evaluation：教师评估

既然评估是因为教学目标而存在，那么，老师也同时应该接受评估，评估老师是不是实现了教学目标。

在担任企业讲师初期的 2006—2009 年，我也在大学兼课，后来又进入博士班修课。同一段时间内，我身兼职业讲师、学校老师、在校学生三种不同的身份。这时我发现，在不同的位置，看待教师评估的态度有很大的不同。

学校评估 / 企业评估

学校对老师的教学评估是一个学期一次，学期末或新学期学生选课时，会被要求在电脑系统上完成对老师的评估（或是在学期末填问卷）。有些学生会认真勾选，有些学生随便勾选，有的学生在勾选的时候会有些顾虑（还没毕业啊，乱勾会不会出事？），总之，老师都会在期末得到一个成绩，还有系里老师的总平均分数。

只要老师的评估结果与平均值没有差得太远，比如 4 分左右，大概就可以了。学生评分很高的话（譬如 4.8 分，甚至 5 分），其实也没什么差别；但是，如果真的很低（例如 3 分），有的学校确实会"关心"一下老师，有的就直接完全不当一回事！

以我过去的求学经验，有些老师的课程已经糟糕到很难接受的程度，完全不管课程纲要及教学目标，在课堂上只讲他自己想讲的，甚至跟课程主题一点关系都没有。虽然我们这些在职生很勇敢地打下低分负评，然而十几年过去了，春风化雨的还在，误人子弟的也没离开。如果学生真的很激烈地跟学校反映，也许学校还会说："我们尊重每个老师的学术及教学自由。"

同样是对老师的教学评估，企业的态度就完全不一样！以我担任企业讲师这十年来所见，每结束一场课程，企业培训单位一定马上进行对讲师的教学评估！而且极为重视评估的成绩，很认真地看待这件事，更直白地说，把评估成绩与讲师的续聘进行联结。

企业的一般标准是：以满分 5 分来看，必须拿到 4.5 分以上才是讲师及格与续聘的参考标准。若以全班三十人的规模为例，要有十五位打满分 5 分的"非常满意"，十五位打 4 分的"满意"，这样才能达到 4.5 分的标准！这个标准可不是我编的，而是根据好几篇企业内部培训相关论文的研究成果（包括宪哥的 EMBA 硕士论文）得出。受访的培训主管也指出，如果教学评估的分数低于 4.3 分，未来该企业可能就不会再与这位讲师合作！

更可怕的是：如果评估分数低，大部分的 HR 主管选择不告诉讲师，也不会给他改进或解释的机会，就直接解除合作关系！这就是为什么，我先前会说："长期来看，没有不好的企业讲师，因为不好的企业讲师都被市场淘汰了！"所以，真正有效、有用的教师评估，一定会与市场淘汰机制结合，要不然，评不评估还有什么差别呢！

话说回来，既然评估是办训单位或 HR 的事，讲师这边应该要注意哪些事呢？我还是老话重提：包含评估，所有教学技术的目的都是为了改进教学的成效。而对老师的评估，也是要让老师自己有个参考：评估教学时的表现到底如何？未来还有哪些可以更好的地方？因此，针对老师评估，我个人提供三个小建议：

正确的评估指标

评估的基准，过去我见过10等量表（满分10分）、7等量表、5等量表、分数量表（0分~100分打分数）。我个人的建议是：以5等量表为主！

这是因为，量表刻度越细，分辨的难度越高，像是10等量表，若要区隔8分和9分的差别，只有专业人士才分辨得出来。如果以5等量表来评估，至少5分（很满意）、4分（满意）、3分（普通）一目了然，还算挺容易区分的。针对量表的设计，可以做严谨的学术讨论，我的博士班指导教授方国定老师，曾花了一整堂课为我们详细解释3等量表、5等量表、7等量表等各自不同的目的。如果对此有兴趣，可研读相关研究方法及量表设计的学术论文，这里就不细说了。

正确的评估解读

拿到评估结果后，讲师要能正确解读。分数不是用来沾沾自喜或自我检讨的，而是用来让自己知道：学员如何评估我们这一次的表现。所以正确的解读是很重要的。我个人的经验是：4.5分才算合格！你没看错，是的，对职业讲师而言4.5分才算合格！优步的司机满意度标准都要4.5分才算合格了，职业讲师怎能标准更低？

前面提过，4.5 分的标准其实已经不低，这就表示在所有的学生中，就算有一半的人打 5 分（非常满意），另一半的人也要都打 4 分（满意），老师才能达到合格的标准！

而我对自己以及我指导的讲师们说，4.5 分只是合格！要达到"好课程"的标准，我觉得应该要达到 4.8 分。因此如果想激励自己达到高目标，"完全课程"（至少有单项满意度拿满分 5 分），或是"100% 完全课程"（每一个评分项目都拿满分 5 分）才是你应该追求的标准。落笔至此时，我的好兄弟超级数字力讲师 MJ 又拿到了 2018 年度的第十二次 NPS 满分！

这当然是有难度的，但你还是可以定下目标，在某年某月以前拿下属于你自己的完全课程！你将发现，在追求完全课程的过程中，你会注意到课程的每个细节，每一个与学员的互动及学习点，也会观察到学员的细微改变。当你把这一切事情都做好后，重要的反而不是课程的外在评价，而是你自己对课程的内在要求。你心里面会有一个完美的样子，而通过对完美的追求，你会将自己的教学提升到另一个更高的层次！

质化与量化并重

除了分数这样的量化指标外，质化的反馈也是非常重要的。在大部分的讲师评分表下，都会有一栏针对讲师的教学反馈或建议，或是问学员哪方面学到最多。我认为这也是很重要的参考依据，从中可以得到很多分数上看不出来的信息。

我知道，你一定想说："可是学员都不写啊！"这个问题很容易就可以解决，"只要老师提醒"就可以了！在课程的最后，当大家开始填写课后意见反馈表时,我总是会说:"请大家花点时间填写意见反馈表,特别是最下面那一栏的空格,如果各位有什么学习心得或建议,我们都很想知道!"一般我还会补一句:"您的反馈可以实名或匿名,我们只想知道您最真实的意见!"通过这样的提醒,会大幅增加学员填写质化反馈的意愿。即使只是只言片语,也都是老师们未来改进的重要参考!

评估表就像温度计

针对教师的评估,老师们务必要用正确的态度来看待。

评估就像温度计一样,用来让我们知道教学的温度是冷是热,冷了就要穿衣服,热了就该少穿点。评估不是用来检讨的,而是用来改善自己未来的教学的,所以要提高自己的标准,用正确的指标来正确解读评估表,而且质、量并重。这样就可以把评估当成最有价值的参考,让你未来的教学之路整修得更宽阔、更平坦!

ADDIE 之 Evolution：教学进化

原始 ADDIE 的 E，谈的是评估（Evaluation），前面讨论了学习成效及教师教学这两个方面。但是，从过去十多年担任职业讲师的经验来看，我觉得，能让老师获得最大成长的并不是评估，评估只能反映结果，而结果是已经无法改变的事实。

真正能让课程变得更好的，是通过每一次课程的进化（Evolution），让教学更上层楼！当课程变好，评估及成效自然也会变好，这就是一个正向的循环！

从第一次上课就开始自我检讨

如何让课程不断进化呢？常用的方法就是"事后评估"（After Action Review，AAR）。

课后检讨

我手边有一个档案，记录了我从 2010 年开始写的课后检讨，累积到现在，已经写了超过三万字。

第一篇课后检讨是这么写的：

2010/07/15 台中荣总—— PPT 演讲技巧

情况总结：85 分／学员回应较冷淡／时间控制不佳

好事是：创新便利贴教学法（注：现在很多人广泛使用的便

利贴发散思维法，第一次就是在这个现场运用的。)

第一堂：8：40—9：40
开场就觉得气氛有点冷
一分钟演练尚可
以为会升温，但不久又降了

第二堂：9：50—11：00
最应该改进的地方——不要讲太多商业 PPT 演讲的例子（要精简）
主要应集中于医疗 PPT 演讲啊
看到学员累了
要适时下课……

然后，经过两个星期，我又写下：

07/28 台中荣总——PPT 演讲技巧
总评：学员的回应很不错／看了新影片／修正了上次的缺点
修正：开场有一点点小失误／五大重点竟然忘了／今天没有做"post-it"（便利贴）

13：38—14：38 时间安排
在第一个小时内完成"六人一分钟"互动／前面感觉还不差／另外，先讨论 PPT 常见问题后，再举手／休息十分钟……

时间快转到八年后的现在，最近一次我写课后检讨是在不久前，内容如下：

2018/09/08 "不放手"项目——职人演讲
计分机制，最后有回答才有加分，要明确
一开始的自我介绍没问题
超时要改进
讨论时间要再浓缩，十秒就够
最好有一个计时器

AAR 的操作重点

从以上这三份真实的 AAR 课后反馈，不知道你有没有看到我想传达给你的重点呢？

一、AAR 是为了自我改进：AAR 不是为了检讨或追究责任，毕竟这是写给自己看的。你会看到，2010 年第二次到台中荣总教课时，我就改进了第一次上课的问题。而不久前第二次"不放手"项目的演讲，我带了计时器，也改善了计分制，解决了超时问题，在时间铃响前的那一秒钟播完了最后一张 PPT！

二、课后两天内就要 AAR：虽然说"两天内"，但其实我的习惯是上完课就马上在回程的路上记录一下。说真的，我并不是那么仔细的、喜欢记录的人，比如我不知道今年教了多少天的课、教了多少学生（这方面宪哥非常强），但我会要求自己：在重要的教学后，记录一下自己的状况和问题！别高估自己的记忆，最晚一定要在两天内写下（我都写在同一份档案里，一直累积下来，不管格式如何），才真的能记住！不然就"过去已成过去"，下一次，同样的失误还是会再出现，不会有什么改进。

三、看清自己的表现：身为讲师，你对自己教学的过程看得越深，未来才越能提升！再次提醒，不是要你批评自己，或永远对自己不挑剔，而是要你真真实实地面对自己的表现。做得好的部分给自己赞美，做得不好的部分就记录下来，下次想想怎么改进，不带批判，不用给自己过多的评论或使用情绪化文字。

能给出最佳反馈的只有你自己

几年前，因为"宪福讲私塾"课后的奖励，我曾经担任一个讲师的教学教练，去现场看他教课一整天。课程结束后，我问他："你觉得自己的表现如何？"他的回答却是："我觉得学员不是很配合！""这个课不是我擅长的课！""这个主题不好教！"

不幸的是，从第三者的角度观察，我的看法刚好跟他相反。我觉得，这些学员非常配合，在一整天不大流畅的教学之后，都还愿意参与最后一个活动。而且，如果不是老师擅长的课程，为什么要接呢？然后我只花了几分钟，仅仅调整了原本教学活动的顺序，就把他口中"不好教"的课程变成一个很流畅、可以有好的学习效果的课程。他一边点头，还是一边想找出更多的借口……

换一个场景来看，就在不久前，我们邀请了我跟宪哥一起指导过的优秀讲师，参与新一批"宪福讲私塾"的教学示范日。有七个讲师轮流上场，每人用二十五分钟的时间教一门很专业的课程。有蔡湘铃讲师的"业务力"，陶育均讲师的"TRIZ 创意思考"，张怡婷讲师的"时间管理",戴大为讲师的"B.O.N.E. 销售技巧",余怀瑾讲师的"范仲淹《岳阳楼记》",刘沧硕讲师的"惊艳 PPT 演讲力",游皓云讲师的"游戏式教学"。这七个讲师之前都经历过摸索、改进,甚至痛苦的挣扎期,我们也一起做过课后检讨。然而,当天他们的优异表现让对于教学见多识广的我也叹为观止,一整天下巴张开,都快要掉下来了!好几次我都眼中含泪,感动得说不出话来!原来这才是"教学的技术"展现到极致的新境界,不仅学员学习有收获,连在后面观察的教练——我跟宪哥——都被震惊了!

　　身为讲师,我觉得最终能够给自己反馈与改进意见的,还是你自己!因此,请务必善用 ADDIE 的 E,也就是"Evaluation & Evolution"(评估与进化),让自己对学生的学习能有正确评估,也知道自己在教学上的表现如何。更重要的是:在每次教学后立刻进行课后检讨,让自己不断进步。这才是让你的每一个课程都能精益求精的关键啊!

　　然后,永远要记得的是:让学生学得有效,学完后更会用;过程中能保持乐趣,让他们乐在学习。创造出一堂更好的教学课程,才是我们运用"教学的技术"最终的目的啊!

应用心得分享

当"Hello, World!"[1]（你好，世界！）碰上教学的技术

群创光电资深副经理 陈政仪

那一天，我见识到了"教学的技术"。

在某次公司内部的工业 4.0 推进周会后，Python 成了内部热门的话题，毕竟无论是数据科学、人工智能或智能制造，都需要程序语言作为实现或推进的工具。

两周后，我的主管告诉我，他希望我利用下班时间开课，指导有兴趣的同事写 Python，目标是让他们能运用在工作上，并且要求我在两个月内完成教学。

我没有拒绝，先答应下来，然后开始想办法。虽然我会写，但不等于会教啊！回想起以前在学校或补习班上有关程序语言课的情景，我感到很不安。

望着已经挑好的教科书，我着手准备，从 Python 历史背景介绍与安装，到第一个程序"Hello, World!"的讲义，然后我开始做"佛系教学法"的心理建设——佛渡有缘人，只要有一个人有收获就好了，我尽力了。

然而，这一切在我 2018 年 10 月参加了福哥"教学的技术"课程后，有了 180 度的大转变。

---

[1] "Hello, World!"是指在电脑屏幕显示"Hello, World!"（你好，世界！）字符串的计算机程序。相关的程序通常都是每种电脑编程语言写成的最基本、最简单的程序，也会用于示范一个编程语言如何运作。

12月，刚好在两个月之后，由我担任讲师的 Python 初阶班第一期结课了。四周八小时的实体授课，比原先预期的八周十六小时少一半，各组的期末专题报告主题如下：

神奇宝贝大数据分析，结合网络爬虫与自动化公司系统自动化开单，用自动化系统下载报表后做资料分析对比，自动发送警示信件，联结股市资料做运算分析，还能实时发社交媒体……

报告水准之高完全超出预期。这是魔法吗？当然不是，而是学员认真学习与教学技术的运用，两者交互而成的结果。没有魔法，而是找到了办法；不是魔术，而是技术！

课后很多同事开心地跟我说收获很多！学员有成长与收获，就是对讲师的最大奖励。学员上班之余要拨出时间学习，还有各种课前任务、课后作业，并且要考证书（没错！学员人手一张 Python 证书），最后还得合力分工做专题报告。从报告成果、整体出勤率以及完训率高达 95% 的破天荒纪录来看，我认为大家相当热情地投入了，最终也达到主管的要求了！

是我厉害吗？当然不是！厉害的是"教学的技术"。在福哥的课堂上，我受到了教学技巧的冲击，把快做到一半的内容删掉重来，从一张张便利贴开始，重新构思，将福哥指导的要点逐一加入，从"Powerful Opening"（有力的开场）、"Why me？"（为什么是我？）、"Why important？"（为什么重要？）、小组讨论法、游戏化、PBL、演练法，到背景音乐、大字报的细节准备……

受到福哥匠人精神的感染，讲师站上台就得负起全责，努力打造一堂"有灵魂的课程"，专注在实用、实际、实战上，从学员的角度来思考。我作为一个几乎没有教学经验的素人，经历了这趟惊奇的学习之旅，看到了自己更多的可能性！

应用心得分享

高手进化，被打通任督二脉

资深网络人　于为畅

大联盟先发投手的最高荣誉是"完全比赛"，而讲师界的"完全课程"也意指一场表现完美的课程，在课后评估的各项分数上都是满分，无懈可击、无可挑剔。要知道学员组成多元，心态和要求不一，得到如此殊荣实属不易。这么说吧，一次是侥幸，两次是幸运，三次以上就是实力，但台湾地区讲师圈有一位王永福（福哥），是在用"完全课程"写日记的超实力讲师！

本人有幸曾让福哥来课堂旁听，并对课程做全盘的指导，那天只见福哥坐在教室后面，写了满满五页建议，课后花了两小时逐一和我分析解说。那天之后，我的上课功力大增（收费也大增），感觉从社区队直升大联盟，种种领悟如泉水喷发。

一个好的"教练"可以看到你自己永远看不到的盲点，对症下药地加强优势、弥补劣势。就好比人的穴道布满全身，你自己再怎么厉害，也无法打通背后的穴道，但是所谓的高手进化，是需要被打通任督二脉的，而这正是当天福哥给我的感觉。

我自己当讲师很多年，别的不敢说，但我自认是"学习最频繁"的讲师，只要市面上有什么新课程，我都会自掏腰包投资自己。所以我看到过太多讲师了，好的坏的，很多讲师是"看图说故事"，例如事情发生了，才用一些道理去包装，是"教的一嘴好道理"，但其实自己做不到。福哥说到做到，还把方法传授给你，让你也可以做到。别的老师很难让学生投入，学生都在心不在焉地刷手机；但福哥的学员是很难不投入，福哥的场控技巧太强，每个人都进入心流跟着他学习，等到回过神来，才有时间去细想，接着赞叹他的运课技巧。

最让我佩服的不只是福哥教学的技术，而是"最不需要演练的人，演练得比谁都多"的精神，而且"福哥精神，还施于人"，以身作则，身教大于言教。福哥感觉上是对别人严苛，但其实对自己才最严苛，我想也正因为这样，他才能把"完全课程"当作家常便饭吧。

应用心得分享

璞玉经过雕琢成美玉

"出色表达沟通力"讲师　庄舒涵

我的讲师生涯从企业内部讲师开始，到校园讲师，再走到各大企业担任"出色沟通表达力"和内部讲师培训的全职讲师。

菜鸟讲师的转变

多年来，诚如福哥书中所言，每天早上走进教室的学员，都是一副被逼来的模样。他们完全不假修饰地通过开着的电脑、刷手机的动作和一脸事不关己的模样，不断向我传达："我看看你能干吗？"这样的画面在讲师的工作中都是正常现象，早已见怪不怪了。

还是菜鸟讲师时,站上讲台后,我总是睁一只眼闭一只眼。在校园甚至两眼全闭地装作没看见,还会安慰着自己还好只有一两个人心不在焉,至少不是只有一两个人在听课,课程结束得到的分数也都不差。

直到 2015 年我走进"宪福讲私塾"课堂向福哥学习,课程结束后,我整夜辗转难眠,有些兴奋,有些期待,也有些担忧。隔天一早我走进自己授课的教室里,上述那些原以为正常的现象,在我接到话筒后,完全逆转成不正常景象,连 HR 都惊呼不可思议。

课程大改造

福哥教的开场技巧,不管是分组、选组长、要求承诺、礼物展示、计分机制说明、教室规则建立,我一个也不漏地完全用上,最重要的是"Why me?"——建立台下对我的信任,增加自己的可信度,但不要膨胀。以前我的"Why me?"总是太过低调,开场太过松散,时间太过冗长,用了福哥所教的技巧,十五分钟内学员就完全变了个样。

2015 年发生八仙尘爆事件,我们在台中办了场公益课程,很幸运地邀请到福哥走进"出色沟通力"课程教室。福哥不仅是来学"出色沟通力 Colors[1]",下课后更是变身成教练,毫不藏私地说着好的部分,以及可以更好的教学片段,更分析指出几个教学技巧中既关键,又可能很致命的点。

那天回家后整整一个月吧,我吃不好睡不好,一直在思考,如何由奢入俭,将原本要花两个小时解说的四色性格缩减到四十

---

1 庄舒涵(卡姊)开设的一门课程。

分钟——蓝金绿橘每个颜色只讲十分钟，以及如何利用影片、游戏、活动以及小组讨论，包括小组讨论时的紧凑度、音乐运用，以及现场强化练习，让学员演练出色沟通力，下课后不仅带得走，还能实际应用得到。

从"小卡"跃升到"卡姊"

一块璞玉经过雕琢后，会更显得出色有价值，教学设计也是如此，自己往往已经觉得很好了，但经过大师的指点后，假如你愿意努力去改变调整，整堂课保证变得精彩绝伦、叫好又叫座。

职业讲师所处的市场相当现实，讲师教学教得好、学员投入有成效、回去能应用，这三项指标决定你在市场上的位阶。福哥在教学技术上无私的指点，以及在教学现场的示范，让努力的我三年内在讲师市场上不断跃升。

福哥，一位教学技术的导师，更是塑造讲师风格与魅力的超级教练。

应用心得分享

成就更好的自己的历程

邦训企业管理顾问公司执行顾问　吕淑莲（Tracy）

认识福哥也快十年了。从他第一次与传统产业合作，开展内部讲师培训开始，就感受到福哥在课程中对细节的要求，以及教学技术的不断跃进。即便其中几次遇上病痛，但只要上了台，福哥的教学职业精神就让学员完全跟着课程进度走，无视任何的干扰因素。也因此，上过福哥课程的企业客户回购率超级高，尤其总能在课前课后，清楚看到学员教学与PPT演讲的技巧明显进步，甚至是听课眼神的变化：从怀疑到崇拜。

除了从旁观察，我自己也有深刻的体验。今年秋天，在一场公益讲座中，我这个演讲素人表现得不太理想，几经思量，决定自主进行五个场次的免费分享，调整内容，也给自己一个交代。福哥知道我的想法后的隔天，及时给予"好的部分"及"可以更好的地方"（其实是挺糟糕的点）的具体务实建议。比如："注意时间分配、开场时间占比的调整""因为以经验分享为基础，基本上不会失败，但也会不够精彩，就比较平淡。好的句子会对听众有些启发，可以设计一些金句，但当时间拉长的时候，听众就会累……"

福哥所提供的种种改善的可能性，让我整场持续抓住听众的注意力。哇！哇！哇！真是非常实用，我在第一场即顺利达阵[1]。

1　达阵是橄榄球比赛中重要的得分方式，即"触地得分"。

在第二场分享的台中场,福哥还亲自到场督导,虽然我备感压力,但结束时他只有一个调整建议:"影片提前到中场播放,免得中间讲述的时间过长,影响听众的专注力。"接着在后面的几场演讲,我就开始享受过程中的点滴。

"教学的技术"有太多要注意的细节,但只要你用心,学习福哥分享的经验,根据他提出的要点改进,教学将是个不断成就更好的自己的进化历程。

第 9 章
三大学习理论与教学应用

- 行为主义学习理论：巴甫洛夫的狗
- 行为主义学习理论的教学应用
- 认知主义学习理论：从顿悟到信息处理
- 认知主义学习理论的教学应用
- 建构主义学习理论：参与、体验、思考
- 建构主义学习理论的教学应用
- 学习理论黄金三角
- **应用心得分享**

行为主义学习理论：巴甫洛夫的狗

看到这个章节，表示你已经看过许多"教学的技术"，不知道你的心中会不会有一些疑惑："这些技术为什么会有用？背后的原理又是什么呢？"其实技术只是外在的展现，背后的原理，我们就得进一步深入去看：学习的本质是什么？人，到底是如何学习的？探讨这些本质的学问，就是"学习理论"！

看到"学习理论"四个字，会不会觉得好像是在遥远的求学时代才会接触到的知识，譬如伊万·巴甫洛夫（Ivan Pavlov）那只流口水的狗、食物与铃铛间的关系，也就是制约反应。

进入教学现场后，我们很少在课堂中谈理论。我所认识的企业讲师，大部分也都是从实战经验中摸索出自己的教学方法，很少人回头再去研究"学习理论"。或许有人会认为"理论是理论，实务是实务"，两者之间没有很大的关系。但这有可能是因为当年为了考试被迫学习，或对学习理论没有深入的了解，而导致无法将理论运用在教学实务中，对教学者来说，这真的很可惜！因为我们有可能只知其然，却不知其所以然！

先从实务层面来看，你是否曾经思考过以下与教学相关的问题？

◎为什么沉闷的工程师，会为了简单的分数奖励，而抢着举手上台？

◎为什么"教学游戏化"有用？背后的原理是什么？

◎上课时若有学员的电话响了,应该暂时没收手机或惩罚他吗?奖励与惩罚的效果是一样的吗?

◎为什么需要浓缩重点,并且把重点整理成易记的口诀?

◎为什么需要塑造小组机制,让大家参与讨论?

◎为什么老师讲了还不够,还需要学生自己动手参与实践?

这些问题的背后都有理论基础,只是很少有人真的在教学时,把这些基本的东西好好想过一遍。

理论的价值

先说结论。学习理论其实只想解释一件事:"人如何学习新事物?"这也是古希腊哲学家柏拉图曾探讨的问题。后世学者花了无数的时间与精力实验、研究,就是为了要找到答案。

所谓的理论,就是按照知识或经验,经由科学方法,得到对一种现象的合乎逻辑的推论总结。更直白地说,理论是对现象背后的原因的解释。

因此,学习理论就是要说明学习这件事到底是怎么发生的,有哪些关键因素影响学习。如果能深入了解理论,教学者就能从学习者的角度出发,来观察学习过程中所发生的事情。教学者看到的,不是单一的教学细节,或只是表面技巧,而是学习的核心,并由此切入应用方法、提升效果。如果能够理解并善用教学理论,教学者就等于站在过去无数教育研究者的肩膀上,以更符合学习者需求与利益的方式,来审视自己的教学。

学习理论并不难,但是若想快速参透,并有效运用在教学上,这就有点挑战了。因为一旦进入学术研究的殿堂，你就会发现许多古典学习理论奠基于过去长期研究累积的成果，就连现代学习理论，如巴甫洛夫与流口水的狗，也存在了一百多年之久（早在1904年得到诺贝尔医学奖之前，巴甫洛夫就已因对古典制约的描述而闻名全球）。如果有时间，你当然可以慢慢啃书，不过，大多数教学者或职业讲师最想知道的仍然是："这些理论要怎么实际应用在教学中？"

我将在这一章中浓缩教学理论的精华，帮助读者快速了解。我们要从什么地方开始呢？就从"行为主义学习理论""认知主义学习理论""建构主义学习理论"这三大核心学习理论与其教学应用开始吧！

行为主义学习理论

行为主义学习理论的核心思想，就是刺激与反应的联结。简单地说，根据行为主义理论，学习就是在正确的刺激下，产生正确的反应。譬如学生看到题目（刺激），回答出正确答案（反应），或是更进一步，学生遇到一个状况或难题（刺激），知道怎么解决（反应）。如何有效建立刺激与反应之间的联结，就是行为主义学习理论关注的核心。

行为理论著名的研究者巴甫洛夫观察到，如果在喂狗吃东西前先摇铃铛，那么经过一阵子之后，只要摇铃铛（刺激），虽然食物还没出现，狗还是会流口水（反应）。在铃声与食物及流口水之间建立联结，就是所谓的"古典制约"。

美国心理学家约翰·B. 华生（John B. Watson）受到巴甫洛夫研究的影响，开始把这样的研究延伸到人的学习。他认为人与动物在学习上是差不多的，只要控制刺激与反应，就能塑造人的学习习惯。华生也认为，只有外在行为是看得到的，因此这部分才是研究的重点，至于内在心理观察不到，无法加以研究。

华生算是比较激进的行为主义学者，他曾说过："给我十几个健康的婴儿，我保证随机抽取任何一个加以训练，他都能成为我选定的任何类型的人，例如医生、律师、艺术家、商人，甚至是乞丐和小偷。"

1920年，华生进行了很有争议的噪声恐惧实验，他以幼儿为实验对象，拿出一个绒毛玩具（刺激），同时发出很大的噪声（刺激），把幼儿吓哭（反应）。几次之后，幼儿只要看到绒毛玩具，就会联想到噪声而被吓哭。这个实验很残忍而且不道德，后来遭到许多人批判。

后续还有爱德华·桑代克（Edward Thorndike）与猫咪的实验：把猫咪关在有开关的笼子中，看看猫咪要花多久的时间才能打开笼子逃脱。他发现，猫咪在经过尝试和练习后，逃脱的速度会越来越快，如果猫咪肚子饿，或是外面有吸引它的食物，更会加强逃脱的行为。

后来桑代克提出了学习三定律：效果律、练习律、准备律，只要学习会得到好的效果，经过多次练习，并且做好进入学习状态的准备，就会提高学习时的表现。他也认为，奖励才能强化学习表现，惩罚反而会有不好的效果。

另外一位行为主义大师是伯尔赫斯·F. 斯金纳（Burrhus F.

Skinner），他的鸽子实验也是教科书上的经典。他设计了一个箱子，可以随时投入奖赏（食物），当实验动物表现出期望的行为，例如转圈或按开关，就能马上得到奖励。通过这样的操作，他可以用奖励来强化行为，甚至逐渐塑造出一个新的行为（例如让鸽子不断转圈），这就是所谓的"操作制约"。

看了上述行为主义理论的相关研究，你会不会冒出一个想法：这些大师针对动物（狗、猫、老鼠、鸽子）所做的研究，要怎么运用在人的学习上呢？

行为主义学习理论的教学应用

也许你还是觉得，理论与实务之间的距离非常遥远。事实上，行为主义学习理论创建于20世纪初，对于现代教学产生了相当深远的影响。直到今天，人们即使没听过相关理论，仍可能经常使用行为主义的教学方法而不自知。譬如：

◎ 老师在台上讲述（刺激）特定内容，学生在台下听讲并记住（反应），这就是典型的行为主义教学法。

◎ 老师出考卷或题目（刺激），学生正确解答（反应），这当然也是行为主义。

◎ 还记得华生的残忍实验吗？用很大的声响去惊吓婴儿（刺激），让他害怕玩具（反应）。这是否让你回想起传统的教学方式，以教鞭或处罚（刺激），来惩罚答错或行为不合规范的学生？没错！这也是行为主义学习理论的应用。

行为主义大师桑代克早就说过，惩罚对于改善学习是没有帮助的，然而有多少老师或父母曾经或还在用这个方法呢？如果你曾上过我的课，或许你会恍然大悟，为什么我在课堂上总是奖励，很少惩罚，就算上课违反规定（例如手机响了），也不会惩罚违规的小组，而是以奖励其他组别来取代，这都是有研究根据的。

前述经典的行为主义学习实验，大都以奖励来刺激预期行为的发生，而且奖励还是很实际的东西，例如食物。但是在日常教学中,并不常看到类似的应用。你也许会有些怀疑:"将实物奖励运用在教学上,真的有用吗?"根据我多年的经验,把以行为主义为基础的奖励方式应用在教学现场,效果远超过想象。前面有关教学游戏化的章节中,已有进一步的分析说明。

应用行为主义的教学方法

行为主义理论的核心,在于刺激与反应的联结。但是,在应用行为主义提升教学效果时,要注意以下三个关键:

必须提供更精彩的教学

教学本身就是学习刺激的来源,因此提供更高质量的刺激,也就是优异的教学,成了应用行为主义的核心要点。例如,老师必须思考:如何运用故事、实例,或是有趣的内容,持续刺激并吸引学生的注意力;如何讲得更精彩、更清楚,或是运用不同的工具、媒介或素材,例如影片、电脑等,持续提高教学刺激的质量。

既需分段教学,也要反复练习

把课程的重点拆分成不同的片段,在学习了一小段之后,马上检验学习的成效,根据结果进行改良后再往前推进。简单地说,就是把一个大技巧或大片段的课程内容拆分成较易吸收学习的几个小片段,让学生一次学一个部分,学会了之后再学下一个部分,并且在一段时间之后回头反复练习。因此,教学者必须系统化地拆解课程,在上课过程中协助学习者复述或练习,结束前再复习。通过分段教学与反复练习，学习者更能固化学习成果。其实，很多学徒制的教学与练习，都有大量的行为主义学习理论作为依据。

导入教学游戏化机制

为了加强刺激与反应之间的联结，过去的行为主义大师们在操作相关实验时，都会利用奖励机制，并且非常注重给予奖励的时间。以斯金纳的鸽子实验为例，只要鸽子做出正确动作就马上给予奖励，通过这个过程来强化正确的反应。你是否好奇，类似的手法能套用在一般学习者身上吗？当然可以，只要懂得运用教学游戏化。

通过教学游戏化的设计，导入加分机制，并让分数与奖励产生关联，当学生有正确反应时，便可得到、累积分数。为了强化加分机制，还可以采取排行榜的模式，让学习者能对照自己与其他人或团队的表现。这些做法，核心都源自行为主义学习理论——实时奖励、强化表现、增强刺激（教学）与反应（学生表现）之间的联结。

方法说出来都很简单，但要流畅运用并达到效果，就一点也不简单了。只要回想一下，在过去的学习经验中，真的能把游戏化应用得淋漓尽致的老师你见过几位？

不过别担心，本书已有一整章（第5章）特别探讨了教学游戏化的应用方法。

小心！别误用理论

行为主义学习理论可以说是现代教学研究的主流，影响了许多教学的走向，如电脑辅助教学（分段教学、逐段测试、答对奖励），很多教学者即使没学过教学理论，仍大量应用了以行为主义为基础的教学方法，例如讲述与回应、分段教学与测验、表现评分与惩罚。

然而，行为主义也是经常遭到误用的一种理论。教学者经常联想到惩罚或考试，但这绝对不是行为主义的核心，桑代克已经说明了惩罚的效果不佳，奖励才是刺激正确反应的基础。如何提供更好的教学刺激，把课程规划得更好、更精彩？如何安排得宜，让学生有效地分段学习、反复练习？最后，怎样适度导入游戏化，利用计分、奖励及排名，更进一步刺激学习的效果？这都是在教学行为上值得持续思考的问题。

当然，一个学生除了学习行为外，还有许多内在思考，单独仰赖行为主义理论，是无法解释学习的过程的，也不可能得到很好的教学效果。所以，接下来我们要介绍的就是第二个重要的学习理论：认知主义学习理论。

认知主义学习理论：从顿悟到信息处理

认知主义的核心是：顺应人类的认知结构，达到最有效的学习。你可以先想一想：我们在学习的过程中，大脑是怎么思考的？如何吸收信息，又是怎么处理的？在需要的时候，我们如何输出信息？对于不同事物的价值判断，会影响我们的学习吗？杂乱无章的资料与经过整理的资料，如何造成不同的学习结果？知识是怎么储存，又是怎么应用的？

在介绍认知主义学习理论之前，你可以先想想以下几个问题：

◎ 为什么课程要有一个好的开场？

◎ 职业讲师经常花心思创造好记的词汇，让学员容易记住，或是把课程的内容结构化与模块化，这是为什么呢？

◎ 在一堂课开始之前，为什么需要回顾之前谈过的内容？在课程结束前，为什么还要重述一下这堂课的教学？这样做会带来哪些助益？有什么理论根据吗？

从关于认知理论与其实务应用的思考中，可以找到上述问题的答案。

认知主义学习理论的发展

开创认知主义学习理论的大师们都认为，学习不仅是接受刺激与产生反应。那么，在接受刺激之后，还会经过哪些认知与思考的处理？研究人类在学习过程中如何处理、思考、储存、应用信息与知识，就是认知主义学习理论的核心。

德国心理学家沃尔夫冈·柯勒（Wolfgang Köhler）发现，实验室中的黑猩猩利用箱子及竹竿，取得原本距离远而拿不到的香蕉。黑猩猩并不是以尝试错误的方法来学习的，而是在过程中的某一刻突然知道如何利用工具拿到香蕉。柯勒称这个过程为"顿悟"，也就是通过观察，在心中领悟问题怎么解决。

瑞士心理学家让·皮亚杰（Jean Piaget）应用这样的思维，实地观察自己的小孩是如何学习的，进而提出了认知发展理论。他认为人的心里有一个个基模（schema），譬如小孩第一次看到狗，就会在心里建立一个狗的原始基模，可能是四条腿、头在前面、有尾巴、有毛。然后当他第一次看到马，可能会套用这个基模，误以为马是大狗。之后经过学习与修正，调整原来建立的狗的基模，并增加一个新基模，也就是马。这个过程称为"同化"与"调适"。

基模的建构，从简单到复杂，从少变多，皮亚杰认为，这就是人类累积知识的过程。他又从观察儿童的角度来思考学习，认为学习需要探索，而认知是逐渐发展的，因此提出了认知发展理论。

激发先备知识，掌握学习逻辑

由于认知主义学习理论的核心在于人的内在认知，而所谓的"认知"又是看不见、摸不着的，因此不同的学者各自提出不同的看法。例如美国心理学家杰罗姆·布鲁纳（Jerome Bruner）就认为，知识结构化是最重要的，想让学生由浅入深、由具体到抽象、由简单到复杂（螺旋式课程理论）地学习，老师便应该把知识架构好，再由学生自己去探索发现（发现式教学）。除了教材要有结构及顺序外，教学时也要激发学生的动机，并以启发的方式增加学习乐趣。

另一位大师戴维·奥苏贝尔（David Ausubel）则认为，让学生了解学习的意义，并先激发他过去已有的基础学习（又称"先备知识"），就能给新的学习带来好效果。也就是说，学习就是在已有知识的基础上叠加新的知识，或联结新旧知识。这一点，很接近皮亚杰的基模理论。学习的过程必须有逻辑，并且有意义，才会有良好的学习成效。

近代电脑科学开始发展后，心理学家乔治·A. 米勒（George A. Miller）对比人脑和电脑，提出信息处理理论。他认为，人的记忆可以分为短期记忆（像电脑的 RAM 存储器）与长期记忆（如硬盘），也像电脑一样有输入、处理、输出等不同单元。他提出记忆是可以分块的，也提出"神奇数字 7 ± 2"法则，就是指人在短期记忆时，平均能记住七个数字。这样的研究，影响了我们现在使用的电话号码系统。

这些教学理论，又该如何应用在教学实务上？请见下一节。

认知主义学习理论的教学应用

千万不要看到"理论"两个字就头大,然后心生抗拒。事实上,很多教学理论的研究,都是从实际的教育训练中得出结论的,完全可以无缝应用在教学实务上,例如心理学家罗伯特·M. 加涅(Robert M. Gagné)提出来的学习阶段论就是最佳印证。

加涅的教学九阶段活动

加涅受过严谨的行为主义心理学训练,曾经协助美国空军规划飞行员的教育训练,之后再回到普林斯顿大学教书。他整合这些不同的经验以及行为主义的基础理论,再融入认知主义的想法,提出了包含学习条件、学习阶层等概念的不同理论,对许多教学设计产生了重大影响。

其中,他所提出的教学九阶段活动,与我们在实践的教学经验极为相符。这九阶段大致又可归为三大阶段:教学开始、教学过程、教学结束。接下来,你不妨边看边检视,自己的教学是否按照这个流程来设计了。

教学开始

一、注意:用一些不同的方法刺激,让学生的注意力集中在教学上。

二、期望:告知学习目标,提升学生的期望。

三、回溯：激发学生回想先前的学习内容或相关经验。

教学过程

四、呈现教学内容：用最有效的方式呈现学习内容。

五、提供教学指导：包含案例、流程、易记词汇、可视化工具或模型、角色扮演等，以及其他不同的方法或工具，帮助学生了解、记忆或应用。

六、诱发表现：让学生演示学到的东西，除了确认学生是否理解外，也帮助学生内化知识。演示的方法包括请学生复诵、重新演示，请学生说明细节、跨领域应用，或是让学生合作学习等。

教学结束

七、提供反馈：让学生知道他做得好的地方，以及还有什么地方可以做得更好。通过反馈予以修正或强化学生的学习。

八、评估成效：除了评估学生的学习情况外，更重要的是确认学习效果是否达到原先的期待；学习前与学习后，学生有什么不一样的改变或成长；学生与学生之间有哪些学习差异。

九、强化保留与转移：让学到的知识可以保存得更久、更牢靠，而且更重要的是，让学习内容能应用到实际的工作或生活上。

还记得认知主义学习理论的核心吧？它关注内在思考结构，因此安排学习时，要配合这个结构才会得到良好效果。不论是赋予学习意义、分层架构知识、让学生自行探索、对记忆分块，或是依照教学前、中、后不同阶段设计不同任务，重点都是在探讨到底应该怎么安排学习才能更有助于吸收,进而让学生有所成长。

认知学习理论在实务上的应用

多年来,我观察过很多老师。教学精彩的老师,大都会使用许多基于认知学习理论的教学技术,譬如:

◎ 采用丰富的案例或实践,联结教学内容与已有的现象。因此,不要只是讲授枯燥的大道理,而是要找出道理与实践、案例之间的联结,或是以故事、例子来强化,才是比较贴近认知学习的方法。

◎ 将课程切割分段,让学生清楚知道整个课程运作与进行的节奏。架构化、系统化、模块化既是很多精彩课程的共通点,也能提升学生认知吸收的效率。

◎ 把课程的教学重点编成口诀,或是中英文易记词汇,帮助学生记忆。我在以"上台的技术"为题的演讲中,编了一个PPT演讲入门修炼的口诀:要、不、多。也就是"要"演练、"不"看稿、"多"学习。这类易记口诀一旦听过之后就会印象深刻、很难忘记!

◎ 用问答法或小组讨论法,在课程一开始时,先请学员回顾关于教学主题的经验,或曾经遇到哪些问题。这是很多好老师必备的技术。

◎ 规划良好的课程开场,除了能吸引学生集中注意力,也可以强化学习目标,并说明接下来的学习重点,赋予学习更高的价值及意义。如果您还没这么做过,不妨回顾一下加涅的教学九阶段活动。
◎ 提供给学生一个容易操作的框架或 SOP，帮助学生吸收。对技巧性的演练或流程式的操作来说，这一点尤其重要。
◎ 每一堂课开始前回顾一下之前的重点，结束时重述一下这堂课的学习重点。看似是小技巧，效果却非常好。如果你曾观察过，就会发现职业级的讲师都这么做。

结合实务，理论的力量会更强大

上述这些教学技术，都属于认知主义学习理论在教学实务上的应用。若从理论的观点来看本书所谈到的重点，你将能够理解许多技术背后的原因，包括：为什么教学时要先有一个好的开场？为什么教学目标与教学评估很重要？为什么需要关注学习动机？为什么在说明教学内容之前可以先运用问答法？

理解认知主义学习理论后，你也会理解，为什么许多职业讲师会费心想出易记的口诀（例如宪哥在"教出好帮手"中的"BUDDY 原则"），或是结构化与模块化的记忆方法（例如林明樟老师在"超级数字力"中的"独孤九剑"）。这些都与认知主义学习理论有高度的关联性。

当然，教学者不一定要懂教学理论，也可以把课程教好，但是如果能够花点时间了解 20 世纪的学习大师对学习理论与教学原理的研究贡献，再回头在自己采用的教学方法或技术上找到印证，如此一来，既有实务经验，又有理论基础，你的功力一定能再上一层楼，学生也能获得更丰硕的成果！

建构主义学习理论：参与、体验、思考

细心研究学习理论，阅读过许多学术资料、书籍、期刊论文的人，可能会觉得：看得越多，越不知道从何着手。

就以本节要谈的"建构主义"而论，暂且先不谈应用，光是"什么是建构主义？"这个问题就足以让人晕头转向，别说有建构主义哲学、建构主义教学、建构主义学习方法之分，还有传统建构主义、个人建构主义、社会建构主义等不同范畴。即使想先仅认识建构主义的代表人物，你也会发现，不同的研究者往往也有不同的观点，例如有研究者认为杜威属于实用主义，但也有研究者将他归为建构主义。越读越迷惘之际，大家就忘了最重要的一件事：

"如何应用这些学习理论，让学生有更好的学习成效？"

有鉴于此，我才写了这个章节，目的在于用最简单的方式，让大家快速了解三大核心学习理论，以及这些理论在实务上的应用。焦点还是放在教学的实务应用上，理论只是提供支撑的基础。如果你对理论细节有兴趣，欢迎再进一步自行阅读专著，或通过博硕士论文系统、互联网学术搜寻等，搜集相关资料，相信一定能找到讨论更深入的学术材料。

接下来，我们就来谈谈，最近几年被讨论得最频繁的学习理论——建构式学习理论。

建构主义学习理论的两个例子

由于谈理论实在太生硬，让我们先举个旅游的例子：冰岛是许多人向往的旅游国度，不管从旅游节目、旅游书籍，还是身边的亲朋好友，都可以得到相关信息。除了文字报道，网络上还有许多精彩影片，通过影像让你能对冰岛有更具体的想象，但是，请你仔细想想：这些文字与影像，能完全反映出冰岛真实的样貌吗？如果你有机会长住一段时间，体验生活，相信你对冰岛的认识会更加深一层。而且同样的地方，不同的人、不同的时间去，相信都会有截然不同的体验。

回过头来想想，你对冰岛的认识或了解，究竟是来自于书籍、影片，还是自己的经验？书籍、影片或旅行代表了知识吗？还是你以自己的经验，诠释了书籍、影片或旅行，才让这些知识建立并储存在你的大脑中？

通过这个例子我们想进一步探问：其他人传达的信息和知识，是否能取代你自己的体验？是不是最终还是要自己亲自接触或探索，才能真的有感受？就如同旅行者必须亲自去过冰岛，才能在心中建立属于他自己的真实样貌？

如果旅行这个例子还不够清楚，我们可以再接近一点，用"PPT演讲技巧"这门课程为例来说明。

专业PPT演讲技巧可以说是我最拿手的核心课程。假设有位学生，本身并不具有（或者只有很少的）PPT演讲经验，你觉得是否有可能，在仔细阅读了我推荐的十本书后，学生就能学会PPT演讲的技巧？或者，在浏览了十部关于PPT演讲技巧的、具有代表性的影片后，学生就能上台做 PPT 演讲并且表现得跟影片一样好？

或是再换个方式，如果我一对一教学，在一天之内，把关于 PPT 演讲的所有知识、经验与技巧都口述给你听、示范给你看，你觉得，身为一个学习者就能学会吗？

关于 PPT 演讲技巧，也许你一直想着一件事："练习！"是的，不论看过多少书、多少影片，或是听我教了多少次，如果没有自己练习过，就没有真正的吸收；再多的书籍、影片与课程，对你而言都是没有意义的。

请想一想，PPT 演讲书籍、PPT 演讲影片或 PPT 演讲课程与教学是"PPT 演讲知识"吗？还是因为你的参与及练习，还有过程中的体验，才创造出真正属于你自己的"PPT 演讲知识"？

通过上述两个例子，我也正在使用"建构主义式"的方法（我先不解释，由你自己先诠释一下），试着让你了解建构主义的核心：知识不是客观存在，而是通过学习者的主动参与、体验、思考，自行建构而来。有了这个理论基础，接着就可以介绍建构主义的三位代表人物了。

杜威：知识是从解决问题的过程中产生的

约翰·杜威（John Dewey）是 20 世纪初的精英，一位对教育影响非常深远的大师。他认为教育是"从做中学""从经验中学习"，教学不应该与生活脱节，知识也不仅是那些条理分明的教条文字。世人应该从生活经验中学习，通过参与及实践，并在解决问题的过程中,与环境交互体验,通过反思产生有用的知识。

杜威也认为,知识是从解决问题的过程中产生的,而解决问题要经过五个步骤:一、发现问题;二、确定问题所在;三、提出解决问题的假设;四、推论假设,看看哪一种方法可以解决问题;五、验证假设。

杜威的教育理论影响了许多实践教学,包括"问题导向学习"教学法。

皮亚杰:与环境互动,建构知识

没错,在认知主义学习理论的部分已介绍过这位皮亚杰大师,他同时也被视为建构主义的开创者。

其实建构主义是从认知主义发展而来的,两者的差异在于,对认知主义而言,知识是客观的(在书中或在外界,可教导);对建构主义而言,知识是主观的(要通过学习者自行诠释,知识才会产生)。因此建构主义认为,面对相同的知识,每个人会有不同的诠释。

皮亚杰通过观察儿童(自己的小孩)的成长过程,提出了认知发展论,即不同年龄的儿童处于不同的发展阶段。除此之外他也认为,知识是在儿童与环境的不断互动下,通过同化与调适来扩展认知基模,持续建构而成。这种"个体主动与环境互动,进而建构知识"的观点,引发了后续建构主义的相关研究。

维果茨基：ZPD[1] 支持框架

1978 年，维果茨基提出社会建构主义，认为个人在与社会及环境互动的过程中，会建构出属于自己的知识。他提出"近端发展区"，提出教师可以提供支持性的框架，协助学习者增加扩展能力的机会。当学习者可以通过支持框架完成作业时，能力就实现了进一步发展，并在过程中建立了他自己的知识结构。

这个 ZPD 的概念，我们在实践中经常应用于演练中，帮助学习者在不熟悉的状态下，通过老师的辅助与支持，完成难度比较高的演练。譬如说：老师可以把演练的要求或做法，整理成流程辅助或 SOP 辅助，让学生可以参照着演练；等到学生熟悉后，再移除这些辅助稿，让他们可以不看稿演练。这就是 ZPD 支持框架的实践操作。

---

1 见 P135 注 1。

建构主义学习理论的教学应用

建构主义学习理论的核心概念是：知识不是客观存在，必须由学习者自己建构而成。换句话说，老师教的知识与技巧还是老师的，只有学生自己体验、探索后所得到的知识，才是学生真正拥有，并且能运用的知识。

建构式教学是近代教育改革的一个趋势，也曾引发不少批评，例如学习效率太低，简单的问题要花很长的时间解决，不适合基础知识的教学等。

我们暂且先不评价各种学习理论的好坏优缺，其实不同的学习理论可以相互搭配。我们会在下一节跟大家分享如何整合这三个不同的理论，并组成一个"黄金三角"。这一节先跟大家分享职业讲师如何在实践教学的现场应用建构主义学习理论。

以个案或问题为基础的讨论

好的职业讲师，在精彩的企业内部培训课程中，大多会穿插个案讨论或问题解决方案。教到一个节段后，讲师会抛出题目，请学员应用刚才教学的内容，尝试解决这个问题。

以我的"专业 PPT 演讲技巧"课程为例，当我刚教完构思内容的"便利贴思考法"（参考《上台的技术》），就会马上请学员用自己的 PPT 演讲主题进行实践练习。学员开始进行时，难免需要摸索一下，也可能会有些挣扎，但这正是转化刚才所学的最佳时刻。只要动手做过一次，这个技巧就能变成学员自己建构的知识。

再以林明樟老师的"超级数字力"课程为例，在他教完如何判断公司"体质"的财报分析法后，会马上让学员尝试分析一堆不具名的财报，并从中挑出好公司。

我们也可以参考知名的"哈佛式个案教学法"，比如哈佛正义课的桑德尔教授，他会在课堂上提出一连串的难题，让学生思考、发表意见，同时主导讨论的进行。

以个案或问题为基础，让学生自己思考如何解决难题，这其实就是应用及转化课程知识，把老师所教的内容变成自己的东西的过程。

观察、体验、作业、PPT 演讲

有些课程会精心设计课前、课间或课外作业，请学员在上课前先观察、体验，来到教室后，就直接针对该份作业做 PPT 演讲，发表想法与意见，然后由讲师总结，并联结到接下来的课程主题。通过这类作业，让学员先建立印象，老师再进行指导，这也是一种建构主义的教学方法。

在时间有限的情况下，作业也可以在教室里进行，譬如把观察或体验改为在教室里先观看一段影片，然后由讲师引导学员讨论影片内容，同时联结课程的教学主题。"影响力"课程的讲师谢文宪，他的"管理电影院"课程便采用类似的方式，得到了企业的一致好评。

先前在教学法的章节谈到的个案教学法（参见第4章），或是问题导向学习的教学法（PBL），也都是基于建构主义学习理论所发展的教学手法。

小组式的交流互动

是否能够流畅地实施小组互动，可以说是顶尖职业讲师与一般讲师最大的差别。小组是许多建构主义学习方法的基础，像是演练、讨论、个案分析等都需要分组进行。严格来说，如果不将学员分成小组，依然可以进行演练或讨论，等于一个人一组，但是小组讨论可以激荡脑力、刺激个人想法，而组员之间的交流也是学习的一部分。

因此，在设计建构主义式的教学任务时，讲师可以考虑一下，让学员经过小组互动或讨论之后再正式发言。例如若有个案讨论，先让学员在小组中交流想法，并整理好意见，然后讲师再请各组发言；或是在操作演练法时，讲师先让学员与小组组员一起规划演练的内容，然后再进行正式的练习。小组互动能有效活跃学习气氛，让学员在听讲时与在小组之间有不同的收获。

从教学者转变成支持者

进一步研究建构主义式的学习与教学之后，你会发现，老师的任务已经从教学者转变成支持者。课堂上，老师大多是在旁边观察，当学生有需要的时候提供协助，看似没有什么教学任务，实际上老师一直保持着高度的关注，确保学生的学习朝着规划好的方向进行。这难度其实是很高的，整个课程从任务或难题规划，布置观察、体验的作业，到引导小组讨论或演练，以及考查学生如何发言、展现成果，最后再由老师进行学习的归纳与总结，每个环节都是对教学技巧和教学经验的考验。

有些批评者认为，建构式教学耗费太多时间，让学生自行摸索、思考问题效率太低，不如直接提供公式、方法，甚至正确答案，然后让学生不断重复演练以强化记忆，这样教学的效率会更高。（不知你是否留意到，这个说法是基于哪一种学习主义的理论？）根据经验，我认为大可不必陷入"哪一种学习理论比较好"的争论中，而是应该融合各家理论的优点规划出更好的课程。到底要怎么融合与应用？我们马上来看一下融合三大学习理论的黄金三角！

学习理论黄金三角

写在前面的是：这是一篇有点艰深的文章。但只要你能仔细阅读，好好思考，对未来的教学设计绝对会有根本性的影响！这也是我在写这本书时才得出的一个看法。阅读时，请搭配前面三大学习理论的简介跟应用，才能真的理解接下来讨论的黄金三角的精华！

三大学习理论的核心及应用

本章的前几节，已经依序谈过了行为主义、认知主义、建构主义等三大学习理论。简而言之，三大学习理论的核心观点是：

◎行为主义的核心在于刺激与反应的联结，通过不同的手段强化，让主体能在刺激出现后做出正确的反应。

◎认知主义关注的是认知结构，也就是如何通过信息的输入、处理、输出等不同流程的改进，达到更有效的学习。

◎建构主义认为学习者需要自己探索与体验后，才能构建属于自己的知识。

在介绍学习理论的实际应用时，我们也谈到，传统的讲述教学比较偏向于行为主义的应用，也就是"老师说、学生听"，希望通过"老师说"的刺激能建立学生学习的正确反应，因此，讲述的精彩程度就决定了学生反应的质量。而当老师开始运用问答法，课堂会开始有些不同的改变，除了老师问、学生答（这偏向行为主义），也会开始刺激学生的思考，并抓住学生的注意力，这样就混合了认知主义理论。而像小组讨论，除了调用学生内在已有的认知（认知主义），也有可能让学生自己整理内心所学（建构主义）。演练法则是让学员亲自体验，当然是偏向建构主义；其他像影片（行为刺激或知识建构）、个案讨论（知识建构）……这些不同的教学方法，各自有不同的学习理论在背后支持。这三大学习理论的实际应用方法，前面也分别谈了不少。

所以，不知你有没有想过，到底哪一个学习理论比较好？

通过学术论文的回顾及实践观察，有些教学者偏好应用单一学习理论，例如年纪较大的长辈常说"不打不成器"，或是"有耳无嘴"，他们就是行为主义的偏好者；而有一阵子许多学校对于建构式教学的关注，也引起社会广泛的讨论。有些研究则认为，学习理论没有绝对的好坏，只是适合的时机不同，譬如比较简单的知识适合用行为主义式的教学传授，多次练习反复做，一直到把事情做对；而相对高阶、需要思考的知识，就适合用建构式学习，像哈佛式的个案讨论，或是很多以问题或项目为基础的学习。这些相关的研究都有人做过。

学习理论的黄金三角

就在我一边到企业教学，一边研读学术理论，同时撰写"教学的技术"文章时，突然有个想法出现在我的脑海中：

学习理论不是哪一个比较好，也不是哪一个阶段适用，而是应该三个理论交互联结，在每个不同的学习阶段轮流出现！

而且这三个学习理论可以组成一个黄金三角！我回想自己过去的教学，以及我观摩过的各种教学，这才发现：只要是好的课程，一定会完整经历这个教学理论的黄金三角！

如此简单，为什么我之前没想通啊！想通了之后，我似乎又进入另一个境界，在看待自己和其他老师的课程时，有了一个简单而有力的分析工具。

黄金三角的应用实例

光是这么说，大家可能还没办法想象，先举几个例子说明：

我在教"专业简报力"课程时，有一堂课程的主题是：PPT演讲的开场架构（请参考《上台的技术》）。我会先用讲述的方式，提到五个不同的开场方法（行为主义），接下来我会把这五个方法组成一个"开场1、2、3"的易记公式（认知主义）。然后，我会让学员用自己的题目演练一遍（建构主义），为了帮助大家练习时能做得更好，我再提供一些参考的范例与架构，让大家可以边参考边练习（建构主义的ZPD——近端发展区理论）。整个过程从行为→认知→建构，完整地走过一遍。你注意到了吗？

再换个例子，举知名讲师"超级数字力"林明樟老师的教学实例，他会先给一个名为"独孤九剑"的分析架构及流程，帮助学员更容易记忆（认知主义），接下来逐一解释流程的分析细节（行为主义），然后下发真实的财务报表，让学员用刚才学到的方法，自己分析体验一下（建构主义）。发现了吗？在这个教学范例中，过程也是从认知→行为→建构，将三个不同学习理论的教学手法用了一遍（尽管顺序不同）!

也就是说，三大学习理论不是哪一个比较好，而是要在单一阶段的教学中，把这三个学习理论都用一遍，学员才会有更完整、更好的学习体验。

从哪个理论开始最好

黄金三角应该从哪一个学习理论开始比较好？这倒不一定。很多人可能会从行为主义（讲述）开始，但如果从认知主义开始，先给一个易记的架构或流程，再用行为主义的方式说明内容，之后再用建构主义的手法让大家消化吸收，这也很好。

那有没有可能，一开始就从建构主义式的教学手法切入呢？当然有可能！譬如，我观摩企业创新教学讲师周硕伦在顶尖企业的课程时，其中有一段教的是创新流程改造，周老师什么都先不教，而是请学员先看一段影片，接着让大家讨论，从影片中有哪些不同的观察，是否看到了什么创新的想法（自己观察、发现的建构主义式学习）。接下来，他才开始针对影片中的重点逐一讲解（行为主义式的讲述教学），到这里其实已经教得很清楚，理论上可以结束这段教学了……

等一下！细心的你一定注意到，有建构主义，有行为主义，但似乎少了一个？没错，就是认知主义学习！

周老师当然也不会漏掉，在讲解结束后，他又把整个流程归纳为五大步骤，让学员更容易从中得到整理后的架构。而为了加深印象，他又出了另一个题目，请大家把刚学到的架构应用在一个新的主题上。

你是否注意到：这又开启了另一个黄金三角的循环呢？

我的好伙伴——职场顶尖教练宪哥，在他知名的"教出好帮手"课程里，基本上就是使用了"我说给你听"（行为理论）、"我做给你看"（也把过程整理成口诀，偏向认知理论）、"让你做做看"（建构理论）的模式。就这样，学习理论的黄金三角持续循环、往前推进！

举一反三，无往不利

从上面所举的例子中，你也许可以体会到理论有趣的地方。虽然老师的教学方法不同、教学内容不同、教学对象不同，但是都能在不同的情况下，找出一个相同的理论架构——教学理论的黄金三角——来解释怎么塑造一个完整的学习过程，甚至构建出一门好课程。这是我在融合了企业实践教学经验与教学理论的学术基础之后总结出来的一个课程分析架构。

未来你在自己教学，或观摩不同的教学课程时，可以套用这个架构，并且检查一下：在教学的过程中，这三个学习理论有没有完整地转换过一遍或多遍？缺乏了哪些环节？譬如：如果都是以行为理论为基础的讲述，是不是应该加上一些建构理论式的演练呢？而如果要做演练时，是不是应该提供一些认知理论式的口诀或 SOP，作为演练时的支持呢？

理论当然博大精深，也是前人研究者智慧的结晶，但理论绝对不是用来吓唬人的，而是用来助人的！善用理论、结合实务，教出一门更好的课程，这才是本书花了许多篇幅谈学习理论最大的目的！

应用心得分享

教学，不是你会讲多少，而是学生能学多少

"帮你优"营销总监兼业务副总　张怡婷（Eva）

福哥曾经语重心长地跟我说过："Eva，你口才很好、台风稳健、论述能力很强，所以，你在应用教学的技术上，更有障碍。"我还记得听到这句话时的震惊，我讲得好，所以我反而很难教得好？怎么会？

后来，在福哥的建议下，我检视了每次上台的方法与成果，才发现福哥说得对。我过于仰赖我讲述的天分，习惯用讲述法一招打天下。顶多再搭配一些故事、分组、举手问答，学员的反应就有85分以上，又何必再精进我的教学技术呢？

但有幸上过几次福哥的课程，见识了他神乎其技的教学，在几乎不用做笔记的情况下，课程结束一个月后，上课所学依然历历在目。一次又一次的"见证"，让我实在忍不住要挑战自己，能不能也利用福哥传授的"教学的技术"，将课程从85分进步到100分呢？

于是，我开始在PPT演讲教学、时间管理等课程中融入大量教学技巧。例如"高效时间管理"课程中，先是影片法加上小组讨论，让学生自行发觉时间管理上的痛点，这就是福哥说的"自己观察的建构主义式学习"，再提供时间管理的小套路供学生解决痛点，这就是福哥说的"整理成口诀公式的认知主义"，最后再以小组竞赛的形式让大家利用套路解决影片中呈现的难题，这又回到"自行分析体验的建构主义"。

从学员的反应中，我发现我在流利讲述与强力论述的基础上，让学生在"行为主义"学习法之外，再搭配认知主义与建构主义的学习方式，这才让他们从课堂上获得了真真切切"学得会、带得走、能应用的技能"。

教学，不是你会讲多少，而是学生能学多少。身为一个妈妈，我怎么会在福哥提点后才茅塞顿开呢？我更应该要了解这点才对啊！每次希望小孩们学会一些道理与技能时，"说教"是最没效果的教学方法，而且反而会有反效果啊！

演讲了得的高手，在教学上更容易有盲点。观众很热情很投入，但他们可能只因我的话语被激励、被感动。然而一个月过后，除了这些虚幻的情绪激荡之外，究竟让他们获得了哪些可以应用在生活上的技能以解决真实的难题，这才是一个好老师该着重磨炼的地方。

我现在更喜欢的不是在课堂结束后拿到的高分调查问卷，而是一两个月后，学生在改变生活、解决问题后，传来感谢信息，跟我分享他们在实际应用后产生的效果与能力的提升。这才是实实在在的教学成果。

应用心得分享

摆渡人的真心 ——不断地反省与进步

辅仁大学营养科学系副教授　刘沁瑜

电影《摆渡人》有句话说："能够坐下一起吃火锅的，都是同一个世界的人。其实吃什么无所谓，身边坐着谁才是最重要的。"老师就像摆渡人，学生一批批来了又走了。老师不管授什么课，重点是教学的技术与陪伴。真心地跟学生坐在一起，是一切教学的圆心。

今年是我在辅大营养科学系任教的第八年。教学就是通过课程设计，把知识传授给学生，让他们吸收。像做料理一样，我们不能逼着学生去茹毛饮血，而是要把食材处理好，让学生适当取用。好的教学法如同好的烹调技术，把生食变成美食，把知识拆解成学生易消化吸收的素材。因此当了老师之后，我更相信一定有更好的教学方法可以引导学生。有好的方法才能进步，老师也需要学习，让自己的教学能力提升。这也是为什么我会去上福哥的"教学的技术"课。

综合福哥的教学与我自己一线的教学经验，我把引导学生学习分成三个阶段。

授课前

我们常要学生课前预习，同样地，老师在课前的备课是教学中最花心神与时间的部分。尤其必修课与选修课的目标完全不同，必修科目像是骨架，必须巨细靡遗地上完；选修课比较像骨架上的肌肉,可以增加人的力量,得依照每个学生的能力与进度的不同,时时调整。

每学期第一堂课开始前,我会明确解释这学期的目标与进度,我也知道一定要善用学生习惯的社交工具来引领,所以我会在课前把群组开好,把上课的学生加入群组内。每堂课通过帖文的回复,我可以实时检验学生是否阅读了我发布的说明文件,也能确认是否达到了我预期的学习目标。

授课中

课堂是老师与学生互动最频繁的场合,也是运用三大学习理论的舞台。我也很常用小组讨论,让同学在课堂中便确认自己是否学会(认知主义),或是让学生立即上台做报告,或在黑板上写出答案,台下同学同时整理自己的学习成果(建构主义)。其他还有以影片辅助理解抽象的生化生理现象(行为刺激或知识建构),临床个案讨论(知识建构)等。下课后同学常常累瘫在桌上,但很多学习内容都在课堂中记住了,这点让我觉得很过瘾。

授课后

课堂的内容我会放在群组内跟学生讨论。从脑神经生理学的角度来看,课后的互动可以延长学习效果。如果我在课后立即引导学生回忆上课内容,是不是更能帮助学生理解呢?答案是肯定的。虽然这样的投入方式被很多人笑,觉得我太费心,但我认为学生在课堂上有收获、学习有效果,才是检验一个教师的 KPI(关键绩效指标)。虽然费力,但有效。

这三个阶段让三大学习理论应用一遍，形成一个课前有预备、课中有投入、课后有复习的循环。想提高教学的技术，必须不断地投入、反省与进步，就是福哥常说的 AAR，说穿了就是精益求精。通过这样的教学设计与引导，也让学生们可以在教师设计的学习情境内共学。福哥书中说明的技巧更丰富，很值得每一位对教学有热忱的朋友细读。

应用心得分享

提升教学成果，进而改变世界

新生大学全栈营共同创办人　郑伊廷（Xdite）

全栈营是一个培育程序员的在线教学平台，曾经在 2017 年创下了一批次培育五百个程序员的世界纪录。

全栈营的学成率两批次平均有 40％。别看这个比例好像不是很高，但一般业界在线学成率大概就只有 5％而已。为什么全栈营的效果是一般同行的八倍呢？其实这都要归功于当时王永福与谢文宪老师开的职业讲师培训课程"宪福讲私塾"。

我一直的梦想就是帮世界培养更多的程序员。但教学是困难的事，程序教学更是困难，更别说远程程序教学了。

我在研究如何将课程做得更好的路上，遇见了三位老师，王永福、谢文宪、林明樟老师。他们三位都是业界大名鼎鼎的老师，上了他们的课，我才知道原来即便是一般的技能培训课，老师也可以用非常有趣的方式，将课上得精彩无比。甚至不仅如此，不管多难的课程，都可以让学生在课堂上立即学会。

这一切的背后，都是有"套路"和"方法"的，不但科学，并且有很多诀窍。

而"宪福讲私塾"这门培训课程，就是王永福与谢文宪老师毫无保留地将他们过去十年无数场教学的精华，无私地分享给有志于传授知识的准职业讲师们的一堂顶级课程。

我在上了这门课之后，更进一步钻研认知心理学，对课程做了极大的改进，于是才有了后来的成果。

"宪福讲私塾"当年入学门槛极高，只有职业讲师才能报名。所以我现在非常高兴能看到福哥愿意把这么厉害的技术再一次地普及化，出版成《教学的技术》这本书，促使有志于传授技能的老师大幅提升教学成果，进而改变世界。

应用心得分享

为改变课室学习氛围而努力

龙津高中理化老师　曾明腾

"各位同学,把课本拿出来,翻开第八十九页,我们开始上课,这里讲的重点是……"

老师不断地在黑板上振笔直书,同学们也在笔记上龙飞凤舞,渐渐三十分钟过去了,老师持续口沫横飞,学生却早已呈现人生百态,与周公或网友有约,笔记上的文字也幻化成各种创意图像了。

在传统讲述式填鸭教育下成长的我们,对于这样的课室风景一点也不陌生,我们总期待着超人老师横空出世,解救众人于水深火热之中,让学习变得更有趣,让知识应用更加贴近生活,让上学变得更让人期待。

王永福老师,业界人称福哥。数年前的一次机缘,我在谢文宪老师(宪哥)的电台节目上与福哥和嘉琪教授巧遇。第一眼就对福哥印象深刻,那高大的身躯,不怒自威的神情,让我突然好想跟福哥同一队打篮球啊(他可是强力中锋)。聊天之后得知福哥篮球还真的打得不错,教学技巧与学习理论的交叉应用更是一绝,"时间"永远是在福哥看来最奢侈的事物,而如此忙碌的他还是能硬挤出时间来,将职业讲师宝贵的教学 Know-How 无私地分享给大家。

书中将三大学习理论——认知主义学习理论、行为主义学习理论和建构主义学习理论巧妙地通过众多名师实际的上课流程——拆解与融合。原来不是哪一个学习理论更好，而是混搭勾串在一起形成黄金三角，才是最好的课室风景。让我想到当初投身教职时，一开始为了改变课室学习氛围所做的努力。福哥在书中写来看似不费力，但我们都知道要能将不同的学习理论相互搭配，代表每一个理论下的实证经验都必须非常丰富，就像独孤九剑风清扬老前辈一样，每次出手都有无穷无尽的变化，教学亦如是。

书中福哥更是实际拆解了许多有趣又有效的教学方式，不只可以运用在企业内训上，也可以运用在学校课堂里。影片教学法、PBL 教学法……搭配老师们的课堂设计一一呈现，更通过 ADDIE 流程来协助每一位讲师或老师好好去进化自己的课程，让更多的学生或学员们能发现自己的潜能。

我很喜欢福哥曾经说过的一句话："找到有灵魂的课程，才能教出课程的灵魂。"

福哥勉励着许多企业讲师和从事教职的老师们，以聚焦、累积、演化的方式来让他们教出课程的灵魂，也激励着我去贯彻教育精神，赋予课程灵魂。

第 10 章　迈向职业讲师之路

大师实战篇之一：从创意到创新
大师实战篇之二：超级数字力
大师实战篇之三：故事王
大师实战篇之四：用生命热情教学
大师实战篇之五：发挥影响力
我的教学修炼之路
找到有灵魂的课程，才能教出课程的灵魂
成为专业讲师之前，需要思考的五个问题
应用心得分享

大师实战篇之一：从创意到创新

看到这里，已经是本书最后一章。不知道你心里会不会有个疑问："教学的技术看起来很不错，但其他的顶尖讲师们，也在用这些教学的技术吗？还是有什么不同之处？"其实这也是我心里常问自己的问题。如果这些教学的技术真的对学习者有帮助，其他的企业讲师也会这么想、这么用吗？相同的教学技巧由不同的老师运用时，效果会一模一样吗？还是有什么差异呢？

有了这个想法后，我开始对我身边的讲师好朋友们穷追不舍、死缠烂打，分别是宪哥（谢文宪老师）、MJ（林明樟老师）以及Adam哥（周硕伦老师），非要他们允许我去旁听他们的课程不可。

为什么都是好朋友了，还得死缠烂打才能去旁听？

因为企业内训的现场，一般人是不可能被允许旁听的！企业内训总是有企业各自的商业机密，而每个职业讲师又有各自的教学Know-How，能有机会全程贴身观察这几位企业名师，根本是一件不可能的事情。不过，由于我们之间有兄弟般的交情，因此在软磨硬泡了很久后，我终于得以观摩三位顶尖名师每一位的教学过程。

除了三位企业内训顶尖名师的课程外，我还自费参加了TEDx Taipei讲者，也是知名职业讲师火星爷爷（许荣宏老师）的课程，从中观察到很多有意思的教学方法。还有我的好朋友、好兄弟，台大教授叶丙成老师的课程，我们曾有多次共同演讲与教学的经历，让我有机会感受他诚挚的教学态度与无敌的教学热情。从他们身上，我看到了好讲师的共同特质。这一章将会与大家分享我的观察。

在这五位讲师之中，Adam 哥的课程观摩最难安排，因为 Adam 哥没有公开班，要进到企业内训现场还得通过公司保密信息及 HR 审查这一关。皇天不负苦心人，终于，有一次 Adam 哥刚好要到我长期授课的顶尖企业开班，我不只和培训单位很熟悉，也清楚该公司的特色与文化，知道教学对象的属性，如果有机会全程观察，就可以一窥我们两人在教学上相同及有差异的地方。因此，在麻烦相关人员安排后，我终于进到 Adam 哥的教学现场，观摩一整天的课程教学。

好老师都会的技术

Adam 哥的课程名称是"从创意到创新"。

Adam 哥是台湾地区最早去美国学创新思维的三个人之一，也是少数学创新、做创新、教创新"三位一体"的老师，这几年又陆续飞了好几趟美国，前往创新的几个重要基地——斯坦福大学、创见公司（Innosight）、迪士尼，学了好多最新的技术回来。单单是斯坦福大学"设计学院"的课程，学费就高达台币五十万左右，机票住宿都还不算在内。

通过不断授课、不断学习，Adam 哥融合了各家经验及自身专长，设计了很多门与创新有关的课程，例如"从创意到创新""设计思考""问题分析与解决"等。单以联发科来说，就已有超过两千个主管上过他的创新课，其他如网易、搜狐、百度，以及国际企业如索尼，许多知名药厂及电信公司……多到只能说不胜枚举，甚至像台湾地区科技政策的创新龙头——科技部的领导们也都上过他的创新课程。

在 Adam 哥的课堂上，只见他一开始时简略陈述过去的教学经历，一说完后学员全都点头称是，信任度马上爆表，不只对 Adam 哥敬佩，也对接下来的课程充满期待！然后 Adam 哥和我一样应用了标准开场的做法，例如：团队建立、选组长、小组自我介绍、公布计分机制，过程中配合音乐，再说明接下来的课程阶段和重点。我一边看一边笑得特别开心——果然，好老师都会用相同或类似的技巧啊！比较特别的是，Adam 哥会给组长一些不同的任务，整天观察下来，也看到了组长更积极的表现。这一点是我之前比较少用的，让我有不少收获。

另外，在问答法的运用上，Adam 哥的视线很宽广，只要有人有反应，他会立刻注意到并点名；回答后的实时计分机制，完全就是教学游戏化中 P（积分）的最佳示范。接下来开始通过观看影片，让学员判断什么是创新，还有小组讨论法的应用，甚至连下课准时回来的技巧也都如出一辙。第一堂课的一开始，我就看到 Adam 哥多样化又流畅的教学技术，果然是高手、高手、高高手啊！

不只学习，还马上让你应用

真正厉害的还不只如此。在第一堂课结束前，Adam 哥出了一个创意联想的题目给学员。一开始大家当然脑筋转不过弯，想不出什么好点子，但是在 Adam 哥稍微引导，并提出"创意需要动手做"之后，整间教室变得创意如飞，比一开始进步了十倍！好老师就是这样，在几个核心 Know-How 的指导后，马上就看得到学员的进步。

课程中，还有许多实践练习。学员们各自设想与工作有关的创意主题，然后在考虑可行性及市场性之后，挑出创新的议题。平常这些高科技研发部门的学员们，并不熟悉这样的思考及设想模式，因此一开始会有点慢，但是 Adam 哥马上应用了演练法的标准模式 PESOS。大家套用了创意讨论的方法，果然想法越来越多，再应用创意提案法及价值筛选公式激发灵感，果然出现不少很有意思的创新想法。

有灵魂的课程

在企业内训中，学员挑选的创意及创新议题都和日常工作相关，也非常专业，但是 Adam 哥还是能在学员发言后，马上给学员有价值的反馈，帮助学员看到自己的优点，也发现未来的改进点。Adam 哥对学员的反馈及讲评，让人惊讶于他的丰富阅历及高度素养，每个答案都极有内容深度，直指核心，刺激学员有更多的思考，并看到下一个可能。

有些东西，并不是看几本书就学得会的！我还记得，那天 Adam 哥在上课时提到，要做出有价值的创新，其中有个重要的原则：要亲临现场、亲自体验。他自己就是彻底实践这个原则的典范！

先前，有一次 Adam 哥因为接到一个大陆车厂的创新培训委托，备课时便亲自飞了一趟日本，只是想知道日本顶级的车厂都怎么做，然后结合他亲身的经历与过去的经验，在课堂上与学员分享。前一阵子他去了硅谷，亲自拜访 Facebook、苹果、谷歌等知名企业，就因为现场实地体验才是最深刻的。即使行程如此忙碌，他还修了创新大师克莱顿·M. 克里斯滕森（Clayton M. Christensen）的在线课程，不仅每周都要交作业，还要参与讨论。他那几周工作刚好特别忙碌，虽然奔波在不同的国家与城市，但还是没有缺过一堂课！

这些集中在创新领域的努力，让他熟知很多案例，他教的早已不是一门课程，而是一种创新的生活态度！这就是我说的"有灵魂的课程"，让我在台下敬佩不已！而 Adam 哥充满学者风范又重视实际应用的个人特质，让他的课程兼具深度与广度，让台下学员知道、得到、做到。在创新教学这个领域，Adam 哥绝对是排名顶尖的职业讲师！

融入创新于生活之中

从 Adam 哥以"创新"为主题的课程里，我再次验证了顶尖企业讲师的教学技巧。不管是多元生动的教学技术、提升课堂动力的游戏化机制，或是重视实务的演练，都是好老师共通的技巧。然而，虽然方法相同，但是每个老师的呈现方式不同，因此形成了不同的上课节奏以及课程结构。

除了观察 Adam 哥教学的技术外，我自己也学到很多创意与创新的 Know-How，而且边学边想，接下来该怎么把这些内容应用在我的工作上。再次谢谢 Adam 哥周硕伦老师，让我不只看到了创新的技术，更见识到一种把创新融入生活的态度。

你也很想上一堂 Adam 哥的创新课吗？对不起啦！Adam 很少公开授课。请关注"创新小学堂"，也许未来你也有机会听到他精彩的课程或演讲！

大师实战篇之二：超级数字力

如果有一个课程，让你两天内就学完大学四年才学得完的内容，并且拥有立体解析财务三大报表的能力，也就是从损益表、资产负债表、现金流量表这三大报表中，看出一个公司经营的状况，进而趋吉避凶，能让你比市场的众多高手早半年至一年，从财报中看出投资前景，两天，你觉得有可能做到吗？

上超级数字力名师 MJ 老师的课，就能做得到！

不断进化的课程

我在 2014 年第一次上 MJ 老师"超级数字力"的课程，2015 年上第二次，2018 年上第三次。每一次感觉都像一个全新的课程！

也就是说，MJ 老师总是不断在进化、不断在修正。譬如第一次上课时排了三大报表的科目，第二次上课时开始出现"看财报挑出好公司/坏公司"，第三次上课又加上"市场循环投资模拟游戏"，课程也从一天进化成两天。总而言之，这堂课就是在受到学员不断肯定的状态下，还能一直进化到超乎大家的想象！所以我常说，一个课程教了一百次，不一定能变好，因为重复的东西，每一次差别不大；但如果一个课程能进化一百次，当然一定会变得超级好！

丰富多变的教学法

财务课程的催眠效果，大家都心知肚明，但如果你上的是 MJ 老师的课，保证连刷手机的念头都不会有。一路下来，你会遇到各种不同的教学方法：问答法、小组讨论找财报、三大财报科目排序演练、个案讨论、投资模拟游戏教学、个案解析。有非常多变和精彩的手法，不断吸引着学员们的注意力，让大家高度投入。

另外，从标准的开场建立信任、确立学习目标、分组挑组长，以及游戏化的 PBL 机制——积分、奖励、排行榜，到现场的音乐……每一个操作细节，就连板书以及各种用具的摆放，MJ 老师都做得极为用心！

MJ 老师还有一个教学特色：他把微软的 Surface 平板电脑应用在教学上，手法之流畅，已经到了出神入化的程度。解析财报时，他会先请学员试着挑选，然后就用学员挑出的财报来做现场解析。这种时候，Surface 的手写功能就可以一步一步详尽地呈现 MJ 的财务分析思路。例如先看现金流量三大比例，再看现金流量水位，再检查生意运营的完整周期，然后看一下毛利及营业利益，接着转到股东出资水位，最后检查偿债能力。通过手写标记及财报分析展示这样一环扣一环的过程，难怪学员都有豁然开朗的感受！

追求极致的教具

教具的设计，始终是"超级数字力"课程的一大特色。

早期的财务科目排序，用的是小纸片加背胶，接下来先是进化成盒装版磁铁，然后是质感极为精致的讲义、笔记本，后来更把课程中用到的财报输出在大张硬纸板上，还有让学员带回去的精美笔记、MJ 手写的投资手札、财务扑克牌……每上完一次课，大概要用一个行李箱才带得走所有的教具。

在教具的开发及投资上，MJ 老师从来不手软。我听说，光是过去三年来，他就已经在教具的开发及改进上投入了超过千万，许多教具还申请了专利。这么用心经营，难怪能打造出亚洲最佳数字力及财务课程。

掌握学习的每一个脉动

一般老师在做 ADDIE 的分析、设计和开发时，想的就是教学目标、学生的水平，他们有什么问题，诸如此类。但因为跟 MJ 老师够熟悉，我得以深入他的教学开发团队，观察他们是怎么做的。

在 MJ 的"超级数字力"行政办公室中，有一份学习体验分析图，详列了学员从接触报名网站开始，到收到上课通知、进入教室、开始上课、每一堂课下课、中午用餐、回到教室上课，一直到课程结束、颁奖、回家、课后练习的整个流程。

也就是说，与学员互动的每一个阶段，"超级数字力"的行政团队（小甜、阿正）都做过仔细的分析，以了解学员的需求与感受，然后再思考如何强化或改善课程的细节。这可是非常惊人的一件事！因为这表示，MJ 老师及团队在规划课程时，考虑的不是只有起点和终点，而是每一个细小的环节。这不仅建立在对课程的熟悉度上（不然就无从分析），还要拥有对专业的执着与投入，讲究极致已经到了接近"变态"的程度！

热情的来源

记得第一次跟 MJ 在台中高铁站见面时，他告诉我"最喜欢教的就是财务课程"，当时我有点惊讶（因为看到数字我就头昏），我继续追问他"为什么"时，他立刻眼神发光，很认真地说："你难道不觉得，从财务三大报表中像侦探一样找出蛛丝马迹，是一件令人很兴奋的事吗？"

在几个月前，偶然在 MJ 家看到他大学写的财务课程笔记，那份笔记之精美，让我惊讶到下巴差点掉下来！字体工整，以颜色区隔重点，每一条线都用尺子画得笔直，甚至还有目录、页码，书侧再加上索引编号，笔记纸还印上 logo……真的是不能再认真了。由此也可以看得出，他对财务有一份超越常人的真爱。

本来只是"最喜欢的课程"，但这几年下来，MJ 老师逐渐删掉其他教学课程，全力聚焦"超级数字力"，并且不断进化与精进，终于塑造出一个每次开课报名时都秒杀、两岸争相邀请的非财务人员快速专精的财报专业课程。成功，果真是没有奇迹，只有累积啊！教学的技术也是如此，你说是吗？

大师实战篇之三：故事王

在知名的 TEDx Taipei 讲者、外号火星爷爷的许荣宏老师的"故事王"课程中，我跟大家一起疯狂举手，快速回答，也跟组员一起合作，完成每一项任务。能够重回学员的身份，参与课程的运作，甚至观察高手是怎么讲课的，实在是一件很痛快的事。

开场利落，节奏快

课程从一个快速而有效的开场开始，简单调整一下分组（漂亮），请小组做破冰自我介绍（必要），以学员编号区隔任务（赞！），取得承诺（有趣），然后说明激励机制，再以自我介绍配合举手与台下学员建立联结。

每一个动作都干净利落，看起来轻轻松松，却都能引发台下学员开怀的笑声！果然是职业讲师的高级技巧，从学员的角度，我更能感受到这些技巧的威力。

接下来，火星爷爷快速展现了几个案例后，马上让大家离开座位，开始卖一颗苹果，以这个简单的任务让学员们暖身，然后进行小组比拼。整个课程的节奏，明快到让大家来不及犹豫，真棒！

紧接其后的是"M.T.V. 自我介绍"练习，也就是我（Me）跟对方的联结，再谈一下我的核心工作（Task），然后介绍一下我能为对方带来的价值（Value），不只给了大家"M.T.V"这个易记名称,还用了标准的演练法操作,也就是老师先说给你听、做给你看,再让你做做看,然后通过相互练习进行成效追踪,这也跟宪哥"教出好帮手"的模式不谋而合。果然是高手所见略同!

每一堂课下课的重点复习,每一堂课不断强调内容,多次强化学员的记忆,想忘也忘不了!

M.T.V.、刷白与抹黑、超人北极搞对比、关键字百宝箱、WWW……一个又一个架构清楚的教学内容,配合"故事王公式"方便记忆。重要的是:每教一个公式马上就进行实践,而且以学员互动为例子,套用刚才教的公式。每一个学员学到的不仅是方法,更能在现场马上应用。

我个人特别喜欢火星爷爷用案例轰炸的方法,通过多面向的案例,让我们对学习中的"故事王公式"有了更宽广、更全面的了解。而且火星爷爷的案例都是他精心挑选出来的(他跟我说,大概要看一百个案例才选得出一个),常常让我们看了"哇哇哇"地惊叫个不停。

而不同教学方法之间的交互应用,包括讲述、案例、问答、举手、抢答、小组、演练、影片、实作、A／B演练、组内演练、组间比拼,甚至最后的短剧大演练,种种教学手法层层搭起,真是令人惊艳!更细节的如音乐、灯光、桌型、点心,甚至走位及PPT等,全都搭配得很用心,这才建构出非常棒的课程。

更不用说火星爷爷的热情,还有特别设计的现金激励机制,以及小点心,都让我有了更深一层的学习。谢谢火星爷爷!

从技术到艺术

大家可能会担心:"这样详细地拆解火星爷爷的课程,不是泄密了吗?"

是吗?你真的觉得只要拿到武功秘籍,就能练成绝世神功吗?

下课时,我跟火星爷爷交换了对教学的想法,我们都认为:其实教学是可以学习的技术,但是各种方法怎么组合得好、操作得顺畅,用在每个不同的课程上,那可就是一门艺术了。

通过"故事王"课程的教学,我再次看到了他将教学的技术炉火纯青地展现了出来,也感受到了教学的艺术。更谢谢火星爷爷,允许我把这些想法写到书中,与读者分享。

看书能让你知道,若想要真正学到,你需要一个好老师、好教练。

火星爷爷的"故事王"课程,就像通往故事星球的登月火箭,上课只是你学习的一小步,学完后的应用才是你人生的一大步!

大师实战篇之四：用生命热情教学

叶丙成老师，台大电机系教授、连续多届优良教师、引领翻转教育的推手、全球第一届教学创新大奖冠军，在 Coursera[1] 开设第一堂中文课"概率"，创立 BTS 无界塾自学机构，同时也是 BoniO 公司的执行长，用游戏化学习改变中小学生的学习模式，同时获得许多企业的支持及赞赏。这位我心目中的教学明星、热情天才，怎么会在深夜发私人信息给我？该不会是诈骗集团吧？我心里想着。

一条深夜的信息

几年前的一个深夜十一点，我收到叶丙成老师发来的信息："福哥，不知道现在方便吗？有件事情想问问福哥的意见……"在此之前，我只在报纸及新闻上看过叶老师，知道叶老师开了台大 PPT 演讲课，我默默地在社交网络上加他为好友，但只是偶尔关注。没想到会在深夜，突然收到了他的信息。

原来他的台大 PPT 演讲课的学生中，有几个人也上过我的课，然后学生们跟他分享，认为我们两人在 PPT 演讲的观念及教学态

---

[1] Coursera 是一个大型公开在线课程项目，由美国斯坦福大学两名计算机科学教授创办。旨在同世界顶尖大学合作，在线提供网络公开课程。

度上，有许多相似之处。叶老师心想：如果可以进一步交流，说不定能让彼此的课程变得更好。就这样，出于对教学的热情，我们在那个深夜聊了不少，后来更进一步，我邀请他为《上台的技术》写序，我也去他主办的台大 PPT 演讲大赛担任评审。我们更常见面交流，彼此的交情日深，甚至一起开课、一起演讲。价值观与教学观相近的两个人，逐渐变成彼此扶持的好朋友、好兄弟。我也把身边的教学强者、好兄弟们，一个一个介绍给他，大家互相交流想法是很开心的事！

疯狂的教学热情

不过，我觉得他不是正常人！他对教学与演讲的热情真是太疯狂了！

从他最早上 TEDx Taipei 的那场演讲起，我就有这种感觉了。哪一个正常的老师会想要"用概率课改变世界"？！他把概率这么一门深奥冷硬的课程游戏化，后来还打造了一个"PaGamO"游戏教学平台，为了一门课创造一个教学平台，这也只有他才做得出来。

有一次我们一起演讲，宪哥先上台，叶老师排第二，我第三个，想不到他一听到宪哥演讲的内容，就马上打开笔记本电脑，开始改 PPT！我就坐在叶老师旁边，亲眼看着他边听演讲边改 PPT，等到他上台后，无缝接轨地讲出他"刚刚改好"的内容！让人叹为观止！我在下台时问他，刚才发生了什么事？他回我："因为发现宪哥谈的主题方向，跟我原本设定的有点不同，所以马上更改调整，让听众的感受更有一致性！"原来是为了听众的感受，真是令人感动！居然现场调整 PPT，这功力太强了吧！

燃烧自己的教育者

最近的一次经验是：我再次获邀担任台大 PPT 演讲大赛评审，到达现场后看到叶老师满身大汗地冲到演讲厅，才知道他早上刚去台北市郊为一群小学老师演讲，饭都没吃就赶到了现场，然后一整个下午面对十二位讲者及三百多位观众，逐一做了精彩的讲评。活动结束后，本来想邀他一起用餐，没想到他摇头苦笑了一下："福哥谢了，我待会儿还要赶去桃园，跟桃园的老师们再谈一场教育的演讲……"看着他拿起侧背包匆匆离开讲厅，我只想着，他什么时候能好好吃个饭呢？

真诚的付出，才是教学的技术

只要有机会坐下来聊天，只要一谈到教育的主题，我就看到他眼神发光、眉毛会动（套用叶老师的说法，表示很投入、很有精神），即使再怎么累，他都愿意贡献自己的时间精力，为教育再多付出一分力。

不久前的一次同台演讲，我仔细观察讲台上的他，没有特别花哨的 PPT，没有华丽的词汇，甚至也没有太多教学或演讲的技术，只是真诚地谈到他对教学的热情、他正在做的事……我转头看着台下的听众，大家都被他的真诚所吸引，进而感动。当他谈到几个令人揪心的教育议题时，我瞥见有些听众默默流下了眼泪。

听说最近叶老师的 BoniO 公司，开始把游戏化教学的技术平台，导入到企业内部培训中，也有很多公司开始采用 PaGamO 的企业版解决方案，把原本枯燥的制式企业培训课程，像是法规、条款、企业基本培训等，快速变成好玩的在线游戏教学。相信这绝对能大幅改变内部培训的面貌，也是企业培训的一大福音啊！

为教育真诚付出，为教育燃烧热情，这才是我从叶丙成老师身上学到的用生命来实践的教学技术啊！

大师实战篇之五：发挥影响力

写在前面的是：最亲近的人，反而最不好写。但我还是希望，我能以有限的文笔写出一点点宪哥在台上的影响力。我是真的搞不懂宪哥是怎么做到的啊！

我看宪哥之"教学的技术"

如果你问我：你身边的顶尖职业讲师里，有谁可以完全无视"教学的技术"，只需有什么说什么，就能全场牢牢抓住学员的注意力，不管是一小时还是一天，课后的评价也永远爆表？那个人就是宪哥——谢文宪老师！

宪哥的职业讲师生涯超过十年，教学场次接近两千场，教学时数逼近两万小时，授课人数接近十万人，还出版了十本书，并且主持广播、在线视频节目，代言罗技PPT遥控器，为其他产品打广告，同时也是《福布斯》杂志评选出来的亚洲前五十大最佳讲师之一。很多人听过他的演讲后，立下新的人生目标，选择不同的职业生涯，甚至离职重新开始（看起来，听他的演讲很危险）。对很多人而言，宪哥都不只是一个职场影响力大师。

不需要努力的，往往才是最努力的那个人

他曾经是我的竞争对手，如今已是一起工作的好兄弟、好伙伴。我们一起创办了公司，也共同教了很多的课程。所以，我比别人有更多的机会，在教室后面观察他上课。因此，我可以更深入地看到：一个顶尖的职业讲师到底是怎么教课的，背后又付出过多少努力。

一起工作好几年下来，我才知道：看似最不用努力的那个人，常常才是最努力的！宪哥的教学技巧收放自如，既可以在大场演讲散发热情，也能在小场课堂精巧运作。而且，他翔实记录自己每一次的教学数字，对场次、人数、时数等永远了如指掌，这种对自己的严格要求，完美诠释了职业讲师的精神。（知名的职业讲师，哪一个不是用数字写下纪录？）

光列举这些形容词对你了解宪哥用处不大，最好能实际进到宪哥的教学现场来看看。看完之后你才会知道，顶尖讲师之所以是顶尖讲师，不是因为其他人的簇拥，而是他自己对教学表现极度要求的自然结果。

企业内训的教学现场

再把时间拉回到五年前，地点是宪哥的企业内训教室。当天我的角色不只是观察者，更是融入现场的学员之一。那也是我第一次走进宪哥的教学现场，试着用自己的感受，体验一下他是如何运作一门课程的。相对于公开班，企业内训对讲师更有挑战，

"宪哥如何应付这样的教学挑战呢？"我心里想着。

课程准时在上午九点开始，主题是"达人销售技巧"。宪哥站上讲台，在亲切问候学员之后，就开始了一段精简却有说服力的自我介绍。除了简单提及个人背景外，重点介绍了他对销售技巧这门课程的熟悉程度，以及过去在职场上他如何应用这些技巧成功达成目标。如同我们先前提过的：好的自我介绍，是建立信任的方法。要让学员相信你所教的课程内容，首先就要让学员相信你，这是我个人认为非常重要的一个技巧，而宪哥做出了绝佳的示范。

在建立课堂规则的方法上，我也看到宪哥如何建立团队，指定组长并分配任务，说明课程的进行节奏及规则。一个有经验的讲师，不会急着讲述课程的内容，而是会让学员做好准备后，才开始一天的课程。

教学技术的展现

课程从一开始就非常精彩，"九宫格"的破冰活动是我先前所没见过的，令人惊艳！通过举手及问答的方式，不仅让学员觉得有趣，而且会让他们全身心投入课程。开始课程内容讲述后，宪哥总是辅以生动活泼又贴切的故事实例，来为冰冷的原则或理论注入生命，让人见识到"说故事影响力大师"的功力。

由于课程涉及销售技巧实务，宪哥也会穿插小组讨论的实践练习。混合了实务演练的 PESOS 技巧，以及小组讨论的操作细节（题目清楚、写在纸上、控制时间、要求发言），学习现场的气氛非常活跃，互动不断。更重要的是，学员不仅学到了讲师传授的理论架构，更能在现场以自己工作上的实例转化活用，有问题时老师也可当场指导。宪哥不仅在课程中示范了这些不同的教学法，更是运用个人丰富的教学经验让效果最佳。

一整天精彩的课程中，我看到了游戏化机制的操作，影片法的感动元素，开始时对现场位置的调整，还有许多精彩的授课手法及秘诀。真是教学技巧大展示，让人印象超级深刻！

台湾岛走个遍，体会多了许多

当然，后来我们一起教了许多课，甚至曾经在一周之内环台办了五场演讲，筹集了超过百万的金额给有需要的慈善单位。通过这几年的观察，我又有了除了教学法之外更深的体会。

顶尖讲师都会应用"教学的技术"

印象很深刻的是，有一次，我跟宪哥在准备"宪福讲私塾"的教学课程时，我请宪哥录一段他平常在企业内训的开场实景，让我作为教学的素材。看完影片后，我惊讶地发现：我们两人虽然没有事先商量好，但开场时运用的方法依然惊人地相似。虽然细节有点不同，但大致的流程几乎一样！包括过程中的小组讨论、演练法的运用、重点的归纳及整理，以及影片的运用。这些通过实战整理的教学技术，是每个顶尖的职业讲师必备的看家本领，真的值得大家模仿跟学习。

其实，宪哥可以说是最不需要运用什么教学技术的人，只要上台讲话，台下学员自然就会被他带动。但他已经进化到"无招胜有招"，想用的时候用出来，不想用的时候直接讲述。反正怎么样效果都好，这一点我真的非常佩服！

技术可以学习，影响力无法复制

你有没有想过，如果完全复制宪哥的口才、动作、语言、教学手法，你有没有可能成为下一个宪哥呢？答案是：很难！

在这几年近距离地观察宪哥后，我也许可以仔细拆解宪哥所应用的教学技术，却怎么也无法解释：为什么同样是一场演讲或一门课程，宪哥却可以产生这么大的影响力？

我总觉得，他是用生命在讲每一门课程、每一场演讲。一句平常的话，通过他的嘴讲出来，就有极大的影响力。"不缺抱怨的人，缺的是卷起袖子动手做的人。""没有目的，才能达到真正的目的。""做个好人，行有余力时帮助别人。"……这些话语总是深植人心，给听讲的伙伴留下深刻的印象，并对许多人造成影响。他是怎么做到的？只能请你亲自到现场体会。

不一样，却很一致

虽然同样是职业讲师，甚至经常同台竞技（我们有很多机会一起上课、一起演讲，甚至一起出了一本书），但我跟宪哥其实是很不一样的两个人：他在台上比较有激情，我相对比较冷静；他在台上自在挥洒热情，我则致力于精巧的技术展现；他喜欢热闹，我则更像宅男大叔；他的 PPT 像阳春面，我的 PPT 汤浓料多（算是开宪哥的玩笑）。但不管怎么样，我们的教学成效都得到了学员们的肯定，也在教学上有各自的定位。

所以，重点不是你"跟谁一样"，身为一个讲师，目标永远是同一个，也就是"教学成效"。我们的做法、教法，甚至个人风格都可以不一样，但是我们对教学效果的重视很一致，所以才能通过不断的追求，达到同样的高峰。

与名师同行，向未来前进

相对于很多人，我当然是幸运的。

我的幸运在于：身边有很多名师好朋友，总是愿意无私地分享"教学的技术"，让我可以观摩、学习、成长。除了宪哥，还有 Adam 哥、MJ 老师、火星爷爷、叶丙成老师，以及许许多多在宪福育创开课的讲师们。只要有机会坐在教室最后一排观察，我总是会仔细地记录、用心地学习。

谢谢各位老师带给我的体会，也希望我整理出来的"大师实战篇"有助于改变教学的环境，让我们再也没有无聊的教室，能够创造未来的教育。这才是我写这本《教学的技术》，在这里公开这么多职业级 Know-How 的初衷啊！

我的教学修炼之路

很多人都问过我："要怎么开始学习教学的技术？"很多人也很好奇，我当初是怎么学习教学的技术的呢？

这当然不是一蹴可几，也不是因为上了某个讲师班就学会了。其实在成为职业讲师之前，我有很多不同领域的教学磨炼，也许可以提供给有志教学的伙伴一些参考方向。当然，条条大路通罗马，这只是我个人的经验哦。

从补习班教进学校

我最早站上讲台教课（而且有课时费），是专科三年级时想找打工的机会，偶然问到一家电脑公司（记得是家附近的宏碁电脑）有程序教学的机会，课时费很优渥（300台币／小时，1988年），也不管有没有教学技巧，就跑去应征了！

那时教的是Basic、Dbase、AutoCAD等实践课程。因为补习班的电脑教学一定要有实践成果，学生才会感觉能学到东西，所以那时就自然会制定目标导向的教学计划，先想好成果（譬如：要让学生学会判断式、学会循环，或做出一个数据库），再去想怎么教。

上课时，一定是我先示范一段，再布置一个作业请学生做，一段一段教，一段一段推进，最后再把这些东西组合起来。虽然完全不懂什么教学技巧，至少从结果来看是好的，而且补习班老板也很满意。所以一直到当兵前，以及退伍后工作的第一年，我都在电脑补习班教课。

有趣的是，我在补习班任教一年后，升上专科四年级时学校开始有电脑课，因为老师教的内容我大部分都会了，所以上课时便打起瞌睡！（这是坏榜样，千万不要学啊！）结果有一次老师叫我起来，在黑板上出了一个题目考我，大概以为我没听课一定不会。结果，我不但上台把程序解完，还顺便向大家讲解了这一题的逻辑重点及注意事项。

下课后，老师问我的情况，才知道我已经在外面教课了，接下来的发展出人意料：他指派我教接下来的电脑课程！于是我从台下的学生，变成台上的助教！角色虽然转换了，但同学们可不会对我客气，当我讲得不好，让人听不懂时，大家都会直接调侃我。为了不被调侃，我会在上课前想好课程的教学步骤，同时安排学习进度。

所以，虽然还没毕业，我也算有在专科学校教学的经验了。

毕业后我成为工地主任，一开始的几年还在电脑补习班兼课打工，后来教学生涯就中断了很长时间。一直到二十八岁，成为美商安泰人寿的业务员，又开始了系统化教学技巧的学习。

学而优则教

保险业是一个淘汰率很高、挑战不小的行业。

为了提高人员的专业性及留存率，保险公司必须有系统化的内部培训机制。安泰在台湾岛中部有一个很具规模的内部培训中心，引入了国际寿险行销研究协会（Life Insurance Marketing and Research Association，LIMRA）许多专业的培训系统和培训手法，也打开了我在系统化内部培训及教学技巧领域的视野。

那时我学到了分组运作的机制、小组讨论法、演练法、教学与互动的掌控、教学现场的安排、教学环境的控制等。后来我升任主管，也参加了公司办的口才训练班及讲师培训班，学到更多教学应该注意的细节，像是眼神交流、走位、声音、暖场，如何与学员建立信任，反馈及指导的方法，等等。

我以第一名的成绩完成了每一个讲师培训课程，快速成为公司内的超级讲师（这里的"超级讲师"，指的是每年授课超过一定时数的讲师，应该叫"越级讲师"才对）。

这段时间是我教学技术的快速成长期，当时中区的培训主管美芳姐给了我许多学习、观摩、操作的机会，我也开始教授一整天的新人销售技巧培训课程（是啊，我最早的全天课程是教专业销售技巧，只是成为职业讲师后，反而就没再教销售了）。

为了让自己有更多的成长，我报考了EMBA，成为在职专班[1]的研究生。这时出现了引领我再次提升教学技术的两位导师：赖志松老师与刘兴郁老师。赖老师很关心学生，态度亲切，亦师亦友，让我在教学领域有了一个追随的典范；而刘老师更是完全打开了我看待教学的眼界，让我看到再专业、再学术的

---

[1] 在职专班为台湾地区特殊的成人教育学制，种类涵盖专科、大学、硕士甚至博士。

课程,都可以通过教学规划和课程操作,让学生忙得要死又爱得要命。

我很适合当老师?

直到现在,我都还记得十五年前我们在人力资源课堂上热烈讨论的情况,甚至回想得起当初业界访谈报告的内容。

毫不夸张地说,即使是以我目前教学的水平,我都不觉得能够超越刘老师经营课堂及掌握讨论法的功力!

因为刘老师在成为大学教授之前,也曾是业界知名顾问,之后才到学校指导学生。我第一次在大场演讲看到小组讨论的运用,也是在刘兴郁老师的演讲现场。

如果我在教学上有什么好的想法,很多都来自刘老师的指导和启发。

在教学的路上,我还有一个超级伯乐,就是我的老婆JJ!十几年前她还是我女朋友时,曾到公司看我上课,之后她跟我说了一句:"我觉得你真的很会教课,很适合当老师!"那时还以为她只是不喜欢我做业务工作,宁愿我到学校当老师,比较稳定,为此我还跟她争辩了一下。结果后来我变成职业讲师,谈起这件事还被她调侃了很久。

记得那时听她说,看我上课有一种很特别的感受。没想到,当我从EMBA毕业、离开学校之后,真的就开始在两所大学兼课了(老婆真是有远见啊)。

然后,因为想要把大学的课教好,我又回去修了刘老师的课——上午学到的招式,下午就可以应用在我的课堂上。

在学校练习"教学的技术"

2006—2007年，可以说是我准备进入职业讲师生涯的起点。那时刚从EMBA毕业，也想要转换跑道，给自己更大的挑战，但是到底要做什么心里还没个底。我采取的方法就是：多线尝试，再看看自己最擅长哪方面，在哪个领域最有能耐。

一开始，我先找了两个朋友成立管理顾问公司，开始接触企业内部培训的市场。同一时期，我也在侨光科大及台中技术学院（现在的台北中科大）兼任讲师。借由这个机会，我开始实验性地把以前当企业内部讲师时使用的教学方法应用在学校，如五专、二技、日间部、夜间进修部的课堂上。通过跟学生们的互动，我自己也学习到很多。

在学校教学的过程中，印象比较深刻的一件事是，我把营销管理的期末考改成个案比赛。期末考试当天，学生都到教室后，我就宣布"今天的期末考试不是笔试，而是个案竞赛"，先请小组长（班上整个学期的课程都是用小组互动方式进行）上台抽个案，每个个案都描述了某真实企业即将进行的周年庆或产品营销案。

实际进行方式是：每个小组就是一个项目团队，可以在两小时内自由活动，到电脑前、图书馆或任何地方找资料；但最晚两小时后必须回到教室，提出自己的营销计划，每一组还要做一个七分钟提案PPT，同一个案子由两组共同竞争。报告结束后，再由我请其他组的同学一起投票，看看哪一组做得更好。胜队全组期末考试成绩九十分，败队全组期末考试成绩六十分（期末考试成绩不是一切，占总成绩30%）。

指令一下完，只见同学们马上快跑前进，冲到电脑前或进图书馆找资料，然后设定时间，开始做PPT，赶在两小时内冲回教室，准备上台报告。当然，每个个案只会有一组获胜（很符合社会现实，不是吗？每次众家提案后只会有一个优胜者），但不管优胜还是挫败，期末提案考试结束后，同学们纷纷跟我说："这是我们考过最刺激，也学到最多的期末考试了！"

在学校教课，当然也会遇到同学学习态度不佳及意愿不强的挑战，但那也让我可以实验性地尝试小组运作、加分机制、实践访谈、团队动力经营，以及如何恩威并济，让学生们能持续专注在学习上。如今回想那一段经历，我觉得学校教学有其挑战，企业教学有其难度，没有哪个更简单，有的只是不一样的课程、时间和对象的差异。但是，很多好的教学法，都可以应用在企业和学校，效果也都会很好，纯粹取决于老师能不能突破现况的限制，以及有没有更大的想象力！

职业生涯的第一场演讲

我还记得，第一场演讲是朋友介绍的，客户是知名的建设机构，时间两个小时，主题是"向西点军校学管理"。不要问我为什么挑这个主题，因为是公司月会，题目也是客户根据某本书指定的。回想当时，我花了不少时间把书啃完，做成心智图，再思考怎么呈现这个很难的主题，然后找了一些影片当作教学辅助。为了一两个小时的演讲，应该投入了几十个小时吧。总之，就是整个人疯狂地投入演讲前的准备。

结果是……挺烂的！直到今天，我都还记得有人在台下打哈欠或露出百无聊赖的神情，虽然我有影片辅助，但是现场只有一个小幕布，影片效果因此大打折扣，而且我大部分时间以讲述为主，影片播完也没有任何观察、互动或问答，两个小时这样讲下来，听众当然会昏昏欲睡！现在回头看当初的自己，以我那时的实力竟敢去接一场演讲，实在是很有勇气——不，实在应该向当初台下的听众致谢和致歉。

边学边做，边用边改

没有人天生就会教学，教学的技术像游泳、煮菜或武术，都需要许多实际的练习才会逐渐进步。自己摸索当然可以，但是方向不一定正确，有时也可能进步太慢。但如果只是知道，却没有实际去尝试（做到），同样也不会有什么改变。最好的方式就是边学边做、边用边改，每个人都是从不会到会，从不熟悉到熟悉的。

以我的经验，从最早在电脑补习班教课，到身为业务讲师接受专业的培训，到 EMBA 的学习，再到学校兼课，最后转到企业教学，过去每一阶段的经历都没有白费，都变成了日后成长再成长的养分。

找到有灵魂的课程，才能教出课程的灵魂

这几年来，讲师培训的课程、组织或比赛日益频繁，说明了企业讲师这个职业越来越热门。身为管理顾问公司老板的 Tracy 姐，也向我提到最近询问她的人越来越多，大家都想知道自己是不是能有机会站在台上讲课。

你可以当企业讲师吗？先不提身为企业讲师面对的挑战，也不谈讲师光环背后的辛苦，我就单刀直入先问你一句："哪一个课程会是你的核心课程？这真的是你注入灵魂的课程吗？"

人之患，在好为人师？

几年前曾经有一个讲师来找我，他说："我想教的核心课程是主管领导，以及问题分析与解决，你觉得适合吗？"我马上反问他："为什么选这两个课程呢？"他回答："因为这两个课程难度比较一般，也有不少参考书籍，只要把几本书消化一下，应该就可以拟出课程架构。"我听了有些疑惑，继续问他："你过去有这方面的经验吗？"他摇了摇头，接着说："我毕业后一直在学校工作，还没去企业上过班，但是在学校兼过几年的课……"

听到他的描述，我只能给他一个诚恳的建议："先到企业磨炼个几年，等到有带人经验后，再来考虑当讲师的事好吗？"我知道他听不下去，但那真是我诚恳的建议！

在此之前，我也遇到过刚工作半年就决定开课教创新的社会新人。这么年轻的工作者，真的能担任创新课的讲师吗？别误会了，以他用功的程度，我相信他一定会是个好老师，也一定能把课教得不错。但是，把知识整理成一门课，其实只是对企业讲师最基本的要求（详见第1章"老师的价值：让学生知道、得到、做到"）。有一点必须了解，企业学员可不是一般学校的学生，有许多人都是修罗场磨炼出来的，实践经验超级丰富，台上的老师有没有料，台下的学生只要听一堂课就知道！

先有本事，再学技术

身为一个职业讲师，教学内容完整是基本，教学技巧多样是加分，而最重要的核心，是你想教的这个课程是不是真正有灵魂的课程。也就是说，你不只熟悉这个主题，还要有充分的实务经验。更重要的是：你是不是有100%的信心，关于这个主题的任何问题你都胸有成竹，心中有一个好的答案；而且这些答案都能说服台下听众。要能够满足这样的要求，才能教出有灵魂的课程！

举一个简单的例子：虽然我熟悉教学的技术，但如果看了MJ的几本书，难不成就能教数字力？读过几本谈创新的书，难不成就能教创新？或是买齐宪哥的著作，甚至再补上几本书，难不成就能跟宪哥一样教"说出影响力"或"教出好帮手"？如果你曾经听过上述这些课程，就会和我一样，完全感受到什么是"灌注灵魂"在一门课程上！这件事情很难形容，但老师的全神贯注和全然投入你一看就会知道。

也许这样的要求有点高，但我只是想说：在学习教学的技术、成为企业讲师前,你恐怕要先找到一门"有灵魂的课程"——有没有某一门课,你能做到在该领域内容知识满点、实务经验十足?虽然这样不见得就能把课教好,至少你有信心能回答关于这门课程的几乎所有问题。如果你能找到这样的课程主题,接下来才能运用教学的技术,把这门课修正得更好,才能真正打下教好一门课的基础。

当过企业高阶主管,就适合当企业讲师?

换个角度来看,这是不是就表示,如果当过企业高阶主管,就可以无缝转换为企业讲师呢?

Jason是外商知名服饰品牌的营销副总,职场阅历丰富,有本地与跨国的营销及渠道管理经验。虽然极受公司看重,也担任重要职位,但这表示他的任务非常繁重,出差和长时间工作是常态,和家人聚少离多,很少有机会抱抱他的两个小孩。通过社交网络,这几年我们有一些联系,前阵子他突然问我:"福哥,我想转型成为企业讲师,你觉得我适合吗?"

适合不适合?我其实没有为他前途把脉的资格,但根据过去当企业讲师的多年经验,也许我可以提出几个关键思考点,供Jason(或读者诸君)判断。以他丰富的工作经验及对自己的了解,逐一考虑过之后,也许他会比我更清楚问题的答案。

主管转讲师的优势

先谈谈高阶主管转换为企业讲师的优势:

一、经验丰富、资历完整:企业讲师的核心在于扎实的实战能力,而高阶主管早已在工作中有过丰富的经验,未来讲课时,可以预见实务案例能脱口而出,会让课程增色不少。学员提问时,不管是遇到过或没遇到过的,都可以根据过去的经验,快速判断和回应。这些深厚的底子,绝对都是主管转任讲师的优势。

二、教得动学生,镇得住场面:既然当过高阶主管,必然累积了不少带人或指导的经验,转换为讲师时,只是场景不同,但"教会人做事"的目的相同。另外,高阶主管的架势与气场通常都很不错,在台上讲课时,"台风"应该很稳健。

"当过主管"的劣势

讲了优点,接着分析一下可能出现的问题:

一、角色转换不易:在当高阶主管时,因为职位优势,下属大多言听计从;换成讲师可就不一定了——你说什么台下学员不见得有反应!说不定你掏心挖肺传授了自己的实战 Know-How,台下学员只会想:"为什么要听你讲这些?"更不要说,一开始在信任还没建立时,学员可能一脸不买账的样子。(你多久没看过那种眼神了?)这些都是从主管转任讲师时会遇到的挑战。

二、会做不见得会教,会教不见得教得会:从自己会做到会教别人、能教会别人,属于完全不同的层次。教学是需要技巧的(因此才有这么多"教学的技术"),而主管转任讲师可能会遇到的最大问题,也正是"会说不会教"。因为以前只要下个指令,下属可能就听话照做(或是虽然听不懂也会努力"揣摩上意"),但如果当讲师,一旦你教得不清不楚,学员可不会揣摩,而是放空!主管口头表达能力越好,这个问题就会越严重。往往他会以为"只要靠说"（讲述法）就能搞定教学，即使学过一些教学法，也常常仅是表面功夫，没有诚意和耐心，无法细心引导及操作。要知道，"做→教→学"这三个不同阶段是需要一再磨炼才能逐步完成的。

三、脱离公司资源的挑战：在大型公司工作过的人，往往只感受到公司的要求与限制，很少想到公司其实提供了许多的保护。特别是大型企业的高阶主管，能获得的公司资源更是丰富！以前要人有人、要钱有钱，一旦转型成为企业讲师，代表着脱离公司的保护伞，接下来一切都得靠自己。其他公司如何认识你？如何找到你？你要如何营销你自己？如何营销你的课程及品牌？这都是接下来会遇到，而且很不容易应对的严酷挑战。

转换角色永远都不简单

环顾身边的讲师好友们，每个人转型成讲师的原因与历程各自不同。

数字力教学名师 MJ 本来是大公司的销售主管，转型成企业讲师后也辛苦摸索了很久，才走出今天的康庄大道。

宪哥则是从兼课开始，一步一脚印地奠定了他的教学地位。Adam 哥与我都曾经教过课时费很低的课程，不辞辛苦，只希望多多累积自己的经验（再次感谢 Adam 哥在一开始帮我推荐）。

这几年积累下来，我们也用自己的经验帮助一些讲师顺利转换角色。我希望以上的经验谈，也能帮助 Jason 和有志成为职业讲师的读者做好评估，不论是当主管或当讲师，都能走出自己想走的路，拥有自己想要的人生！

成为专业讲师之前，要思考的五个问题

坐在电脑前刷社交软件，信息对话框突然跳了出来："我想当讲师，不知道福哥觉得合适吗？"

原来是朋友 Danny 最近工作上有些阻碍，看到讲师的工作似乎挺吸引人，便兴起了转行当专职企业培训讲师的念头。几年前，我曾是他内部讲师课程的教练，对于他在演练时的表现也给予了好评，因此当他一有这个念头，第一个想询问的人就是我。

从台下看台上，只看得到光环

身为专业的企业培训讲师，或称"职业讲师"，我真心喜欢现在的角色、工作、职业、事业与志业。讲师有舞台，有相对自由的时间，有不错的收入，还能获得学员或企业的敬重，怎么看都是理想的工作。

当然，职业讲师也有一本难念的经。

面对 Danny，我并不想故意把这个行业讲得很可怕。我热爱这个职业，也以身为讲师为荣，只是如果光从台下看台上，看到的往往只是光环，看不到光环背后付出的代价。所以我不希望 Danny 过度乐观，没有做好评估就一头热地投入。我以过去几年来在讲台上的经验，真实而客观地提出几个问题，让 Danny 自我评估适不适合，也郑重地写下来供各位读者参考。

当然，我的意见仅代表一个参考的方向，虽然现在大部分的时间我都在顶尖的上市公司——鸿海、台积电、西门子、中信金[1]、谷歌、耐克、古驰、宜家、诺华药厂等——担任外聘培训讲师的工作，但在踏入这个行业的一开始，我也曾当过课程开发、讲师安排、公开班招生、校园演讲、公开讲座等不同类型的讲师，曾经摸索过，也曾经低潮过。本节整理了一些想法，提供给想要踏入讲师这一行的朋友做自我评估。

大致说来，以下就是你在迈向专业讲师之路前，必须先想清楚的五个问题。

你能坚持多久

让我们面对现实：你知道自己很行，但是别人不知道，别的单位不知道，别的公司不知道。也就是说，在你真的能在舞台上站稳前，你可能会有很长一段时间不知道下一堂课在哪里！

就如同一个刚出道的歌星或演员，有能力并不代表有演出的机会。极少数的人可能一出道就红遍半边天，但更多更多的是苦等下一个演出机会的"新人"。即使得到曝光的机会，通告费也少得可怜。到底什么时候你才能真正发光发热？你不知道，我不知道——没有人知道！

因此，在你真正稳站专业讲台之前，我想问的一个问题是："你能坚持多久？你打算坚持多久？"这里指的不只是心理及精神上的坚持，更重要的是物质生活及财务上的坚持。

---

[1] 全称为"中国信托金融控股股份有限公司"。

以我自己为例，刚踏入讲师这个领域时，常常一整个月一堂课都没有！是的，那表示整个月的收入是零。最惨的时候，账户里只剩不到一千台币。而且，这样的状态整整持续了三年！

台湾地区最知名的企业讲师之一，也是畅销书作家的宪哥说过一句话："讲师有两种，一种是饿死的讲师，一种是累死的讲师。"我十分认同这个说法！在你真的站稳讲台、邀约不断之前，你计划过自己要坚持多久吗？你的存粮，又能让你坚持多久而不黯然放弃？在你真正选择以讲师作为你的职业之前，这是非常现实，也非常重要的评估角度。

你想要如何开始

你打算如何开始你的讲师事业？讲得直白一点的话，也就是"你如何营销自己和你的课程？"。

你不是周杰伦或蔡依林，没有人会主动邀你去表演！还是实际一点，先想好怎么开始吧。自我开发、通过管理顾问引介、公开班招生、接校园演讲、出书建立知名度、与杂志专栏合作、经营专业社群、加入同好社团、写博客或网站、在实体或网络媒体上打广告……上面这些方法都可以找到成功的案例，重点是：你打算怎么做？

比较危险的是你没有方向又过度乐观，以为只要打几通电话，或是发几封邮件，邀约就会有如雪花一般飞来。也许你真的人脉惊人、运气非常好，但如果没有呢？当然，初入这一行时我也没有一个绝对可行的方向，唯一有的是：我会去尝试！我请过助理做电话推广，也找过外包的电话营销公司；我写了博客文章，也投过网络广告；曾经自行开班招生，也向不同的管理顾问公司或课程经纪人毛遂自荐过……到底哪一个对你来说效果最好，谁也无法给你答案，但有一点我很确定：你必须亲自试过后，才真的知道此路通不通。

重点是：你想过这些事吗？你想过开始的方向吗？

你掌控得住场面吗

身为一个职业讲师，你面对的常常是一群带着现有经验（或是成见）的企业人士，他们来到你的课堂上时，大多带着评估的眼光，先评估讲师是不是够有料，教的东西对他而言有没有用，能不能吸引人。决定信任你之后，才会学习及改变。

站在台上面对带有怀疑的目光时，你能不能在五分钟内就掌控场面，不只让你对自己有信心，还能让学员对你有信心？这不仅是"专不专业"的问题，更是挑战你"会不会教"的问题。有时都已顺利教到下半场了，仍然有学员会对你的教学内容提出疑问，或采取不配合的态度，你又该如何处理？这些都是很实际的状况，就连职业讲师也经常会遇到，你是否有信心可以应对？

更进一步说，你的授课内容有什么独到之处，是足以让人信服，甚至佩服的吗？请记得，你面对的不是大学生（虽然大学生有时更难教），而是身经百战的职场人士（当然有时也可能是职场菜鸟）。你有没有料，其实大概只要一节课他们就会知道。在每一堂课结束后，你马上会被评价，也就是课程满意度评分。如果你前几次的表现不够杰出，那也就没有接下来的机会了。曾经有个 HR 对我透露：如果新聘讲师满意度不到 4.5 分（满分 5 分），那么他们就不会再邀请这个讲师。因此,你能够第一次去上课就拿到4.5分以上的分数吗?这绝对会是很大的挑战。

所以,不论面对的是老鸟还是菜鸟,你有没有信心及能力掌控现场(而且能持续掌控,通常长达一整天),有没有能力让绝大部分学员信服?这正是你应该要问自己,并且据此真实评估自己的一个重要问题。

你的体力能否负荷

一般职业讲师或企业内训讲师,常常一上课就是一整天,整整有七个小时左右要笔直地站在讲台前,这对体力真的是一个挑战。如果有时遇到连续排课,连续三天或四天站下来,对腿脚及腰背都会造成很大的压力,更别说嗓子了——不仅要能一直讲下去,而且即使很累了,也不能让学员听得出来;喉咙都沙哑了,还是得大声讲话,保持一整天的活力及上课的热情。充沛的体力与充足的活力是职业讲师的必备条件!

这么比喻好了,偶尔去大鲁阁[1]打几十颗球,你可能觉得很休闲也很快乐;但你可知道,为了能登上一军[2]舞台,二军的选手每天得打多少颗球?要怎么咬紧牙关持续锻炼身体?

写到这里,我都还没提到讲师必须提早出门、提早抵达:标准上午九点开始的课,职业讲师一定八点半前就会到现场准备,

---

[1] 指大鲁阁实业股份有限公司旗下的棒球场。
[2] 棒球一军为首发团队,即重要比赛上场的球员,二军为一军的下一个档次。

不论是台北、新竹、台南、高雄……都是八点半要到！你可以回推一下，如果你住台北，要到高雄授课，那么你应该几点起床才来得及赶上高铁（或其他交通工具），然后还要站上、说上一整天，才好不容易能下课回家，说不定明天别的地方还有课。有些老师还得出差去大陆授课，在距离遥远的城市之间移动！你不只需要时间，更需要足以支撑的体力。

知名讲师齐聚一堂时，聊的往往不是教课的内容或奇闻轶事，而是哪一位讲师在台上站到受伤，哪一位讲师生病后还在台上连站三天，又有哪一位讲师重病初愈就马上回到讲台上……这都是坐在讲台下的人看不到的真相，也是你应该慎重纳入自我评估的方面。

你是否有足够的教学热情

让我们假设，如今的你已经顺利通过考验，让市场接受你的课程，而且逐渐累积了口碑与知名度，有越来越多的邀约出现，然后你不断上台讲课。这时的你，当然不再有"会不会饿死"的问题，却会开始出现"会不会累死"的担忧。别忘了宪哥的名言："讲师只有两种，一种是饿死的讲师，一种是累死的讲师。"

也许你不怕累，但你还是得问问自己另一个层面的问题："同样的课连续上过一百场之后，站在讲台上的我是否还有热情？"

讲师也是人，都会有个人的情绪及困扰。当你站上讲台（可能是你这个月的第十五场，今年的第一百场），面对学员时（又看到学员中有人因为是被领导指派来上课而摆着一张臭脸），相信我，最能支持你站得理直气壮的，一定是你的教学热情！

你是否真的有想跟人分享知识的热情？你是否真的有站上讲台授业解惑的热情？这才是决定性的关键！因为这份热情，才会驱使你更往前进；因为这份热情，才会帮助你精益求精；因为这份热情，才会让你成为一个各大企业争相邀约的一流讲师。

更重要的是：也因为有这份教学的热情，你才真的可以乐在其中，接受所有的挑战，并以身为专职的企业培训讲师为荣！

活出最好的你自己

对所有看了《教学的技术》而有志成为职业讲师的读者，我想再叮咛一次，请千万先做好评估：你能够坚持多久？你想要怎么开始？你能否掌控现场一整天？你的体力状况如何？以及最重要的：你真的有授业解惑的热情吗？

我无法给大家任何答案，只能把问题抛给各位，由大家自己评估。也许，在自我评估的过程中，答案很快就会浮现在你的心中。只要你真实地面对，答案自然就会出现。

祝福你，我的朋友！如果最后你选择站在台上，我祈愿你成为一个更好的老师，拥有更精彩的课堂，教出更优秀的学生，也活出更好的自己！

应用心得分享

教学界老手,带你狂飙上路!

医生 杨斯梧

亦师亦友的福哥再下一城,完成了《教学的技术》一书,很荣幸受福哥之邀,分享我的教学观。

回首教学来时路

早几年,我经常快速切换教学者与学习者身份,高频地教,跨海地学。

而我教学的对象囊括扶轮社[1]成员、研究生、大学生以及一般民众,后来是一批批医生,之后局限于几位讲师(教他们怎么教)。近来我的教学对象是患者、长辈、读书会成员。

教学是:我真的对某领域有研究,实战后有成绩、有心得,而成功地把重要观念以及可应用、能上手的方法,在最短的时间内、最好(可能是紧张)的气氛下,传达给台下。

其实仅仅是能挑选到"想学的人"就是一门高深学问。宪福育创这点很厉害,挑中"想学的人"也是宪福的核心价值。

有句玩笑话这么说:台中一中有一流的学生、二流的设备、三流的老师。这对老师没有不敬之意,意思是一中的学生你不用管他,他也会找到生存之道。

---

[1] 扶轮社是依循国际扶轮社的规章所成立的地区性社会团体,以增进职业交流及提供社会服务为宗旨。

可是如果遇到会教的老师，那真的能让大家更轻松愉快地"达阵"，缩短学习时数。在台中一中、台中女中，也有让学生竖起大拇指，称赞为"特别会教"的老师，您可以想想，他们是如何赢得这种评价的？

财报一哥教学力

市面上教财报的老师那么多，为什么学生最多、网络反响最大的老师是林明樟？（樟哥是福哥的好友，也公开在社交平台上说："谢谢从第一节课开始一直默默帮我们建网站的台中老王王永福。"）

厉害的老师可以用最简单的比喻，说清楚一个又一个核心观念，让学员跨出第一步，通过"我懂了"这个关卡，而第二步是"我可以怎么做"，第三步是"如何快速做"。

福哥的 PPT 演讲学如此，樟哥的财报学也是如此，让门外汉快速拥有正确观念，然后知道如何练习，最后养成经常快速练习的习惯，让自己不断升级。

数字能力悄晋级

大学毕业前，我完全没接触过财会领域，樟哥帮我打基础，如果用传统大学教师那一套，我可没那么多时间慢慢吸收，但他把一天内的课程设计成竞赛，用了种种教具，举亚马逊、小米、台积电等公司的财报实例（从福哥的书中，可以读到许多英雄所见略同的观点），让你很快进入状态，知道经营步入正轨的公司财报应该长什么样子，有什么快速的方法可以扫雷，而什么样的公司值得我们当长期的股东，更重要的是：它走下坡路的时候，我们要知道下船。

下课后,我先检视一次手边持股。走下坡路的公司,我们不眷恋。如果你是公司老板,你会先开除业绩差的人,可是持股者往往会先卖掉赚钱的股票,然后跟不赚钱的股票长相厮守,以为不卖不赔。被点破盲点后,往往就能做出迥异于以往的决定。

先生缘,主人福

闽南语有句谚语叫"先生缘,主人福",意思是患者看医生,会不会好转,有一部分要看缘分。

老师跟学生也有这种微妙的缘分关系,A 老师会教,也要 B 学生想学、愿意改变才有用。我们讲"受教",这样的教学相长,会让彼此变强。

对我来说,这几年最难教的一堂课,就是教会我父母搭优步。

几年前我意外发现家母开车技术退步,我觉得她继续开车可能给路人带来危险,顽固的她起初不接受放弃开车的建议,但近来她已经习惯搭优步,我如何做到的?

第一,我要她理解,假设发生车祸,万一她殒命,离人均预期寿命也不过十几年,但万一伤到一个青少年,我们拿什么赔人家?动之以情之后,她不再坚持开车。

第二,接下来我教她搭优步。询问之下,她不愿搭优步,是因为有两个心魔,一个是贵,一个是难。突破贵这一关,我把她的付款方式与我的信用卡绑定,这下她就不嫌贵了;突破难这一关,我就帮她设定几个常用定点,她很快就可以在这几个定点内穿梭。

第三，最后我教她如果在某一个地方搭车，不要急着寻找该地址，眼角余光扫视一下，附近有没有广为人知的店家招牌，有的话，请输入那个招牌上的字，这样司机可以更快速地找到她。

一里通，万里彻。教学力无非是解决对方痛点的能力，一起迎向"啊哈时刻"[1]！

---

1 即"Aha! Moment"，或称尤里卡时刻（eureka moment），指的是人突然理解一个以前无法理解的问题或概念的时刻。这种从不理解到自发理解的转变往往伴随着喜悦或满意的感叹。

结 语
重要的事情说三遍——记得总结你的重点

有一次在演讲现场遇到一个企业主管,他很开心地拿着我的《上台的技术》这本书请我签名。原来他几年前在企业内训时上过我的课,从此开始关注我的动向,然后知道当天有这场演讲。

趁着我签名的时间,他对我说:"福哥,你真的很厉害,三年多前你教我们的课程,我到现在都还记得!"我听了开玩笑回问:"真的吗?那我考你哦?"没想到他竟然点点头,直说没问题。我就问:"PPT演讲开场的五大手法是哪五个?"他胸有成竹地说:"自我介绍、故事、资料引用、问答互动、自问。"这下换我惊讶了,直夸他记性真好!他回说:"不是我记性好,而是你把重要的事情讲了三遍,我自然就记住了!"我签好名交给他,我们俩相视一笑。

读到这里,你心里可能会有一个疑惑:"上课把重点讲三次,那不是听了觉得很重复、很烦吗?"当然不是把重点连续讲三次,而是分开来,在整个课程中出现三次。第一次是在课程讲述时,第二次是该堂课下课前(或是下一堂课开始时),第三次是整天课程快结束时。

如果这么说还是不大清楚,我就以刚才PPT演讲技巧的五种开场方法的教学为例,来示范一下实践中怎么让重点出现三次。

第一次：课程讲述时

假设这堂课就是"开场方法"的教学，我便会说："专业 PPT 演讲的开场手法非常重要，一个好的开场有公式可以依循。以下五个方法，可以帮助你做好 PPT 演讲的开场。我们先教大家第一个方法，也就是自我介绍，方法如下……"（然后开始一个方法一个方法地往下教）

第二次：该节课下课前

在教完五个 PPT 演讲开场手法，并且都做过练习后，时间大概已经过了一个多小时，准备要结束这一节课，下课休息十分钟。就在下课的前两到三分钟，我会再把重点复述一遍，像是："在下课之前，让我们来回想一下，还记得这堂课教的五个开场方法吗？第一个方法是？（等大家回答）第二个是？（也可以再等大家回答）……"不管是老师讲述或是发问请学员回答，都可以在单堂下课前，回顾一次重点，强化记忆。

第三次：整天的课下课前

在当天下课之前，我一定会再挑出整个课程最重要的内容，再做一次复述，譬如："大家一整天辛苦了，今天我们在早上学了 PPT 演讲的核心观念，也让大家练习了准备 PPT 演讲的便利贴方法，在下午教了大家 PPT 演讲开场的五大方法，也就是自我介绍、故事、资料引用、问答互动、自问，然后再教了……"像这样快速地再把重点复述一遍，一整天下来，学员至少听了三次，绝对会印象深刻。

当然，如果老师有时间，也可以稍微变化一下。譬如利用问答法或小组讨论法来整理重点。问答法像是："在今天的课程中，有哪些内容让你印象最深刻呢？"这样一个问题，再加上计分机制，让学员边抢答边回忆。小组讨论法像是："请大家拿起大尺寸的纸，各小组回想一下今天学到了什么。请把关键字写在纸上，写的越多分数越高！"在写完之后，可以用发言、抢答或划掉重复项目的方式，让大家再次回想。

讲三遍，有技巧，印象深

重要的事情要讲三遍，才会有最好的效果。老师们不要觉得烦，也不要以为学生会觉得烦。其实只要利用有技巧的复述，在每堂课下课前，还有一整天的课程结束前，重复一次重点摘要；或是利用问答或小组讨论的方式，以互动手法进行课程回顾，相信一定会让学员想忘也忘不掉，留下非常深刻的印象！这样就能达到预期的最好的学习效果！